rororo aktuell Essay
Herausgegeben von Ingke Brodersen
Begründet von Freimut Duve

ISTVÁN EÖRSI

Erinnerung an die schönen alten Zeiten

Aus dem Ungarischen von
Hans Skirecki

ro
ro
ro
Rowohlt

Deutsche Erstausgabe
Redaktion Hubertus Knabe

Veröffentlicht im Rowohlt Taschenbuch Verlag GmbH,
Reinbek bei Hamburg, August 1991

Die ungarische Ausgabe erschien unter dem Titel
«Emlékezés a régi szép idökre»
1988 bei Katalizátor Jroda (Samisdat)

Umschlaggestaltung Jürgen Kaffer / Peter Wippermann
(Foto des Autors: Renate von Mangoldt)
Satz Baskerville (Linotronic 500)
Gesamtherstellung Clausen & Bosse, Leck
Printed in Germany
2400-ISBN 3 499 12990 6

INHALT

VORWORT

In den vergangenen fünfundzwanzig Jahren hatte ich immer zwingender das Gefühl, ich sei dieses Buch schuldig – ja, wem eigentlich? Mir selbst? Meinen einstigen Haftgefährten? Den Überlebenden? Der GESCHICHTE, mit großen Buchstaben geschrieben? Aber das bleibt sich gleich; eine Ausrede oder einen Vorwand zum Aufschub fand ich immer. 1982 verlor ich meine Stellung und meine letzten, ohnehin spärlichen Publikationsmöglichkeiten. Als ich 1983 für ein Jahr nach Westberlin ging, nahm ich meine Gefängniskorrespondenz mit, in deren Besitz ich kurz vorher – nach dem Tod meiner ersten Frau – gelangt war, ferner Gedichte, die ich im Gefängnis auf Toilettenpapier gekritzelt hatte, und sonstige Schriftstücke. Ich hoffte, das Buch dort schreiben zu können. Drei Jahre vergingen, bis ich wieder zu Hause war; die Dokumente hatten mich aufgewühlt und an den Rand der Verzweiflung getrieben, aber mit dem Schreiben hatte ich immer noch nicht angefangen. Mir war klargeworden, daß das nur zu Hause zu machen war.

Im Herbst 1986 sah ich ein, daß mir das Material aus den Händen gleiten würde, wenn ich noch länger zögerte. Die Toten, die zu besuchen ich mich fürchtete, signalisierten mir, daß sie die Geduld verloren. Und die von Kádár geprägte Epoche, die dreißig Jahre lang scheinbar durch nichts zu erschüttern gewesen war, zeigte unter dem bröckelnden Putz erschreckende Risse. Ich sagte mir, am Ende dieser Epoche sei es hochaktuell, ihre Ursprünge zu beleuchten, zumal ihre erstaunlichste Errungenschaft das kollektive Vergessen war.

Am 4. November 1956 bildeten einige Privatpersonen auf sowjetisches Geheiß eine Regierung und hielten Einzug in Budapest, aber nicht, wie Horthy 1919, auf weißem Roß, sondern in einem sowjetischen Panzer. Sie versprachen, die Errungenschaften des Volksaufstands zu bewahren, und kündigten eine Generalamnestie an. Hierauf zerschlug der neue Machtapparat, der der alte war, die spontan entstandenen Organisationen und Gremien des Volkes – die Arbeiterräte, die revolutionären Räte, die demokratisch gewählten Gewerkschaftsleitungen – und stellte die monolithische, stalinsche Struktur wieder her. Hunderte von Menschen – vermutlich mehr als tausend – wurden hingerichtet, Zehntausende in Gefängnisse und Internierungslager gesteckt. Hunderttausende flohen aus Ungarn. Mitte der sechziger Jahre dann bot das Kádár-System der aufs tiefste gedemütigten Bevölkerung einen Handel an: Wenn sie seine Herrschaft als legitim anerkenne, werde es mehr Freiheit und mehr Fleisch geben. Mangels Alternativen ging die Bevölkerung auf diesen Handel ein, der nicht als Diktat, sondern jahrzehntelang vornehm als «Konsens» bezeichnet wurde. Aber wie kam es, daß erst die Wortführer und dann die große Mehrheit der Intellektuellen dieses einzig mögliche Übel zunächst als «kleineres Übel», dann als «gar nicht so übel», später als «ganz akzeptabel» und schließlich als «relativ großartig» erlebten? Unbefriedigend ist die Erklärung, das System habe immerhin sein Versprechen gehalten und die im sowjetischen Herrschaftsbereich übliche Pro-Kopf-Portion an Freiheit und Fleisch erhöht. Wir haben es vielmehr mit einer kollektiven Verdrängung zu tun. Offenbar bringt es nur der einzelne fertig, über eine längere Zeit mit einem schlechten Gewissen zu leben; Generationen und Nationen sind dazu nicht fähig. Erst als sich dann die Wirtschaftsstruktur als lebensuntauglich erwies und trotz der maß- und ziellosen westlichen Kredite die Fleischpreise zu steigen begannen, gewann das Volk allmählich sein Gedächtnis zurück. Ich weiß nicht, ob die Wissenschaft einen Zusammenhang zwischen der Quantität des Schnitzelverbrauchs und der Qualität des historischen Bewußtseins nachweisen könnte; Kádár und sein System scheiterten jedenfalls an dieser Korrelation.

Mit meinem Buch wollte ich auch diesen dringlichen Prozeß der Bewußtwerdung voranbringen. Dank der relativen Liberalität des ungarischen Poststalinismus konnten wir viele Teilwahrheiten über unsere neue Geschichte aussprechen, aber die Wendepunkte – 1919, 1945, 1949 und 1956 – waren tabu. Kádár hatte genügend Talent, die Revolution und den Volksaufstand von '56 nicht in den Schmutz zu ziehen; er gab sie einfach dem Vergessen preis. Da die ältere Generation – teils aus schlechtem Gewissen, teils aus falscher Rücksichtnahme – über dieses Thema gleichfalls lieber schwieg, war im historischen Bewußtsein der Jüngeren dort, wo die Jahreszahl 56 hätte stehen müssen, ein weißer Fleck. Aber wer wüßte nicht, daß die Genesis eines Systems trotz aller späteren Schwankungen Barrieren errichtet, die dieses System nicht übersteigen kann! Horthy restaurierte die Herrschaft der «historischen Klassen», mit revanchistischer Propaganda fing es an, und 1920 erließ er das erste Jugendgesetz im Nachkriegseuropa. Damit legte er seinen Bewegungsraum bis zum Zusammenbruch 1944 fest. Auch Kádár und sein Gefolge engten mit einer geringfügig modernisierten Restauration der stalinschen Strukturen ihre Möglichkeiten ein, was bestimmend war für Qualität und Quantität der inneren Reserven. Obgleich das leicht zu durchschauen gewesen wäre, verhielt sich die ganze Nation wie eine Jungfrau, die ihren Vergewaltiger heiratet, um die Ehre beider auf einmal zu retten. Warum machten die Ungarn das? Wie konnten sie die unerwünschte Intimität jahrzehntelang ertragen? Warum zögern sie immer noch, Bilanz zu ziehen?

Solche Fragen beunruhigten mich während meines Aufenthalts im Brunnen der Vergangenheit. Ich begriff, daß mich das Gefängnis nicht nur davor bewahrt hatte, mich allmählich zu prostituieren, sondern auch davor, mich in das konsolidierte öffentliche Leben zu integrieren. In einer hierarchischen, zentralistischen, etatistischen – also trotz ihrer Berufung auf den Marxismus-Leninismus ihrem Wesen nach rechten – Staatsstruktur, die als Schutz gegen sich selbst nur eine nicht übermäßig luxuriöse Privatsphäre zu bieten hatte, war ich ein lästiger Linker geblieben. Da sich meine linke Einstellung nicht zuletzt aus dem Jahr 1956 herleitet, durfte mein geplantes Buch zu Recht mit der besonderen Abneigung des Parteistaates rechnen. Wenn 1956 eine sozialistisch inspirierte Volksbewegung war, die bis zuletzt linke Forderungen stellte, dann gibt es für den Verrat durch Kádár keine Rechtfertigung, dann entlarvt sich unweigerlich der Alibicharakter der Ideologie, die dem System Legitimität gewährleisten sollte.

Meine Erinnerungen erschienen in Ungarn zum erstenmal 1988 in einer Samisdat-Ausgabe und ein Jahr später dann auch legal. Darüber war ich nicht zuletzt aus literarischen Gründen froh. Mut ist keine ästhetische Kategorie, und die historischen Epochen, in denen das politische Risiko als künstlerische Tugend gilt, sind zu bedauern. Inzwischen ist allerdings der Parteistaat zerfallen und die Freiheit ausgebrochen. Wie sich zeigte, dulden die Diktaturen nur eine Art Gesindel, während die Demokratien mit mehreren Arten aufwarten können. Wie sich ferner zeigte, hat der Stalinismus – nicht nur in Ungarn, auch in der

Sowjetunion, in Rumänien, Jugoslawien, in allen Ländern des Raums – nur den linken Ideologien geschadet. Die Viren des extremen Nationalismus, des Revanchismus, der religiösen Intoleranz und des Rassismus schlummerten hingegen unversehrt im Eisblock des Stalinismus; als das Tauwetter einsetzte, erwachten sie zu neuem Leben, und jetzt blühen und gedeihen sie – die vierzig oder siebzig Jahre konnten ihnen nichts anhaben. Natürlich gehört es sich heut nicht mehr, 1956 zu verleugnen, aber schon stehen, trotz des matten Protestes der Tatsachen, neue Verfälschungen auf der Tagesordnung. Wer zum Beispiel redet noch davon, daß die in der Revolution neu entstandenen Parteien von Rang allesamt ein pluralistisches, neutrales, sozialistisches Ungarn forderten? Oder daß die Arbeiterräte das staatliche Eigentum nicht durch eine kapitalistische Restauration, sondern durch kollektives Eigentum ersetzen wollten? Mein Buch hat also beste Aussichten, daheim wieder als oppositionell verworfen zu werden, wenn auch auf andere Weise als früher. Und wenn schon; wenigstens brauche ich keine von Grund auf neue Verhaltensweise zu lernen. Die historisch berechtigten schönen Illusionen sind unhaltbar geworden, aber die prosaische Wirklichkeit, von der sie unablässig korrigiert werden, ist auf Dauer unannehmbar. Eine Synthese bietet gegenwärtig nur die Betrachtungsweise der klugen Ratlosigkeit, die Ironie. Vielleicht brauchte ich soviel Zeit, weil ich meine Erinnerungen mit diesem Rüstzeug ausstatten mußte. Ich würde mich sehr freuen, wenn mich ein unvoreingenommenes Publikum jenseits aller heimischen Zwistigkeiten mit Interesse auf dieser Reise in eine versunkene Zeit begleitete.

ERSTES KAPITEL

1.

Am Morgen des 9. Dezember 1956 küßte ich meine Mutter – Vera, meine Frau, war mit den Kindern bei der ihrigen – und versprach ihr, zum Mittagessen rechtzeitig nach Hause zu kommen. Mein Versprechen löste ich erst mit einiger Verspätung ein: am 19. August 1960, allerdings schon in den Vormittagsstunden. Die besagte Mittagsmahlzeit war inzwischen verdampft und verdunstet, meine Mutter weilte nicht in Budapest, Vera hingegen war zu Hause. Sie schrieb gerade den fälligen Brief an mich ins Gefängnis. Als sie aufstand, zitterte sie am ganzen Leibe. Wir waren außerstande, etwas zu sagen. Unsere Zugehfrau Bözsi, die mich in die Wohnung gelassen hatte, drosselte ihr Freudengeheul und zog die Tür taktvoll hinter sich ins Schloß.

Seit Jahren möchte ich ein Buch über die Zeit zwischen diesen beiden Tagen schreiben. Ich habe kein Geschichtswerk im Sinn, und ich möchte mich auch nicht als Romanschriftsteller hervortun. Ich möchte meine Erlebnisse und Reflexionen aus diesen vier Jahren niederschreiben, doch zielt dieser Wunsch, ich weiß es, auf Unmögliches ab. Meine Erlebnisse sind überfärbt von der Zeit und ausgelichtet vom Vergessen, diesem dienstbeflissenen Faktotum meines seelischen Haushalts. Ich kann also nur meine Erinnerungen authentisch festhalten, ohne zu behaupten, sie seien samt und sonders authentisch. Als Gedächtnisstützen dienen mir meine Gefängniskorrespondenz und ein Schwung Gedichte, die ich auf Toilettenpapier schrieb und aus dem Knast schmuggelte. Ich hoffe, sie können den roten Faden abgeben, wenn ich behutsam mit ihnen umgehe. Die Briefe wurden in einer ungewöhnlichen Anspannung der Gefühle geschrieben, die meisten Gedichte ebenfalls. Diese haben nur selten einen ästhetischen, immer aber einen dokumentarischen Wert. Sie bezeugen eine Haltung und ein moralisch-politisches Pathos, doch zweifle ich daran, daß diese Haltung und dieses Pathos völlig mit mir identisch waren. Wer unter zehn Atmosphären Druck steht, muß den gleichen Gegendruck ausüben, um nicht zu zerbrechen. Wenn der Held dann aus großen Tiefen emportaucht, muß er auf den sonnigen Wellen zerplatzen. Ich bin, im Gegensatz zu einem Großteil meiner Gedichte, nicht zerplatzt – ein Beweis dafür, daß ich nicht mit ihnen identisch war. Sie haben mir einen Teil meiner Last abgenommen, später das Zerplatzen.

Und dennoch sagen diese Gedichte viel über mein damaliges Wesen aus. Ich mißbillige das modische Vorurteil, man müsse zwischen Rollen und Menschen unterscheiden. Für jeden ist bezeichnend, welche Rollen er übernimmt. Ich neige sogar zu der Annahme, daß wir auf unser ureigenstes Wesen nur aus unseren Rollen schließen können. Obwohl meine Gefängnisgedichte fast immer einen besseren, also härteren, kompromißloseren, mit den Leidenden solidarischen Menschen zeigen, als ich es wirklich war, drücken sie ein Menschenideal aus, an dem ich mich damals orientierte und nach dem ich mich, mit wesentlich geringerer Chance, auch heute noch richten möchte. Dieses Menschenideal hat auch viele andere Teilnehmer an der Revolution von 1956 begeistert. Daran zu erinnern ist deshalb gerade heute, auf dem Höhepunkt seiner Unzeitgemäßheit, eine pikante und reizvolle Aufgabe.

2.

In dem sicheren Bewußtsein, Zeuge historischer Ereignisse zu werden, ging ich an jenem Sonntag im Dezember 1956 in die Gewerkschaftszentrale der Bauarbeiter an der György-Dózsa-Straße. Am Vortag hatte nämlich der Zentrale Arbeiterrat von Groß-Budapest den geheimen Beschluß gefaßt, einen achtundvierzigstündigen landesweiten Generalstreik auszurufen. Ich hatte als Verbindungsmann des Revolutionsausschusses des Schriftstellerverbandes zum Zentralen Arbeiterrat an dieser Sitzung teilgenommen und dem, was dort mit wachsender Verbitterung gesagt wurde, begeistert und zugleich beklommen zugehört. Die Verzögerungstaktik der Regierung konnte keinen Delegierten mehr irreführen. Sie machte Versprechungen, sie drohte, in Budapest verhandelte sie, in der Provinz ließ sie auf Arbeiter schießen, und sobald sie sich stark genug fühlte, würde sie den Arbeiterrat zerschlagen und ihre monolithische Macht wiederherstellen.

Worauf konnte ich hoffen, während ich zur Gewerkschaftszentrale ging? In politischer Hinsicht war ich nicht mehr optimistisch, das ist sicher. Seit ich am Morgen des 4. November aus unerklärlichen Gründen aus dem Schlaf geschreckt war, im Radio die Stimme des Ministerpräsidenten gehört und von dem sowjetischen Überfall auf Ungarn erfahren hatte, hatte ich keine Minute lang die Illusion, die Besatzer seien nur übers Wochenende gekommen. Doch obgleich mir die Niederlage unvermeidlich erschien, war ich froh, daß gestreikt werden sollte und daß sich die radikalen Arbeiterführer durchgesetzt hatten. Den Moralisten in mir tröstete vermutlich, daß es Menschen gibt, die als Sprecher einer zum Untergang verurteilten Gemeinschaft nicht die unmittelbaren Chancen und persönlichen Folgen ihres Tuns abwägen, sondern das machen, was ihnen das Herz gebietet, oder was sie – kantianisch ausgedrückt – für alle Menschen zu einem allgemeinen Gesetz des Handelns erheben würden. Auf die Frage, wie man sich in einer hoffnungslosen historischen Situation zu verhalten habe, antwortete ich mir damals – und ich bediene mich einer Metapher des ungarischen Dichters Ady –, man müsse als Samenkorn unter dem Schnee überdauern. Solange sich nicht über uns die Konturen des riesenhaften Pilzes abzeichnen, dürfen wir annehmen, daß stets nur die konkrete, überschaubare Situation hoffnungslos ist; da aber die Geschichte nicht an der Grenze unseres Horizontes endet, müssen wir uns auf unvorhersehbare Möglichkeiten einstellen. Diese Haltung verspricht – sofern man sie überlebt – Entschädigung für die aus ihr resultierenden Verluste: Sie spendet Selbstvertrauen und Wohlbefinden, und wenn einem nicht angst und bange wird, erleichtert sie sogar die Verdauung.

An einem der ersten Dezembertage hatte ich im Schriftstellerverband Tibor Déry beiseite gezogen, um ihm über die Sitzung des Arbeiterrates vom Vortag zu berichten. Da trat, von Gyula Illyés begleitet, der ehemalige sozialdemokratische Politiker Zoltán Horváth zu uns, der als langjähriger Häftling unter Rákosi und wegen seiner Klugheit hohes Ansehen genoß. Er forderte Déry und Illyés auf, für die neue Parteizeitung Népszabadság zu schreiben; seien sie dazu aus moralischer Pingeligkeit nicht bereit, lieferten sie Kádár der ÁVO-Journaille aus. Zu retten sei nur noch etwas, wenn wir die Presse und, womöglich, die Machtpositionen übernähmen. An dieser Stelle gackerte ich dazwischen und bat die beiden hochangesehenen Schriftsteller, nicht auf Horváth zu hören: sie dürften nicht die Arbeiter im Stich lassen, die sich weiterhin der mit den sowjetischen Panzern ins Land geschlichenen Regierung widersetzten und voller Respekt und Hoffnungen auf den Schriftstellerverband, insbesondere auf Déry und Illyés, blickten. Horváth wedelte mit der Hand, als wollte er eine Fliege verscheuchen, aber ich ließ mich nicht beirren: solange die Arbeiterschaft Widerstand leiste, dürfe die Intelligenz nicht kollaborieren. Ich verstummte erst, als mich Déry – sicherlich auch in Illyés' Namen – beschwichtigte. Natürlich hätten sie sowieso nicht angebissen, damals wäre das für sie wirklich noch kein gangbarer Weg gewesen. Auch Horváth folgte meines Wissens nicht seinem eigenen Rat, sonst wäre ihm aufgegangen, daß sich die Möglichkeiten zu selbständiger und verantwortungsvoller Stellungnahme von Tag zu Tag verringerten; die Presse brauchte nicht große Namen, sondern kleine Schreiberlinge. Horváths logisches Angebot beruhte auf einer falschen Einschätzung der Lage. Er bedachte nicht, daß die sowjetische Intervention neue Formen hervorgebracht hatte; gesucht waren Leute, die diese Formen nicht ummodeln, sondern ausfüllen würden. Ich konnte damals nur gefühlsmäßig argumentieren, doch diese Episode zwang mich zum erstenmal, mir über meine eigene Haltung klarzuwerden. Samenkörner unter dem Schnee, sagte ich mir, und ich war bei aller Beklommenheit froh über die Streikentscheidung des Arbeiterrates. Es schien mir überaus wichtig, daß die Nation und vor allem die Arbeiterklasse ihre moralische Integrität bewahrten.

Als ich im Haus der Bauarbeiter in den fünften Stock hinaufstieg, fiel mir eine Menge junger Männer auf, die im Treppenhaus herumlungerten. Einige spielten Billard – ausgerechnet am Sonntagmorgen! Ich blieb auf den Stufen stehen, um die Reize des Spiels ein wenig von oben zu genießen. Verblüfft bemerkte ich, daß Stümper das Queue handhabten. Wenn sie schon zu so ungewöhnlicher Stunde spielen, dachte ich, sollten sie wenigstens ab und zu ins Loch treffen.

Im fünften Stock empfing mich ein junger Mann im Ledermantel. Er hatte auch früher schon an der Tür zum Sitzungsraum die Legitimation der Eintretenden geprüft. Auch diesmal ließ er sich meine Vollmacht geben, aber er behielt sie bei sich und verwies mich in einen anderen, kleineren Raum. Hier erfuhr ich, der Arbeiterrat sei verboten worden, und wir seien festgenommen.

Diese Wende in meinem Leben kam nicht unerwartet. Bereits Mitte November hatte man einen guten Freund von mir verhaftet, István Angyal, den ehemaligen Kommandeur der Aufständischengruppe aus der Feuerwehrgasse; ich hatte ihm nach den bewaffneten Kämpfen bei der Herstellung von Flugblättern geholfen, auf denen der Abzug der sowjetischen Truppen und die Wiedereinsetzung der Regierung Imre Nagy gefordert wurden. (Seither hatte ich öfters Gelegenheit, in diesem oder jenem Zusammenhang über den Sinn des wohlklingenden Ausdrucks «legale Regierung» nachzudenken. Heute weiß ich, daß man unabhängig von juristischen und moralischen Aspekten jede Regierung als legal bezeichnet, die auf ihrem Hoheitsgebiet auf Dauer die Macht übernimmt, sei es durch eine Revolution, wie Lenin und Trotzki, sei es durch Wahlen, wie Hitler oder die Oberhäupter der bürgerlichen Demokratien, sei es durch Unterstützung von außen, wie Horthy oder Kádár. Das Attribut «legal» bezieht sich nämlich nicht auf die Rechtsordnung vor der Machtübernahme, sondern auf den Rechtszustand, der von der neuen Administration geschaffen wird. Die bürgerlich-demokratische Administration ist nur deshalb «problemloser» als alle anderen, weil die wechselnden Regierungen an der

Rechtsordnung nichts zu ändern brauchen. Kommt es aber doch zu einer solchen Änderung, wird sie von der Welt früher oder später als Realität akzeptiert, sie bildet dann einen Bestandteil des Status quo und bleibt heilig und unverletzbar, bis die Rechtsordnung wieder verletzt wird.) Am 4. Dezember 1956 war der Journalist Gyula Obersovszky verhaftet worden, am 8. dann mein bester Freund, József Gáli. Ich war Mitarbeiter ihrer Untergrundzeitung «Élünk» («Wir leben») gewesen und hatte bei ihren sonstigen Aktionen mitgewirkt – die Tage meines freien Lebens waren also gezählt. Das war ein offenes Geheimnis. Viele redeten mir deshalb zu, das Land zu verlassen, und mein Freund L., ein Arzt, bot mir an, mich in sein Sanatorium zu stecken, bis ruhigere Zeiten kämen. Aber ich wollte nicht ausreißen, ich wollte mich nicht einmal verstecken, solange es in Ungarn einen organisierten Widerstand gab. Ich meinte, die Flucht vernichtet den Revolutionär, es sei denn, sie rettet ihm das Leben.

Bis halb elf Uhr waren alle abgefangen, die zur Sitzung des Arbeiterrates gekommen und nicht angesichts der Billardkünstler auf der Stelle umgekehrt waren. Dann wurden wir einzeln abgeführt. Mir teilte man einen stämmigen Herrn um die Vierzig und einen lockigen Jüngling zu. Schon im Treppenhaus brüllte ich los: «Ich bin der Schriftsteller István Eörsi! Informieren Sie den Schriftstellerverband und meine Familie! Informieren Sie Tibor Déry!» Die Billardspieler blickten erstaunt auf, wahrscheinlich war ich der erste, der ein solches Ansinnen an sie stellte. Als ich auch auf der Straße nicht zu schreien aufhörte, fuhr mich der ältere Herr an, ich solle die Schnauze halten, und bei einem Fluchtversuch werde er mich abknallen. Ich erinnere mich an das gaffende Gesicht einer nicht mehr ganz jungen Frau, die vor Schreck erstarrte:

Sie sah einen Fünfundzwanzigjährigen mit Haarausfall und dem Gesicht eines Säuglings, der frohgemut herumkrakeelte, während ihn zwei zornige Herren in abgewetzten Überziehern zu einem Auto zerrten, dessen Fondtür der Fahrer bereits weit geöffnet hatte.

(Diese Schilderung betrachte man bitte nicht einfach als eine Offenbarung von Eigenliebe. Ich verheimliche nicht, daß mich Zärtlichkeit überwältigt, wenn ich von dem jungen Mann spreche, der im vorigen Absatz zum bereitstehenden Auto geführt wird. Wenn mich solche Gefühle überkommen, steche ich mit der zweischneidigen Waffe der Selbstironie nach mir. Ich habe hier nicht nur ein Selbstporträt aus glücklichen Jugendjahren gezeichnet, sondern auch eine Beobachtung wiedergegeben, die sich später hundertfach bestätigte: je frohgemuter der Häftling, desto wütender der Haftvollzieher. Für den ist nämlich die Überzeugung lebensnotwendig, seine Situation sei in jeder Hinsicht besser als die des Gefangenen; ein lächelnder Häftling verhunzt diese Überzeugung. Das erkannte ich vielleicht schon auf dem Weg zum Auto. Dort begann ich zu grinsen, und dieses Grinsen begleitete mich durch die Gefängnisjahre, es ist mir seitdem am Gesicht festgefroren, ich trage es wie eine Maske und kann es nicht mehr ablegen. Ich konnte wiederholt feststellen, daß nicht nur die Aufseher im Gefängnis, sondern auch die im zivilen Leben, die Zensoren unseres Gewissens und unserer Freiheitsrechte, auf dem Höhepunkt ihrer Macht unsicher werden, wenn man ab und zu grinst: «Zieh ein leidendes Gesicht oder huste wenigstens ein bißchen», riet mir eine Kollegin, bevor ich mich Ende der sechziger Jahre zu György Aczél, dem aufgeklärt gesonnenen Steuermann unserer Kultur begab, um etwas zu klären, worüber ich mich beschwert hatte. «Er wird es nicht ertragen, daß sie vergebens auf dir herumtrampeln und du in deinem Gestank dich wohler fühlst als er.»)

Wir fuhren zum Budapester Polizeipräsidium. Dorthin wurden an die Hundert von uns gebracht. Die Vernehmungen fanden in mehreren Zimmern statt, aber nicht besonders gründlich. Während ich wartete, bis ich an die Reihe kam, überlegte ich, wo ich bloß den lockigen Jüngling schon mal gesehen hatte. Auf einmal fiel es mir ein. István Angyal hatte mich aus dem Krankenhaus in der Sándor-Péterfy-Straße zu seiner Wohnung geschickt, um ein paar Packen Vervielfältigungspapier zu holen. Ich ging durch den Vorderhausflur auf den Hof und im Hinterhaus zum zweiten Stock hinauf, unterwegs blickte ich hinunter – und sah auf dem Hof den Lockenkopf, wie er, den Kopf im Nacken, in die Höhe starrte, dorthin, wo Angyals Wohnung war. Ich ging zwei Türen weiter und tat, als ob ich klingelte, drückte also den Finger an die Wand neben der Tür. Nach angemessener Wartezeit stieg ich dann wieder hinunter. Als ich auf den Hof kam, war der Jüngling verschwunden. Ich hastete ins Krankenhaus und berichtete Angyal, man sei hinter ihm her. Er zuckte mit den Schultern, dieser Teil der Angelegenheit interessierte ihn nicht.

Meine Vernehmer erwarteten mich mit zwei Fragen. Auf die erste – was der Arbeiterrat am Vortag beschlossen hatte – verweigerte ich die Antwort. Ich berief mich darauf, daß wir uns zur Verschwiegenheit verpflichtet hatten. Außerdem wollten sie wissen, warum ich auf der Straße herumgeschrien hätte. Ich habe seither Muße und Gelegenheit genug gehabt, zu erkennen, daß der Stil meines Verhaltens für Behörden aller Art immer interessanter ist als meine verheimlichte oder erklärte Überzeugung, sogar als meine verwerflichen Handlungen. Jede Aussage läßt sich erörtern (oder propagandistisch ausschlachten), fast jede Tat kompensieren, aber nur aus dem Stil kann der Staat schließen, ob sich aus dem Staatsbürger noch ein Untertan schnitzen ließe. Den Untertan zeichnet aus, daß er in Konfliktsituationen außerhalb der Privatsphäre auf das Entscheidungsrecht und sogar auf den Anspruch auf dieses Recht verzichtet. Das kann ein resignierter, ein selbstbetrügerischer oder ein zynischer Verzicht sein, und er kann mit geistiger oder materieller Entschädigung verbunden sein – hat der Staat das Stadium der brutalen Unterdrückung erst einmal hinter sich, umgarnt er die Bürger mit einem komplizierten Netz aus Versprechungen, offenen oder verhüllten Drohungen, Belohnungen, Privilegien und Freiheitsrechten, die seine Belastbarkeit nicht auf die Probe stellen. Der einzelne kann sich wehren, aber sein Erfolg ist nicht ausschließlich mit inhaltlichen Kriterien meßbar. Natürlich kannten meine Vernehmer den Beschluß des Arbeiterrates, und sie wußten auch, daß ich wußte, daß sie ihn kannten. Sie waren nicht auf Informationen aus, sondern sie wollten meinen Stil prüfen. Gegen den Inhalt meines Geschreis hatten sie nichts, nur gegen das Geschrei selbst. Der Prinz von Homburg verdient das Todesurteil, weil er gegen den Befehl der Obrigkeit gesiegt hat – mit der gleichen Berechtigung wurde Ende der siebziger Jahre in Ungarn ein Student bestraft, der unerlaubt eine regierungsfreundliche Demonstration organisiert hatte.

Gegen zwei Uhr trieb man uns alle zusammen, und ein Polizeioffizier – ein Oberst oder Oberstleutnant – verlas die Namen der acht Personen, die dableiben mußten. Wir anderen, sagte er, dürften nach Hause gehen, aber er empfehle uns wärmstens, keine großen Sprünge mehr zu machen und mit dem Lügen aufzuhören. Nach der netten kleinen Rede trat Stille ein, und in diese Stille hinein hörte ich mich, zu meiner eigenen Verwunderung, sagen: «Wer hier lügt, das sind Sie und Kádár.» Damit war ich der neunte, der blieb.

3.

Es war ein beruhigendes Gefühl, daß ich ein paar Tage später sowieso verhaftet worden wäre. Auf den inkriminierten Satz spielte mein Vernehmungsoffizier nur einmal an, wobei er mißbilligend den Kopf schüttelte. Auch bei meiner Verhandlung wurde der Ausruf nicht zitiert, vermutlich fürchtete man zustimmendes Gelächter aus dem Publikum, vielleicht auch, ich könnte Argumente für meine Behauptung anführen. Nur in der Urteilsbegründung heißt es, ich hätte gesagt: «Mit der Auflösung des Arbeiterrates erreicht die Regierung überhaupt nichts, ihr Vorsitzender hat in letzter Zeit mehrmals gelogen, die Anwesenheit der Sowjetarmee stärkt nur die Konterrevolution.»

Meine Äußerung, die keinesfalls weise zu nennen ist, läßt sich damit erklären, daß ich todmüde war. Ich hatte in jenen Wochen kaum geschlafen, obendrein war ich verzweifelt über das Verbot des Arbeiterrates (so wie einen eine Trauernachricht niederschmettert, auf die man doch vorbereitet war). Intellektuell großgezogen mit der Milch des Marxismus-Leninismus und dem Manna der stalinschen Phraseologie, mystifizierte ich die Arbeiterklasse von vornherein als einzige konsequente revolutionäre Kraft. Die Arbeiter haben ja nichts zu verlieren außer ihren Ketten, und gewinnen können sie die Welt. Sie haben kein Interesse am Fortbestehen ausbeuterischer Gesellschaftssysteme, außerdem sind sie leicht zu organisieren, da sie nicht verstreut arbeiten, wie die Bauern, sondern konzentriert und in großen Massen. Und nun hatten sich zwischen dem 23. Oktober und dem 9. Dezember 1956 diese mundgerecht vorgekauten ewigen Wahrheiten schlicht und einfach bestätigt. In verblüffend kurzer Zeit hatten die Arbeiter eigene Organisationen gebildet, die bald den Rahmen von Interessenvertretungen sprengten und zu einer politischen und moralischen Macht wurden. Nach der Niederschlagung des bewaffneten Aufstands – soweit eine modern ausgerüstete Armee sporadische Gruppen junger Männer mit Gewehren und Molotowcocktails «niederschlagen» kann – baute der Zentrale Arbeiterrat von Groß-Budapest binnen weniger Wochen, ohne Repressionsapparat und in ständiger existentieller Bedrohung, eine Doppelmacht auf. Auf der einen Seite stand eine Marionettenregierung mit ihrem unter den Fittichen der sowjetischen Supermacht reorganisierbaren Apparat, auf der anderen ein frei gewähltes Gremium, das von der Bevölkerung mit Herz und Seele, aber auch mit Taten unterstützt wurde. Staunend beobachtete ich, wie die Arbeiter demokratische Organisationen aufbauten, wie es sie in Ungarn noch nie gegeben hatte, und wie sie, angewidert vom Stalinismus und mit den unterschiedlichsten, oft antikommunistischen und antimarxistischen, Phraseologien einen pluralistischen, auf Selbstverwaltung basierenden Sozialismus zu verwirklichen versuchten. Freilich tauchte der Begriff «Sozialismus» in den rhetorischen Wendungen kaum auf – solche Wörter hatten schon damals unglaublich an Wert verloren, wenngleich sie vom heutigen Tiefstand noch weit entfernt waren –, wohl aber lag er in dem selbstverständlichen Pathos, wie die Arbeiter die Fabriken und Bergwerke in öffentlichen Besitz überführen wollten. Mich beeindruckte besonders, mit welch sicherem Instinkt sie ihre Führer auswählten und über wieviel Realitätssinn, Zurückhaltung und Verantwortungsbewußtsein diese Männer bei aller Emotionalität und Radikalität verfügten. Ich war beispielsweise Ohrenzeuge, wie Sándor Rácz, der dreiundzwanzigjährige Vorsitzende des Budapester Zentralen Arbeiterrates, erst flehend und dann immer zorniger einen auswärtigen Bergarbeiter davon überzeugen wollte, daß die Instandhaltungsarbeiten fortgesetzt werden sollten. «Ihr dürft nicht eure Arbeitsplätze vernichten, damit vernichtet ihr eure Zukunft, begreift das doch!» schrie er während des von ihm ausgerufenen Generalstreiks ins Telefon. «Ich habe Herrn Kádár gesagt, soviel kommunistisches Blut habe ich auch in den Adern, daß ich es nicht hinnehme, wenn auf Arbeiter geschossen wird», sagte er auf der schicksalhaften Sitzung des Arbeiterrates am 8. Dezember, als bekannt wurde, daß in Salgótarján die Sicherheitskräfte in die Menge geschossen hatten. Rácz war natürlich kein Kommunist, aber ich hielt mich für einen solchen, und deshalb hörte ich gerne, was er über sich sagte – und das auf einer Versammlung, deren meiste Teilnehmer zumeist das kommunistische Bekenntnis mit Vaterlandsverrat und blutiger Despotie gleichsetzten.

Als der Zentrale Arbeiterrat von Groß-Budapest verboten wurde, beherrschte mich nur noch ein Gefühl: Es hat alles keinen Zweck. Der Schwimmer hatte längst gespürt, daß das Wasser im Becken immer weniger wurde, aber jetzt schlug er sich die Knie am Beton wund. Ich wußte, daß ich von nun an nichts mehr tun konnte, daß ich zu einer mir fremden Untätigkeit verurteilt war. Wenn ich aus Prinzip nicht floh und keinen Sinn darin sah, mich zu verstecken, dann konnte ich nur lauern, wann Schritte die Treppe heraufkommen würden, zu meiner Tür.

Aber warum hatte ich Kádárs Namen in meine kurze und knappe Stellungnahme eingebracht? Das unbewußt angestrebte Ziel hätte ich auch mit den schlichten Worten «Sie lügen!» erreicht. Die Frage zu beantworten ist auch heut nicht leicht, und das nicht nur, weil der politische Führer Ungarns bis zum heutigen Tag (wir schreiben den 26. Oktober 1986) jener Kádár ist, der sich an der Spitze seiner Partei seit dreißig Jahren abmüht, mit peinlicher Sorgfalt und wechselnden Methoden die geschmacklosen Umstände seiner Machtübernahme aus dem kollektiven Gedächtnis der Nation zu tilgen – wenn ich mich mit seiner Person beschäftige, gehe ich also ein unbequemes Risiko ein. Daran liegt mir nichts, denn im Grunde genommen bin ich ein genußsüchtiger Mensch, zum Beispiel ist mir ein Hammelbraten mit Knoblauch lieber als eine Märtyrerkrone. Über das Thema zu sprechen ist aber auch deshalb nicht leicht, weil Kádár seither im Inland wie im Ausland zu einem beachtlichen und erst in jüngster Zeit ein wenig ramponierten Ansehen gekommen ist. Wenn ich nun an seine häßlichen Jahre erinnere, könnte das so taktlos sein, als ob ich in Gesellschaft über das Vorleben einer achtbaren Dame berichte, die als Straßenmädchen angefangen hat. Allerdings gibt es für einen Schriftsteller Schlimmeres als Taktlosigkeit, beispielsweise daß er allzu taktvoll ist.

Kádárs Lebensweg vom verachteten Verräter zum Landesvater steht nicht ohne Beispiel in der ungarischen Geschichte. Franz Joseph etwa, der Revolution und Freiheitskampf von 1848/49 in Blut ertränkte und ihre militärischen und politischen Führer umbringen ließ, begann seine Laufbahn als «gekrönter Mörder», bis er im Alter hübsch gerahmt bei den besten Patrioten an der Wand hing, vielleicht neben seinem Todfeind Lajos Kossuth. Warum auch nicht? Jedem das Seine; Franz Joseph und seine Monarchie haben etwas für sich, Kossuth und sein Freiheitskampf ebenfalls, warum die beiden gegeneinander ausspielen? Während aber Franz Joseph im fernen Wien residierte und unter seiner Herrschaft Politiker wie Schwarzenberg, Haynau, Bach und später Deák verschiedene Phasen der Entwicklung nach 1849 vom konterrevolutionären Terror über die Beamtendiktatur mit ihrem Spitzelsystem bis hin zur teilweisen Durchsetzung nationaler Interessen im Ausgleich von 1867 verkörperten, stand Kádár an Ort und Stelle mit seinem Namen für alle Entwicklungsetappen des am 4. November 1956 zwangsgegründeten Systems, von seiner Einsetzung als Statthalter einer Schreckensherrschaft bis zu den politischen und wirtschaftlichen Reformen, die eine partielle Selbständigkeit anstrebten. Ich kann ihn mir als tragischen Helden vorstellen, der sogar Schmach in Kauf nimmt, wenn es nur dem Erblühen der Nation dient, aber auch als komischen, der unter Tränen seinem Nachbarn Gift in die Suppe schüttet und in seiner Freizeit über die Herstellung von Fortschrittskonserven nachsinnt.

Lange begriff ich nicht, wie die Karriere Kádárs – und seinerzeit Franz Josephs, aber auch Horthys – im Bewußtsein der Bevölkerung zu erklären ist. An einem zu ihm passenden, puritanischen Image, an guter Taktik und geschickter Propaganda allein kann es nicht liegen, auch seine politischen und ökonomischen Erfolge können die kollektive Amnesie nicht verursacht haben, auch nicht der für ihn glückliche, generell aber tragische Umstand, daß in seiner langen Herrschaftszeit alle realen Alternativen schlechter waren als er. Diese Faktoren mögen mit der Zeit das anfängliche Bild beschönigt haben; aber das nationale Vergessen rührt aus einem tieferen Bedürfnis her. Mitte der sechziger Jahre bot Kádár dem gedemütigten und total besiegten Land, das zu Recht meinte, es hätte nichts mehr zu verlieren, einen Kompromiß an. Er versprach wirtschaftliche und politische Reformen für den Fall, daß die Bevölkerung seine Herrschaft als legitim anerkenne und die Tabus, auf denen sie basierte, respektiere. Ungarn ließ sich auf den Kompromiß ein, und Kádár hielt im Rahmen seiner beschränkten Möglichkeiten das Versprechen. Doch unabhängig von seinen unbestrittenen Resultaten gründet sich dieser Kompromiß auf Verrat; unsere blühenden Gärtchen waren von den darin verscharrten Leichen so fruchtbar. Über dem Kompromiß lag also ein süßlicher Gestank. Da aber keine Gemeinschaft auf Dauer mit einem schlechten Gewissen leben kann, lag es bald im elementaren Interesse der Bevölkerung, die Quelle dieses Gestanks zu vergessen und möglichst auch noch den Geruchssinn zu verlieren. Einige schafften es sogar, vom Duft der Rosen im Garten zu sprechen.

Kniffliger ist die Frage, warum die öffentliche Meinung des Westens, wie sie in der Presse und in Stellungnahmen bürgerlicher Politiker zum Ausdruck kommt, ein so kurzes Gedächtnis hat. Auch das erklärt sich nur teilweise aus Kádárs Erfolgen und aus der Tatsache, daß Ungarn in der Regel gut abschneidet, wenn man die «real existierenden» sozialistischen Länder miteinander vergleicht. Der tiefere Grund des Vergessens ist auch hier das schlechte Gewissen. Der Westen fühlt sich – zu Recht – verantwortlich für die Spaltung Europas. Da er die Folgen dieser Spaltung nicht beseitigen und auch nicht mit einem Modell aufwarten kann, das den Völkern Mittel- und Osteuropas eine Alternative bieten könnte, nimmt er möglichst nicht erst zur Kenntnis, was «drüben» geschieht. Zwar hat er ein propagandistisches Interesse daran, den «real existierenden» Sozialismus als Reich des Satans hinzustellen, doch widerspricht diesem Interesse sein psychisches Bedürfnis, sich möglichst wenig verantwortlich zu fühlen. Also erfindet er sich ab und zu ein Land, wo das Leben ja fast menschlich ist. Seit dem Ende der sechziger Jahre eignete sich für diese Rolle anscheinend Ungarn am besten, wo sich die wirtschaftliche und politische Entwicklung unter der Ägide einer stabilen Staatsmacht vollzog. Ende der siebziger Jahre dann wandte sich ein Teil der Sympathien den Polen zu. Aber die Entfaltung der polnischen Arbeiterbewegung und ihre Erfolge auf dem Gebiet der Interessenvertretung, der Organisation und der Politik förderten nicht nur die antikommunistische Propaganda im Westen, sie brachten auch die Gefahr mit sich, die westliche Gewerkschaftsbewegung könnte sich verstärkt für den Klassenkampf engagieren. Jaruselski nahm im Dezember 1981 nicht nur den Sowjets eine schwere Last von den Schultern, sondern auch den bürgerlichen Parteien Westeuropas einen Stein von den Herzen – besonders den Sozialdemokraten, denen der Gedanke radikalisierter Gewerkschaften überhaupt nicht behagte. Vor allem das und die Sorge um den Status quo erklären, daß Kreisky und Schmidt Verständnis für den Militärputsch in Polen zeigten. Kádárs Ungarn war nun wieder der konkurrenzlose Liebling des Westens, die «fröhlichste Baracke», in der es weder himmelschreienden Warenmangel noch eine Gewerkschaftsbewegung gab.

Ich sah den gerade aus dem Gefängnis entlassenen János Kádár zum erstenmal im Herbst 1954, als er in dem legendären Budapester Arbeiterviertel Angyalföld, wo er Parteisekretär war, eine Rede zu den Rätewahlen hielt. Dorthin ging ich mit Sándor Csoóri, meinem Freund und Kollegen; wir wollten den Hoffnungsträger der Zukunft sprechen hören. Denn Hoffnungsträger war er für uns: ein alter, nicht an Moskau gebundener Kommunist, den Rákosi aus dem Sessel des Innenministers direkt ins Gefängnis gesteckt hatte. Seine Entlassung verdankte er dem neuen Regierungsprogramm vom Juni 1953, das eng mit dem Namen Imre Nagys verbunden ist. An jenem Sonntag unternahmen wir den weiten Fußmarsch, weil wir hören wollten, wie sich Kádár für Imre Nagy einsetzen würde.

Wir verspäteten uns ein wenig, Kádár stand bereits auf einem zusammengebastelten provisorischen Podium auf einem unbebauten Grundstück und redete. In lockeren, nicht sonderlich dichten Gruppen standen Arbeiter um ihn herum, rauchten, kauten Sonnenblumenkerne – eine erschreckende, geradezu undurchdringliche Gleichgültigkeit. Wir versuchten mitzubekommen, was Kádár sagte, aber das Mikrofon war miserabel, ein starker Wind wehte, und die allgemeine Stimmung griff im Nu auf uns über. Wir traten näher, und nun verstanden wir den einen oder anderen blumigen Spruch: «Wie Genosse Rákosi, der große Führer unseres Volkes, gesagt hat...», «Partei und Volk werden unter der Führung des Genossen Rákosi...» Enttäuscht und um eine Illusion ärmer traten wir den Heimweg an.

Zum zweitenmal sah ich Kádár während der Revolution, am 30. Oktober 1956, im Parlamentsgebäude, wo ich Mitarbeiter des Freien Radios Kossuth war. Wir sendeten aus dem Parlament, hier verbrachte ich deshalb einen Teil meiner Tage und so manche Nacht. An diesem Tag wurde angekündigt, die 1945 gegründete Koalition demokratischer Parteien werde die Regierungsverantwortung übernehmen. Aus dem Fenster des Senderaums konnte ich auf den Korridor sehen, wo Kádár ins Mikrofon sprach, aus dem Lautsprecher hörte ich seine Stimme. In seinem Gesicht glaubte ich Erschütterung zu bemerken, als er sich an «die reinen, rechtschaffenen, gutwilligen Kommunisten» wandte. Der Text liegt vor mir, an seine damalige Wirkung entsinne ich mich deutlich. Ich hatte das Gefühl, er spreche zu mir und teile mir mit, die kommunistische Partei wolle endlich die Revolution vorbehaltlos unterstützen. Als mich in diesen Tagen mein Professor, Georg Lukács, fragte, welcher Partei ich beitreten wollte, antwortete ich, vorläufig keiner, aber wenn überhaupt, dann der kommunistischen, ich wolle jedoch abwarten, wer der neuen Leitung angehören und wie ehrlich sich die Partei für die Revolution engagieren werde. Kádárs müdes Gesicht und sein offenbar aufrichtiges Pathos flößten mir Vertrauen ein. Vertrauen gab mir auch mein Freund István Angyal, der im Auftrag der Aufständischen aus der Feuerwehrgasse gelegentlich zu Verhandlungen mit Partei- und Regierungsfunktionären ins Parlament kam. Er sagte mehrmals, Kádár sei ein viel angenehmerer Partner als Nagy, der sei alt und stur und konservativ und verlange in einem fort, sie sollten die Waffen niederlegen, sonst gebe es keine Verhandlungen. Kádár jedoch habe am 1. November sogar versprochen, am nächsten Tag in die Feuerwehrgasse zu kommen und formal das Kommando über die dortigen Aufständischen zu übernehmen.

Am Abend des ersten Novembertags trat ein junger Mann in unser Zimmer und bat um eine Decke für den frierenden Genossen Kádár. Ich dachte an Angyals Worte und gab sie ihm. Ich wollte um jeden Preis verhindern, daß er am nächsten Tag verschnupft und niesend in der Feuerwehrgasse erscheinen müßte. Vermutlich in meine Decke gehüllt machte er sich auf den Weg, aber nicht zu den Aufständischen, sondern – ich nehme an, aus purer Zerstreutheit – zu den sowjetischen Truppen; mich plagt bis heute die Vorstellung, ich sei verantwortlich für die nationale Tragödie: Hätte ich meinen ersten Eindrücken getraut und ihm die Decke verweigert, wäre er vielleicht aus Angst vor einer Erkältung zu Hause geblieben, und dann hätte die Geschichte auf den Gleisen der Revolution ihren Fortgang genommen.

Doch das Wort «lügen», das mir auf dem Polizeipräsidium aus dem Mund rutschte, reifte wohl erst nach dem 4. November in mir heran. Da befand sich Kádár nicht mehr in der Lage, daß er die Wahrheit hätte sagen können. Er mußte sich als Vertreter des Volkswillens ausgeben; dabei wäre er ohne sowjetische Waffen keine zwei Minuten an der Macht geblieben. Und er mußte die Rolle eines Retters der Revolution spielen, während er gleichzeitig mit stalinistischer Unterstützung ihre Organe liquidierte und einen zentralisierten Partei- und Staatsapparat alten Typs mit alleinigem Machtbesitz aufbaute. Er versprach Amnestie und ließ verhaften; er verhandelte mit den Arbeiterräten, und seine Sicherheitskräfte schossen auf Arbeiter. Er verbürgte sich auf Bitten der jugoslawischen Regierung für die Freiheit seiner einstigen Genossen und Freunde, obgleich er genau wußte, daß sowjetische Staatssicherheitsoffiziere sie verschleppen würden, sobald sie die jugoslawische Botschaft verließen.

4.

Am Nachmittag setzte man mich in einen großen schwarzen Wagen – Wolga oder Tschaika –, und mit jeweils einem Beamten an jeder Seite fuhren wir in der einsetzenden Dämmerung Richtung Donau. Die Stadt wirkte gespenstisch, die Passanten schienen es inmitten der Militärfahrzeuge, russischen Patrouillen und Polizisten unnatürlich eilig zu haben – ein Gefühl der Unwirklichkeit beschlich mich. Auf der Pester Seite der Kettenbrücke wurden wir angehalten. Einer der Herren neben mir stieg aus und ließ die Fondtür offen; ich spielte mit dem Gedanken, hinauszuspringen. Aber andererseits war ich mit dem Stand der Dinge durchaus zufrieden: Ich hatte das Unvermeidliche hinter mir.

Als wir über die Kettenbrücke fuhren, ahnte ich, daß sie mich zum Militärgefängnis in der Hauptstraße bringen würden. Da vor der Revolution viele politische Gefangene entlassen worden waren, die trotz strenger Ermahnungen nicht den Mund hielten, genoß diese Anstalt einen legendären Ruf. Hier wurden Angeklagte und Zeugen gespeichert und abgerichtet, die für die Schauprozesse vorgesehen waren. Die Vernehmer legten, wie man sich erzählte, einen ungewöhnlichen Erfindungsreichtum an den Tag. Ich habe mit einem Mann in einer Zelle gesessen, dem Nadeln unter die Haut, in den Bauch, die Oberschenkel, die Weichteile gedrückt wurden; diese Nadeln begaben sich Jahre später auf abenteuerliche Wanderungen und riefen böse Komplikationen hervor. Nur gehört habe ich von einem Gefangenen, den man entkleidete und fesselte, wonach sich eine zum Vernehmungspersonal gehörende Dame seines Geschlechtsorgans bemächtigte. Sobald ihre Behandlung einige Wirkung zeigte, wurde der Delinquent zusammengeschlagen: er habe sich der Vernehmerin mit sexuellen Absichten genähert. Anderen band man Fuß- und Handgelenke zusammen, schob eine Stange unter Knien und Ellbogen hindurch und hängte sie an der Stange so zwischen zwei Schreibtische, daß sie mit dem Kopf nach unten baumelten, in dieser Stellung drosch man ihnen auf die Fußsohlen und drehte sie unter Schlägen um die Stange. Im Knast erfuhr ich später, wer vor 1953 im obersten Stockwerk untergebracht war, konnte nur zwischen langsamem Verhungern und bedingungsloser Selbstaufgabe wählen.

Obwohl ich schon vor meiner Verhaftung viele – inzwischen größtenteils vergessene – Greuelgeschichten über das Gefängnis in der Hauptstraße gehört hatte, verspürte ich keine Angst, als ich aus dem Auto stieg. Mir kam gar nicht in den Sinn, daß man auch mich durch den Fleischwolf drehen könnte. Seit meiner Geburt lauert, ja lodert hin und wieder eine Energie in meinem Innern, die ich, da ich keinen treffenderen Ausdruck kenne, biologischen Optimismus nenne. Dieser kann – und das geschieht oft – in Widerspruch geraten zu meinen Befürchtungen hinsichtlich der heutigen und künftigen Gesellschaft und der Menschheit überhaupt. Käme ich beispielsweise zu der Erkenntnis, daß in einer Woche die Welt untergeht, würde ich mich eine Woche in dem Glück sonnen, daß ich etwas herausbekommen habe, was niemand sonst weiß. Mein biologischer Optimismus war also schuld daran, daß ich das Gefängnis voller Erwartungen betrat. Endlich passiert etwas Besonderes mit mir, neue Erfahrungen, Prüfungen! Das Gefängnis ist ja, wie Lenin sagt, die Universität der Kommunisten, mein ganzes Leben hängt davon ab, wie ich hier bestehe.

Hinter dem Gittertor nahm mich ein klein geratener Mann in Empfang. Kleidung, Haar, Gesicht, alles an ihm war grau. Er verging vor Langeweile. Er unterschrieb den Übernahmeschein, die beiden Herren gingen, er wies mich gähnend zurecht: geradestehen! So gleichgültig, als hätte er einen Kleiderständer vor sich, drehte er mir die Taschen um. Taschentuch, Taschenmesser, Schlüsselbund und Geldbörse nahm er mir weg. Er zählte das Geld und schrieb eine Quittung, dann trat er vor mich, er war nicht größer als anderthalb Meter. Gleichmütig tastete er mich ab, wobei er prüfte, ob meine Unterhose geschnürt war, zu meinem Glück trug ich eine knöpfbare. Fast schon schlafend musterte er mich noch einmal und verlangte meine Schnürsenkel. Mich amüsierte sein gelangweilter Eifer, einen Gnom dieser Art und Farbe hatte ich noch nie gesehen. Ich fädelte die Senkel aus den Schuhen und hielt sie ihm, mit der einen Hand meine gürtellose Hose festhaltend, mit einer tiefen Verbeugung hin. Das wäre doch Unsinn, sagte ich, denn ich hätte nicht die Absicht, mich aufzuhängen. Ohne Haß und Spott fragte er: «Warum nicht?» Zum erstenmal lag in seiner Stimme etwas wie Interesse, und ich bekam es nun doch mit der Angst zu tun.

Ich kam in eine Zwei-Mann-Zelle, aber mein Gefährte wurde bald weggebracht, ich habe ihn nicht wiedergesehen. Er war Mitglied des Budapester Zentralen Arbeiterrates gewesen. Einige Tage später durfte er nach Hause gehen und nutzte die Gelegenheit, schleunigst das Land zu verlassen. Ich jedoch blieb und nahm von nun an teil an der großen Volksbewegung, der ich den Namen «Wanderungen durch den heimatlichen Knast» gab.

Die Zelle maß von der Tür bis zum Fenster fünf Schritte, beiderseits des schmalen Gangs standen die beiden Pritschen. Das Fenster, durch ein dichtes Drahtnetz geschützt, war schräg in die Wand eingelassen, hinaussehen konnte man nicht. In der Ecke neben der Tür ein Wasserklosett. Auf der Pritsche weder Matratze noch Strohsack, nur eine Decke. Eine dürftige, eher symbolische Heizung. Vom Abend bis zum Morgen brannte eine schmutziggelbe Lampe. Nach dem Zapfenstreich legte ich mich im Anzug auf die Pritsche und zog mir Mantel und Decke über die Ohren. Zwei Minuten später donnernde Fußtritte an die Stahltür, und der Aufseher sagte, ich hätte die Hände über der Decke zu behalten. Ich dachte, so sollte verhindert werden, daß ich mir (mit meinen unsichtbaren Gliedmaßen) nach dem Leben trachtete. Später stellte sich heraus, es ging dem Staat nur um meine männliche Unbeflecktheit.

In der Nacht bereitete ich mich auf das Verhör vor. Ich nahm mir vor, mich zur Revolution zu bekennen, das Verfahren für ungesetzlich zu erklären und jede Auskunft zu verweigern. Aber niemand interessierte sich am nächsten Tag für mich. Sie ließen mich tagelang im eigenen Saft schmoren. Dieser Trick, den nur eine unterentwickelte, chaotische oder fragliche Rechtsordnung duldet, bringt den Gefangenen psychologisch ins Hintertreffen. Später hörte ich Vernehmer, Erziehungsoffiziere und Aufseher oft sagen: «Wir sind niemandem über Sie Rechenschaft schuldig.» Schon der frisch Eingelieferte, mit dem sich niemand abgibt, ahnt, daß es so ist, bevor er diesen Satz zu hören bekommt. Wenn er festgenommen wird, sieht er sich im Mittelpunkt der Welt, dann zeigt sich, daß er nur ein Staubkorn im Mechanismus ist.

Nichts von dem, was ich bis zur ersten Vernehmung erlebte, habe ich mir gemerkt. Um sechs Uhr Wecken, schwarze Kaffeebrühe, ein Brotklumpen, dann führen mich die Aufseher unter leisen Pfiffen über den leeren Gang zum Waschen. Taucht ein anderer Gefangener auf, muß ich mich mit dem Gesicht zur Wand stellen. Ein endloser Vormittag folgt, ich warte vergebens, daß man mich holt, dann das Mittagessen, einstufbar zwischen «gerade noch eßbar» und «nicht mehr eßbar». Der Nachmittag beginnt, wenn das Licht angeht, ist bald Abend, man bringt eine Art Abendessen, nach einer langen Zeit dann Zapfenstreich, nachts Tritte gegen die Tür, so daß ich alle zehn Minuten hochschrecke, in der eisigen Kälte steckt man halt doch die Hände unter die Decke, aber die Aufseher lungern unentwegt durch die Gänge, huschen von Zelle zu Zelle, manchmal sehe ich, wie sich die Metallklappe dreht, die von außen das Guckloch verdeckt.

Die strenge Tagesordnung gibt der Zeit eine Form, verwischt sie aber auch. Die einzelnen Tage sind unerträglich lang, die Wochen, Monate, Jahre verschmelzen in Eintönigkeit. Zurückblickend meint man, ständig in Bewegung gewesen und nicht von der Stelle gekommen zu sein, man empfindet eine nicht analysierbare, dumpfe Konfusion, als wären einem die Zellen aus dem Hirn operiert worden, die die Zeit wahrnehmen. Ich hatte schon in der Hauptstraße das Gefühl, ich sei auf eine Art Zauberberg gekommen, nicht freiwillig und nicht mit den Annehmlichkeiten eines Hans Castorp, aber wie er unter die diktatorische Knute der gegliederten und ineinanderfließenden Zeit.

Die Wurzeln dieser literarischen Assoziation reichen tief. Thomas Mann genoß in unserer Familie höchstes Ansehen, schon früh war er für mich der Inbegriff des Schriftstellers. Mit großem Eifer fraß ich mich durch alle auf ungarisch zugänglichen Werke, sogar Deutsch versuchte ich mit seinen Büchern zu lernen. Als ich Vera kennenlernte – sie war sechzehn, ich achtzehn –, las ich ihr monatelang aus *Joseph und seine Brüder* vor. Nichts zeugt beredter von der tiefen Zuneigung, die wir zueinander empfanden, als daß sie diese Kraftprobe überlebte. Um Thomas Mann mit meinem neuerworbenen, begeisterten Kommunismus vereinbaren zu können, brauchte ich allerdings ein Bindeglied, das es mir gestattete, diese durch und durch bürgerliche Kunst guten Gewissens zu genießen. Da kam mir Georg Lukács' Realismustheorie sehr gelegen; sie betonte die objektive Totalität der dargestellten Welt, die trotz der Weltanschauung des großen Schriftstellers zur Geltung komme. Mein Weg zu Georg Lukács war vorprogrammiert, weil seine Philosophie mir versprach, auch als Marxist dürfe ich das lyrische *Buch Jonas* von Mihály Babits und den *Tod in Venedig* lieben. Ich entfernte mich von ihm – nicht menschlich, aber ästhetisch –, als ich auch Kafka und Musil und Beckett lieben wollte, was er nicht billigte.

Meine erste Vernehmung, am fünften oder sechsten Tag, lief nicht so ab, wie ich es geplant hatte. Zwischen 1945 und 1956 hatte ich in der Schule, in den Seminaren und aus erbaulichen Büchern gelernt, ein verhafteter Kommunist – siehe Rákosi, siehe Dimitroff – verwandle sich im Prozeß vom Angeklagten zum Ankläger. Das gelingt ihm aber nur, wenn er vom ersten Verhör an bis zur Wahrnehmung seines Rechts zum letzten Wort unbeeindruckt vom kompletten Repressionsapparat die Wahrheit verkündet. Doch als ich nach all den langen und verwinkelten Korridoren, durch die mich, immer wieder kurze Warnpfiffe ausstoßend, zwei Aufseher führten, in zerknittertem Anzug und mit den Händen auf dem Rücken in das Vernehmungszimmer trat, erblickte ich als erste eine junge Russin; ich kannte sie seit mehreren Jahren, sie war irgendwo Verlagslektorin und sprach unsere Sprache mit einem zauberhaften russischen Akzent. Sie war hübsch, kokett und freundlich – kein Wunder, daß ich meine geplante Rolle vergaß und ihr vergnügt zublinzelte. Sie antwortete mit einem Blick, der mich, wäre ich empfindsamer als andere, tot niedergestreckt hätte. Eine Tür ging auf, und herein trat lächelnd und frisch rasiert ein gut gekleideter Herr von ungefähr vierzig Jahren. Er stellte sich auf russisch vor, ich wußte nicht, ob er sich als Hauptmann oder Major ausgab, und komplimentierte mich ins Nebenzimmer. Dort bot er mir einen Stuhl an. Er selbst blieb stehen. Die Lektorin nahm mit grimmiger Miene in der Ecke Platz.

Als erstes sollte ich sagen, warum ich festgenommen worden sei. Abweichend von meiner Strategie, verweigerte ich nicht die Antwort, und ich protestierte auch nicht, daß ich, ein ungarischer Staatsbürger, von einem Russen vernommen wurde. Ich sagte, ich sei hier, weil ich Kádár als Lügner bezeichnet hatte. Der Russe winkte lächelnd ab: ich solle seine Frage ernsthaft beantworten. Ich blieb dabei, daß ich ohne diese Behauptung jetzt zu Hause säße. Er schüttelte den Kopf und fing an, hinter seinem Tisch auf und ab zu gehen. Die Lektorin wiederholte die Frage, woraufhin ich sagte, zu meiner Verhaftung sei es gekommen, weil ich Verbindungsmann zwischen zwei legalen Gremien war, dem Revolutionsausschuß des Schriftstellerverbands und dem Zentralen Arbeiterrat von Groß-Budapest. Verächtlich und unverändert grimmig übersetzte die Lektorin. Ihr Landsmann lächelte wie jemand, der auf seine alten Tage einem Ammenmärchen glauben soll. Er blieb auch vergnügt, als ich die Lektorin bat, genau zu übersetzen; trotz meiner miserablen Russischkenntnisse hatte ich bemerkt, daß sie das Wort «legal» unterschlagen hatte. Sie schlug vor, ich solle die Klappe halten. Der Russe lächelte und nickte und hörte vergnügt zu, als ich ihm auseinandersetzte, der Arbeiterrat hätte legal gearbeitet, und das Verbot sei illegal. Plötzlich unterbrach er seinen Gang hinter dem Tisch und fragte mich: «Kennen Sie Gyula Obersovszky? Kennen Sie József Gáli?» Ich zog vermutlich ein überraschtes Gesicht, denn er grinste breit. Ich wollte die Situation in den Griff bekommen und antwortete mit irgendeiner Frechheit. Wütend wies mich die Lektorin zurecht, doch er winkte wieder nur ab, setzte seinen Gang fort und fragte mich beiläufig, worüber wir uns am 2. Dezember zwischen zwei und vier Uhr in der Wohnung von Miklós Sebestyén unterhalten hätten. Meine Überraschung wuchs. Tatsächlich war ich da bei Sebestyén gewesen, dem Pressechef des Arbeiterrates. Der Arbeiterrat wollte Obersovszky für die Herausgabe einer neuen Zeitung gewinnen, wir hatten uns getroffen, um über den Aufbau eines Informationsnetzes und, falls wir in die Illegalität gehen müßten, eines Vertriebsnetzes zu beraten. Den Arbeiterrat vertraten Sebestyén und mein späterer Freund László Abod, die Presse außer Obersovszky und Gáli noch drei andere Journalisten. Diese fünf trugen als Zeichen ihrer Zusammengehörigkeit weiße Baskenmützen, was unter den gegebenen Umständen der Illegalität nicht gerade empfehlenswert war. Ich sprach mit Gáli über die Baskenmützen. «Den Hals wird uns was anderes brechen», sagte er, und er behielt recht.

Ich zögerte mit meiner Antwort, aber dann sagte ich unmißverständlich: «In der Wohnung Sebestyéns bin ich nie gewesen.» Lächelnd, als hätte er genau diese Antwort erwartet, nickte der Russe. Er trat zu einem Schrank, nahm einen Umschlag heraus und zeigte mir Fotos, die er herausholte wie ein Zauberkünstler weiße Tauben aus seiner Schulterhöhle. Nach den weißbemützten kamen andere Köpfe zum Vorschein, Gesichter von Leuten, mit denen ich in der Sándor-Péterfy-Straße oder anderswo illegale Druckerzeugnisse hergestellt hatte – ich schüttelte unbeirrt den Kopf, außer Gáli und Obersovszky sei mir niemand bekannt. Mit einem amüsierten Lächeln legte er mir Foto um Foto vor, jetzt schon drei auf einmal, aber ich blieb bei meinem Kopfschütteln, nur ab und zu zeigte ich auf ein unbekanntes Gesicht. Der Russe winkte lächelnd ab und zauberte die nächsten Bilder auf den Tisch. Einmal blickte ich hoch und sah, wie unsere Dolmetscherin wütend die Lippen zusammenpreßte. Mein Blick fiel vermutlich zu heiter aus, denn sie zischelte: «Keine Vertraulichkeiten!» Der Russe winkte ab und servierte mir besonders schwungvoll die nächsten drei Bilder. Auf dem mittleren war die «Spionin», ich zeigte auf das linke. «Den kenne ich», sagte ich, «aber ich habe keine Ahnung, woher.»

Ich bedaure aufrichtig, daß ich dieses Buch nicht schon vor fünfundzwanzig Jahren in Angriff genommen habe. Da erinnerte ich mich noch besser an die Legenden über die «Spionin». Man sagte ihr nach, sie sei bei Straßenkämpfen und Einzelaktionen unerhört mutig gewesen. Hübsch wie sie war, zog sie immer wieder die Aufmerksamkeit der russischen Soldaten auf sich, lockte sie in einen entlegenen Winkel und erschoß sie. Es hieß, sie sei in Schwesterntracht aus einem Sanitätswagen gestiegen oder in verführerischer Kleidung unter den Soldaten herumspaziert. Sie hatte Kontakt zu allen möglichen bewaffneten Gruppen, und beim Verteilen von Flugschriften war sie überaus eifrig. Den Gerüchten nach konnte sie Bedürftigen jederzeit Waffen besorgen, und im Verlauf des Novembers soll sie mehrmals illegal nach Österreich gereist sein, was ihr den Ruf einer Spionin einbrachte. In einer offiziellen Broschüre wird sie als Prostituierte bezeichnet. Daß sie dieses älteste Gewerbe wirklich eine Zeitlang ausgeübt hat, kann ich mir gut vorstellen. Allerdings fällt auf, daß diese Abstempelung in der Regel von solchen Autoren – «Historikern», Schriftstellern, Journalisten – zur Diskreditierung der Revolution benutzt wird, die nicht nur das eine oder andere Organ auf den Markt tragen, sondern ihr ganzes Ich, ihre intellektuellen und moralischen Fähigkeiten. Die abstoßende Überlegenheit der geistigen Prostitution gegenüber der körperlichen folgt aus der Logik der Klassengesellschaften. Aus dem gleichen Grund verachtet der Blutrichter, dieser Intellektuelle, den Scharfrichter, der seine Entscheidungen realisiert.

Ich selbst bin der «Spionin» einmal begegnet, in einem Arztzimmer des Krankenhauses in der Sándor-Péterfy-Straße. Dorthin war ich um den 10. November herum mit Jóska Gáli gegangen. Auf der Straße Unrat, Trümmer, abgebrochene Äste. Jóska fand sich mit seiner Brille – zehn Dioptrien – in der Dämmerung schlecht zurecht und hakte sich bei mir ein; hoch über mir schwankte sein keilförmiger Kopf über dem hageren Körper («Du bist die häßlichste Spielart des Christus», pflegte ich ihm zu sagen, als er noch lebte). Wir gingen durch die Damjanich-Straße, als geschossen wurde. Ich war noch so feige, daß ich meine Angst nicht zu zeigen wagte, aber Jóska krallte sich bei jedem Schuß an meinem Arm fest. Im Krankenhaus zeigte ich ihm den Arm, er war voller blauer Flecken. Ich bewunderte ihn, denn mich hätten mit einer solchen Angst keine zehn Pferde zum Krankenhaus schleppen können.

Außer Jóska und der «Spionin» waren wir noch vier oder fünf andere, die auf Betten und Stühlen hockten und über Herstellung und Vertrieb der Zeitung «Élünk» berieten. Herausgeber waren Gáli und Obersovszky, ich gehörte zu den Mitarbeitern. Unvermittelt zog die «Spionin» – ein hübsches, braunhaariges Mädchen in knappem Pullover und aufgeknöpftem weißem Kittel – eine Pistole aus ihrer Handtasche und fragte, ob wir einen gewissen Eörsi kennen. Diesen Eörsi werde sie nämlich über den Haufen schießen, wenn sie ihn erwische, denn er habe sich unterstanden, «Élünk» zu verraten und zu «Október 23-a» überzuwechseln, diese Zeitung gebe sich aber nur revolutionär, in Wahrheit sei sie ein Sprachrohr der Regierung. Sie bitte also darum, ihr diesen Eörsi herbeizuschaffen! Damit warf sie die Pistole in die Luft und fing sie mit einer geschickten Bewegung, wie man sie aus dem Kino kennt, wieder auf. «Warum lachst du?» fragte sie Gáli, der sich auf dem Bett wälzte und nach Luft schnappte. «Weil ich dieser Eörsi bin», sagte ich. Im Gefängnis in der Markó-Straße hörte ich später, man habe die Spionin verhaftet und sie durchsucht, ihren Busen aber nicht angerührt, Pech für die Beamten, denn als sie aus dem Auto stiegen, habe die «Spionin» ihre Pistole aus dem Ausschnitt gezogen und zwei Mann niedergeschossen, dann sei sie geflüchtet und über die Grenze entwischt. Das ist vielleicht auch eine Legende, jedenfalls kam sie nie vor Gericht, und keiner meiner Bekannten hat sie je wiedergesehen. Beziehungsweise einige doch: etliche Haftgefährten wollen sie beim Obersovszky-Gáli-Prozeß unter dem Publikum entdeckt haben, mit schwarzgefärbtem Haar und völlig verändertem Äußeren. Ich aber neige zu der Annahme, daß die schwarzhaarige Schönheit der Spionin deshalb so wenig ähnelte, weil die beiden nicht identisch waren.

Als ich auf den Fotos auch die «Spionin» nicht erkannte, lächelte der Russe und winkte ein letztes Mal ab, packte die Bilder in den Schrank zurück und erklärte die Vernehmung für beendet. «Wir haben Zeit», sagte er, «wir sehen uns noch.» Zeit hatten wir tatsächlich, aber wir sahen uns nicht wieder. Vermutlich erwartete er sich von mir nicht viel, denn er überließ mich seinen ungarischen Kollegen.

5.

Mein Erinnerungsvermögen senkt sich tief, wie ein Schleppnetz, in das Wasser der Vergangenheit, vielleicht vermag es Oberleutnant F. K. an die Oberfläche zu ziehen, der nach einigen Tagen des Wartens meinen Fall von den Russen übernahm. Fünf Wochen lang wurde ich fast ausschließlich von ihm verhört. Immer wieder saßen wir in seinem Zimmer, er mit dem Rücken zum Fenster an seinem Schreibtisch, ich ihm gegenüber an einem kleineren Tisch. Ich genoß diese Anordnung, denn ich konnte die oberste Etage eines Hauses und das steile Dach sehen. Manchmal war es eingeschneit, dann bekam ich sofort gute Laune: die Außenwelt ließ mich wissen, daß das Leben weiterging, vermutlich sogar das Skilaufen.

Ich habe Mühe, mich an F. K.s Gesicht zu erinnern. Vor mir sehe ich einen Mann von dreißig bis fünfunddreißig Jahren mit braunem Haar, weichem Gesicht und einer Brille, aber sein Äußeres vermischt sich auf verwirrende Weise mit dem von Herrn S. Herr S. bewohnte im ersten Jahr meiner Ehe dieselbe Wohnung wie Vera und ich, er war durch und durch «bürgerlich», und trotz aller Höflichkeit wirkte er immer irgendwie gekränkt, daß mein Teil der Wohnung größer war als seiner. Als mein Vater auf dem Weg zu uns im Fahrstuhl an einem Herzanfall starb, trugen wir beide ihn – er an den Füßen, ich an den Armen – in die gemeinsame Wohnung, wo wir ihn auf das neue, grüne Bett legten, meine Mutter tat Zeitungspapier unter die schmutzigen Schuhe des Toten.

Während diese Bilder Gestalt in mir annehmen, befallen mich Zweifel: Waren Herr S. und F. K. womöglich ein und dieselbe Person? Die ein Doppelleben führte? Steckte hinter dem braven Mitmieter ein kommunistischer Polizeioffizier aus dem Knast in der Hauptstraße, ein enttäuschter Bürger, der seine Gesinnung unterdrückte und das tat, was seine Auftraggeber von ihm erwarteten?

Das Befinden der Ermittlungsoffiziere mag Ende 1956 verworrener und widersprüchlicher gewesen sein als das der meisten Gefangenen. Sie mußten mit einer deprimierenden Niederlage fertigwerden. Die russischen Panzer, die ihnen die Rückkehr in ihre Büros ermöglichten, machten mit ihrem Gelärm die Welt auf die katastrophalen Ausmaße dieser Niederlage aufmerksam. Ferner sahen sich die Ermittler linken Häftlingen – Arbeitern und Intellektuellen – gegenüber, die nicht Geständnisse ablegten, sondern ihren Standpunkt verteidigten, und zudem verbot ihnen die neue Administration, die sie mangels besserer Leute in Dienst nahm, sich das für die Berufsausübung unabdingbare Überlegenheitsgefühl auf die gewohnte Weise, durch Prügeln und Foltern, zu verschaffen.

Die haarsträubende Geschichte der Behörde für Staatssicherheit (ÁVH, später ÁVO), vor allem zwischen 1949 und 1953, als sich die Rákosiclique hemmungslos austoben konnte, läßt uns vergessen, daß unmittelbar nach dem Krieg viele überzeugte Antifaschisten dem Geheimdienst beigetreten und schon fest in ihn integriert waren, als er sich gegen Demokraten, Sozialisten und Kommunisten, gegen unerwünschte Bevölkerungsschichten und Personen – genauer: gegen Schichten und Personen aus der unerwünschten Bevölkerung – wandte. Sie hatten kaum eine Wahl: Entweder wurden sie selbst zu Opfern – denn nur um diesen Preis konnten sie aussteigen –, oder sie machten weiter. Wenn sie Reste ihrer Selbstachtung retten wollten, mußten sie sich also einreden, sie dienten dem Fortschritt im weltgeschichtlichen Sinn. Im institutionellen Rahmen schöpft die Selbstbestätigung Kraft aus dem Verhalten anderer; pathetischer Selbstbetrug verbindet sich mit kollektivem Drill. Das führt in solchen Tätigkeitsbereichen einerseits zur Verrohung, andererseits zur Rückkehr des zur Tür hinausgeworfenen schlechten Gewissens durch das Fenster.

Nach dem 4. November war den meisten Sicherheitsleuten die Regierung, der sie dienten, zuwider. Die meisten der neuen Führer hatten während der Revolutionstage die

Sicherheitsbehörde verurteilt und öffentlich ein Mehrparteiensystem befürwortet, den «ruhmreichen Aufstand unseres Volkes» (um Kádár zu zitieren) begrüßt und sogar der geplanten Neutralität Ungarns zugestimmt. Für strenggläubige Stalinisten konnten sie nichts anderes als Verräter sein. Andere empfanden – eine Folge der allgemeinen Krise des Systems – Abscheu vor ihrer früheren Tätigkeit, sie kehrten desillusioniert und zynisch in den Geheimdienst zurück. Die Würfel waren ja gefallen, und eine andere berufliche Qualifikation fehlte ihnen. Die einen wie die anderen mochten befürchten, daß sich die neuen Führer, von denen sie so manchen unter Rákosi eingesperrt und gefoltert hatten, über kurz oder lang an ihnen rächen würden – vorausgesetzt, sie blieben an der Macht. Doch die alten ÁVO-Leute sahen in ihnen nur Übergangsfiguren; wenn sie die Dreckarbeit gemacht und ihr kleines moralisches Kapitel verspielt hätten, würden die Russen den Zügel wieder den erprobten Kadern in die Hand drükken. Sie konnten sich nicht vorstellen, daß der Kreml diesen Opportunisten mehr vertraute als sie selbst.

Die Aufregungen der vorangegangenen Wochen hatten eine Erschütterung ausgelöst, die ihr Mißtrauen und ihre Verwirrung vermutlich noch steigerte. Die alten ÁVO-Leute waren während der Revolution von einem Teil ihrer früheren Opfer und den mit ihnen sympathisierenden Massen in zuweilen hysterisch aufgepeitschter Stimmung verfolgt worden. Bei manchen weckte das Rachegelüste, bei anderen Scham, weil sie vor der Öffentlichkeit über ihre Schandtaten Rechenschaft ablegen sollten. Wieder andere zogen aus den Verwicklungen der Geschichte die Lehre, am besten sei es, man fasse die Gefangenen mit Samthandschuhen an, denn wer weiß, womöglich kommen sie noch an die Macht. «In diesem Haus hat jeder einen Ziegelstein», sagte ein alter Wachtmeister schon in der Untersuchungshaft im «Markó». Mit der Zeit wurden solche Stimmen seltener.

Von Mitgefangenen weiß ich, daß noch im Dezember manche Vernehmungsoffiziere offen über Kádár und seine Gefolgsleute herzogen. Einige von ihnen nannten sie schlicht «Verräter» und prophezeiten, nicht mehr lange, und sie würden die noch freien Zellen bevölkern. Oberleutnant F. K. ging nie so weit, aber er verheimlichte nicht, daß ihn das, was «draußen» geschah, beunruhigte. Eines Morgens im Januar empfing er mich nicht wie gewöhnlich am Schreibtisch sitzend, sondern er stand mit dem Rücken zur Tür am Fenster. Er drehte sich nur ein wenig zur Seite, so daß ich sein weiches Profil sehen konnte, und sah weiter hinaus. Dann hielt er einen Monolog, und ich wollte meinen Ohren nicht trauen. «Wissen Sie, Eörsi, vielleicht hattet ihr recht. Mir dreht sich der Magen um. Glauben Sie mir, manchmal möchte ich raus, weg über die Grenze. Was meinen Sie, wer heutzutage alles in die Partei eintritt! Leute, die im Oktober im Keller gehockt und sich in die Hosen gemacht haben, Spießer, die Angst um ihre Stellung haben. Hier geht es längst nicht mehr um Prinzipien. Hier wird um die leeren Posten gerangelt. Kommunisten sind nur vereinzelt darunter.» Er wandte sich um, setzte sich an seinen Tisch, wartete, daß ich antwortete. Ich machte schnell den Mund zu und hielt ihn eine ganze Weile geschlossen; vielleicht wollte er mich provozieren. Ich wollte ihm nicht einmal scheinbar auf den Leim gehen. Nachträglich bin ich der Meinung, F. K. hat es ehrlich gemeint; trotzdem hätte er es vermutlich gemeldet, wenn ich ihm zugestimmt hätte.

Aus dem zitierten Monolog ist auch die Taktik erkennbar, die die Strafverfolgungsorgane mir gegenüber anwandten. Wir sind doch, nicht wahr, hinsichtlich der Grundlinien unserer Weltanschauung Genossen, auch wenn wir uns in Krisenzeiten unterschiedlich verhalten haben. Über die Situation und die Aussichten sind wir uns nicht einig, wir unterscheiden uns auch, was unsere Solidarität und unsere Ziele betreffen. Aber ein Problem haben wir gemeinsam: Wo sind in Ungarn die moralischen Reserven des Kommunismus? Was ist hic et nunc die Aufgabe eines anständigen Kommunisten? Ist eine kommunistische Führung denkbar, die von ihren Anhängern aus Überzeugung unterstützt wird?

Heut benutzen auch die an der Macht befindlichen europäischen Kommunisten nur im Notfall – aus Staatsraison und aus protokollarischen Gründen – für sich selbst die Bezeichnung «Kommunist», von der niemand wirklich weiß, was sie bedeutet. Doch 1956 war der Stamm des Kommunismus noch nicht so zersplittert, es gab keinen chinesischen Weg und keinen Eurokommunismus, weder die verschiedenen asiatischen Varianten noch die erklärtermaßen nationalistischen und militaristischen Regimes. Einzig das jugoslawische Modell stellte eine Konkurrenz für den Stalinismus dar, der auf dem XX. Sowjetischen Parteitag im Februar 1956 vor aller Welt beschlossen hatte, sich im Hegelschen Sinn aufzuheben. Die Kommunisten gingen damals noch davon aus, es existiere ein «wahrer» Marxismus-Leninismus. Vom Sockel dieser gemeinsamen Überzeugung aus hatte Oberleutnant F. K. zu mir gesprochen. Inzwischen ist allerdings auch das Wort «wahr» entwertet, an der ideologischen Börse taugt es keinen rostigen Groschen mehr; so lese ich also, immer noch unter der Wirkung des Marxismus stehend und dem Wunschtraum eines antietatistischen Sozialismus nachhängend (Marxismus, Sozialismus: was für verschwommene Begriffe sind auch daraus geworden!), in einem gedichtähnlichen Dokument, das ich am ersten Tag des Jahres 1957 schrieb: «Ich bin ein Mensch – und Kommunist erst recht!»

Meine Plaudereien mit Oberleutnant F. K. waren vermutlich von diesem «Erst recht!» durchdrungen. Mein Vernehmer mußte sich darauf einstellen, daß der Anteil der überzeugten Menschen im Knast höher war als in der Partei. Deshalb betonte er die weltanschaulichen Elemente, die uns verbänden, freilich mit der Anmerkung, die Volksbewegung, die er als Konterrevolution bezeichnete, hätte früher oder später mich ebenso hinweggefegt wie ihn und seinesgleichen. Auch auf freiem Fuß quälte man mich oft mit solchen Argumentationen. «Glauben Sie», fragte mich später einmal der aufgeklärte Steuermann unserer Kultur, als ich ihn wegen eines verbotenen Stücks oder Buches aufsuchte, «glauben Sie, Sie wären populärer als wir? Den Sozialismus wollen Sie doch auch, nicht? Sie sind auch ein Linker, ein Marxist und Lukács-Schüler – ohne uns kämen von Ihnen noch weniger Bücher heraus.» Ein andermal beklagte er sich, ähnlich wie F. K.: «Prinzipienlose Lakaien, wohin ich blicke, alle nicken bloß. Wir suchen einen neuen Chefredakteur für eine Literaturzeitschrift, wen sollen wir nehmen? Können Sie irgend jemanden empfehlen? Einen einzigen, der eine eigene Meinung hat?»

F. K. bekam es hauptsächlich mit meinem pathetischen Ich zu tun. In den Wochen vor meiner Festnahme hatte ich nämlich mein Ideal eines anti-etatistischen Kommunismus unablässig mit *Staat und Revolution* gefüttert. Ich führte Lenin und Marx gegen Kádár ins Feld. Das mag heut absurd klingen, aber damals nahm keiner meiner Freunde daran Anstoß. Im übrigen werden die Wahrheiten einer geistigen Einstellung nicht davon beeinträchtigt, daß sie inaktuell sind. Als Kádár beispielsweise erklärte, in Ungarn habe eine Konterrevolution stattgefunden, denn die Arbeiter könnten sich nicht gegen ihre eigene Macht erheben, nannte ich diese Argumentation nach guter marxistischer Sitte idealistisch. Kádár ging von einer These aus, daß nämlich die Arbeiter an der Macht seien. Die Marxisten, sagte ich, richten sich nach den empirischen Tatsachen, und die sehen im gegebenen Fall so aus, daß sich die Arbeiterklasse wie ein Mann erhoben hat. Ist es denkbar, daß eine Klasse ihre eigene Macht stürzen will? Das ist nur möglich, wenn man vergessen hat, ihr mitzuteilen, daß sie an der Macht ist.

Oberleutnant F. K. hätte an diesem Gedankengang nicht viel Vergnügen gehabt. Aber er war der Hintergrund meiner Haltung. So verschob sich also der Schwerpunkt unserer Begegnungen bald von den Gesprächen auf die Vernehmungen. F. K. legte mir Papier und Bleistift zurecht und forderte mich auf, niederzuschreiben, was ich am 23. Oktober oder zwischen dem 23. Oktober und dem 4. November oder vom 4. November bis zum 9. Dezember gemacht hatte. Ich schrieb fleißig, er überflog die Blätter und machte ein unzufriedenes Gesicht, dann gab er mir neues Papier und sagte, schreiben Sie alles noch einmal auf, aber ehrlich und nicht so lückenhaft. Später hatte ich konkrete Fragen zu beantworten. Was haben Sie für «Élünk» geschrieben? Wer waren die weiteren Mitarbeiter? Welchen Schriftstellern und Schauspielern sind Sie bei Freies Radio Kossuth begegnet? Zu welchen Mitgliedern des Arbeiterrates hatten Sie Verbindung? Ich konnte nicht leugnen, daß ich bei den Aufständischen in der Feuerwehrgasse gewesen war, denn ich hatte eine Reportage über sie geschrieben – auch in diesem Zusammenhang wollte F. K. vor allem Namen wissen. Besonders interessierte ihn alles, was sich auf István Angyal bezog, seine Rolle als Kommandeur der Aufständischen, seine regierungsfeindliche Propagandaarbeit im Krankenhaus – und wieder wollte er Namen hören, Namen, Namen. Ich schrieb fleißig weiter, aber so allgemein wie möglich, er schüttelte den Kopf und gab mir neues Papier oder schickte mich in die Zelle zurück, denken Sie mal darüber nach! Zwei Tage später erneut zu ihm, die gleichen Fragen, es war, als sollte eine Wüste leergeschaufelt werden. Später legte er mir meine abgetippten Aussagen vor, teils mit wahren, teils mit erfundenen Informationen. Nun schüttelte ich den Kopf, das kann ich leider nicht unterschreiben, es entspricht nicht der Wahrheit. Gereizt, daß ich ihm unnötig die Arbeit erschwerte, deckte mich F. K. mit neuen Bögen und alten Fragen ein. Ich begann erneut zu schreiben, mein heftiges Verlangen unterdrückend, meine im Kopf gespeicherten Gefängnisgedichte zu Papier zu bringen.

Daß ich leugnete, empörte den Vernehmer übrigens nicht. Gelegentlich erklärte er mir, ins freie Leben dürfe ich nur nach einem erschöpfenden Geständnis und mit unterschriebenem Protokoll zurückkehren. Anderenfalls werde man mich in ein anderes Gefängnis bringen und vor Gericht stellen, aber auch das erst, wenn das Protokoll unterschrieben sei. Mit meinem Leugnen verlängerte ich nur die Zeit im Gefängnis. Am letzten Tag des Jahres lockte er mich mit dem Versprechen, wenn ich unterschriebe, könnte ich zu Hause Silvester feiern. «Ich feiere mit denselben Leuten wie voriges Jahr und unter demselben Dach», sagte ich, auf Angyal und Gáli anspielend. «Und Ihre Angehörigen?» fragte er. Ein andermal sagte er: «Wenn Sie unterschreiben, kann ich Ihnen fünf Zigaretten täglich genehmigen.» («Wenn Sie zwei Jahre lang nicht politisieren», sagte fünfundzwanzig Jahre später der aufgeklärte Steuermann unserer Kultur, «können wir darüber reden, daß Sie eine Zeitschrift übernehmen.») «Ich leide sehr unter dem Nikotinmangel», antwortete ich, «aber ich kann nicht unterschreiben, es ist nicht die Wahrheit.» Ich war zufrieden, daß er mich auf diese Weise erpressen wollte, denn ich hatte nie im Leben geraucht. Von da an schwebte ständig potentieller Zigarettenrauch zwischen seinem großen und meinem kleinen Tisch. Doch am Weihnachtsabend hätte er mich beinahe durchschaut. «Zu Hause werden bald die Kerzen angezündet, Eörsi.» Ich nickte wie einer, der bestens informiert ist. «Möchten Sie da nicht bei Ihren Kindern sein?» fragte er und schob mir seine Zigarettenpackung hin. Ein peinlicher Augenblick. Man muß nicht Kriminalist sein, um an der Art, wie sich jemand eine Zigarette anzündet, zu erkennen, daß man hinters Licht geführt worden ist. «So gern ich möchte», antwortete ich, «ich verzichte lieber, ich würde wieder süchtig werden.» «Wie Sie wollen», meinte er. Und dann: «Ich verstehe Sie nicht. Warum wollen Sie nicht nach Hause?»

F. K. war also geduldig, von erträglichen Manieren und manchmal fast herzlich. Ich konnte mir schwer vorstellen, daß er ein paar Jahre vorher Menschen gefoltert hätte. Aber wenn er dem Dienst schon vor 1953 angehörte, wäre er in bestimmten Funktionen nicht darum herumgekommen. Ich glaube jedoch nicht, daß er solche Neigungen verspürte, obzwar... Zweimal brachte ich ihn so aus der Fassung, daß sich sein Gesicht verzerrte, einmal begann er sogar zu brüllen. Ich weiß nicht, ob ich ohne Spuren äußerer Gewaltanwendung davongekommen wäre, wenn die strengen Vorschriften der Regierung Kádár das Schlagen in Gefängnissen nicht verboten hätten. (Auf den Polizeiwachen, besonders in der Provinz, wurde trotzdem kräftig geprügelt, in manchen Gefängnissen der Staatsanwaltschaft gleichfalls, aber in der Hauptstraße wurde zu dieser Zeit meines Wissens niemand gefoltert.)

Beide Vorkommnisse liefern weitere Beweise für meine Behauptung, daß aus der Position der Macht jeder Spott unerträglich ist. Leugnen und lügen können wir tagelang, der Vertreter der Macht wird, wenn er nicht in Zeitnot und intelligent genug ist, verständnisvoll nicken, er weiß ja, daß er sich an unserer Stelle ebenso verhalten würde, und außerdem ist von uns beiden er derjenige, der nach dem Verhör nach Hause gehen kann. Er hat auch Verständnis, wenn wir uns zu pathetischen Gesten hinreißen lassen, denn auf diese Weise kompensieren wir ja unsere Schwäche. Die prinzipiellen Auseinandersetzungen können für ihn nützlich sein, denn in der Diskussion werten wir ihn zum geistigen Partner auf, und obendrein liefern wir ihm womöglich Material gegen uns selbst und unsere Gesinnungsgenossen. Spott jedoch lockt ihn auf ein Terrain, auf dem er ohne Waffen ist.

Den ersten – kleineren – Krach gab es, als er mich nach den Mitarbeitern von «Élünk» ausfragte. Daß Gáli, Obersovszky und ich mitgemacht hatten, war ein offenes Geheimnis. Doch ich kannte weitere Mitarbeiter. Vera zum Bespiel, auch eine gemeinsame Freundin, die als Z. M. gezeichnet hatte. Als Oberleutnant F. K. mich fragte, schüttelte ich den Kopf, ich kenne keinen Z. M. Er nickte, genau diese Antwort hatte er erwartet. «Beziehungsweise», fuhr ich fort, «einen gewissen Z. M. kenne ich doch.» F. K. horchte auf, ich nehme an, weniger wegen der zu erwartenden Information, sondern weil er hoffte, das Eis sei gebrochen. «Und wer ist das?» «Zsigmond Móricz», antwortete ich. Meine Antwort, daß ich den 1942 verstorbenen bekannten Schriftsteller kenne, war nicht besonders geistreich, aber sehr wirkungsvoll. (Übrigens wurde Gáli diese Frage auch gestellt. Er witzelte nicht, er wählte eine puritanische Lösung: er selbst sei Z. M., und der Einfachheit halber bekannte er sich als Autor aller noch nicht identifizierten Artikel, den von Vera eingeschlossen. Er war sensibler als ich, besser und aufopferungsvoller – sicherlich auch der Richter, der ihn in zweiter Instanz zum Tode verurteilte und sich eine Träne aus dem Auge wischte, bevor er das Urteil begründete.)

Ein andermal verlor F. K. die Fassung, als ich in seiner Anwesenheit Kontakt zur Außenwelt aufnehmen durfte. Miklós Kádár, der Professor für Strafrecht, hatte die Erlaubnis bekommen, mich in der Hauptstraße zu besuchen. Er teilte mir mit, auf Bitte meiner Familie werde er meine Verteidigung übernehmen. Ich habe ihn als einen stattlichen Mann um die Sechzig im Gedächtnis behalten; an sein Gesicht erinnere ich mich nicht, aber an seine Worte. Dialoge und überhaupt Texte prägen sich mir tiefer ein als Gegenstände, Gesichter und Namen – vielleicht drückt sich darin mein Hang zum Stückeschreiben aus.

Der Professor erkundigte sich nach meinem Befinden, wobei er mich duzte – dazu fühlte er sich als Freund meines verstorbenen Vaters berechtigt. Dann berichtete er, meiner Familie samt meiner Mutter gehe es gut, und alle hätten Sehnsucht nach mir. Er sprach leise, aber auch für F. K. verständlich, mit dem ganzen Körper, wie ein allzu routinierter Schauspieler. Ob ich gegen die Art meiner Behandlung etwas einzuwenden hätte, wollte er wissen. Meine verneinende Antwort wiederholte er. Nun kam er auf den Zweck seines Besuches zu sprechen: ich solle mich schuldig bekennen, dann könne ich mit meiner baldigen

Entlassung rechnen. Er wolle mich nicht zum Lügen und nicht zu rückgratloser Selbstaufgabe ermuntern, sondern nur dazu, die Wahrheit zu sagen, denn wer könne heut schon behaupten, er habe immer alles richtig gesehen und sich nie geirrt. Ein Irrtum aber könne in kritischen historischen Zeiten, zu Taten transponiert, in juristischem Sinn strafbar werden. In diesem Sinn sei fast jeder schuldig, und jeder habe die Pflicht, sich zu seinen Handlungen zu bekennen. Das mache sogar die Regierung, verantwortliche Politiker gäben ihre Fehler offen zu. Das müsse ich auch tun, schon im Interesse meiner Angehörigen. Wenn ich wirklich an der Beseitigung der Fehler mitwirken wolle, müsse ich erst einmal aus dem Gefängnis kommen. Aber ich müsse auch verstehen, man könne niemanden mit der Strahlenkrone der Schuldlosigkeit auf dem Kopf entlassen, nicht nur aus Prestigegründen, sondern auch, weil das ungerecht wäre.

So oder ähnlich sprach Professor Kádár zu mir. Da ich schwieg, hätte sich sein Monolog endlos in die Länge gezogen, wenn F. K. nicht nach einiger Zeit die Nase voll gehabt hätte. In einer kurzen Pause zwischen zwei Sätzen forderte er mich auf, klipp und klar zu sagen, ob ich mich schuldig fühlte oder nicht. «Natürlich bin ich schuldig», antwortete ich. «Inwiefern?» fragte der Professor. «Insofern, als ich verlogene Gedichte geschrieben habe, beispielsweise zum sechzigsten Geburtstag von Rákosi.» «Aber du hast an das, was du geschrieben hast, geglaubt», warf der Professor ein. «Das ist egal», entgegnete ich, «objektiv waren es Lügen, und für die habe ich auch noch einen Preis bekommen, was beweist, daß es in meinem Interesse lag, daran zu glauben. Meine Verhaftung war berechtigt, wer solche Gedichte geschrieben hat, verdient, eingelocht zu werden.» Da brach F. K. das Gespräch ab.

Der verblüffte Professor wollte noch etwas sagen, aber der Oberleutnant ließ mich bereits abführen.

Nach soviel Angeberei darf ich nicht verschweigen, daß ich aus anderen Schlachten als Verlierer hervorging. An eine Niederlage erinnere ich mich besonders, ihretwegen habe ich mich lange geschämt. F. K. legte mir ein maschinegeschriebenes Geständnis vor, vielleicht anderthalb Seiten, das die Zusammenkunft bei Miklós Sebestyén zum Inhalt hatte. Die Informationen des russischen Offiziers waren nicht aus der Luft gegriffen. Ich sah, daß Obersovszky unterschrieben hatte. «Also, Eörsi», sagte F. K., «es lohnt nicht, weiter zu leugnen. Lesen Sie mir die Sätze vor, die Unwahrheiten enthalten.» Aber der Bericht entsprach Wort für Wort den Tatsachen: Sebestyéns Adresse, Tag und Zeit der Zusammenkunft, die Namen der Anwesenden, die besprochenen Themen, sogar die Details.

Gyula Obersovszky hatte ich während der Revolution kennengelernt. Er war einige Jahre älter als ich, aber ebenfalls unter Dreißig. Ich sah ihn zum erstenmal in der Redaktion der Zeitschrift «Igazság» («Wahrheit»), die er in den Oktobertagen gegründet hatte. Bis zu seiner Verhaftung trafen wir uns immer wieder, denn auf seine Initiative entstand «Élünk», und er sollte darüber hinaus – ich erwähnte es – eine Arbeiterzeitung herausgeben. In alle diese Arbeiten bezog er Gáli ein, der wiederum mich hinzuzog, wogegen ich nicht das geringste einzuwenden hatte.

Obersovszky weckte sofort meine Zuneigung und mein Humorgefühl. Ich sehe ihn oben am Tisch thronen, wir, seine angehenden Mitarbeiter, sitzen an den beiden Längsseiten. Er redet – nein, er lodert; er schildert die aktuelle Lage, die Aufgaben, die weltpolitische Trostlosigkeit, die Wunden der Nation. Ein Lajos Kossuth, denke ich bei mir, so muß Kossuth in jungen Jahren gewesen sein.

Genaue Situationsbeurteilung und unzählige Wortblüten, aber die blumigen Wendungen kommen ihm vom Herzen, und die Analyse paßt. Er ist Dichter und Journalist, er ist voller Ehrgeiz und Energie aus der Provinz nach Budapest gekommen. Jahrelang hatte man ihm den Mund verboten, jetzt machte er ihn auf. Ich zweifelte keinen Augenblick, daß er für die Revolution in den Tod gehen würde. Das gab seinem Pathos Kraft, aber auch Humor, denn über Leben und Tod sprach er in den kleinen Redaktionsstuben ebenso mitreißend wie über die Pointe einer Glosse. Meine an Heine erzogene Ironie geriet ins Wanken, wenn ich ihm zuhörte. Kein Wunder also, daß ich angesichts seiner Unterschrift dachte, den kriegen sie nicht herum, der weiß, was er macht. Und ich unterschrieb ebenfalls. So konnte mich die Anklage im Prozeß gegen den Arbeiterrat als Zeugen benutzen. (Später, als wir abgeurteilt waren, sperrte man uns zusammen in eine Zelle, und wir stellten einander sofort zur Rede. Dabei zeigte sich, daß sie ihn mit meiner Unterschrift überlistet hatten. In Wirklichkeit stammte das Geständnis von einem seiner weißbemützten Freunde; dieser stand an meinem ersten Verhandlungstag an der Tür, diesmal ohne Mütze, er legte, als ich vorüberging, den Finger an die Lippen und schüttelte den Kopf, ich solle ihn bloß nicht verraten.) Ich zog aus dem Vorfall eine Lehre, die ich hiermit für den allgemeinen Nutzen freigebe: Wenn die Ermittlungsbehörde Aussagen einer anderen Person vorlegt, muß man eine Gegenüberstellung verlangen. Seit die Behörde ihre Delinquenten nicht mehr verprügeln darf, entschließt sie sich dazu in den seltensten Fällen, denn die Einvernommenen schöpfen Kraft daraus, daß sie sich sehen, und können ihre Aussagen koordinieren.

Zur Geschichte – der Geschichte unserer Konsolidierung – gehört noch, daß Obersovszky zum Tode verurteilt wurde, daß das Urteil auf internationalen Protest in lebenslange Haft umgewandelt wurde, daß man ihn 1963 entließ und daß er unter Kádár erneut Chefredakteur werden durfte, obwohl er weder seine Prinzipien noch seine Haltung im Jahr 1956 leugnete. Er ist Herausgeber der Zeitschrift «Sportfogadás» (Sportwette). Man denke sich Lajos Kossuth als obersten Potentaten des Fußballtotos, schon hält man den Schlüssel für den gesellschaftlichen Konsens in der Hand, der unserem Leben die Richtung gibt.

6.

Noch vor Fertigstellung meines Protokolls bekam ich einen Zellengefährten: Gyula Táky, ein zwanzigjähriger Aufständischer, Arbeiterjunge, quicklebendig und vergnügt, er kannte alle Schlager jener Zeit. Zum erstenmal war ich mit der Gefängnisordnung zufrieden, denn sie hinderte ihn daran, pausenlos Schlager zu singen – andererseits störte sie uns bei unserer Lieblingsbeschäftigung, dem Ringen, Táky hätte sich am liebsten den ganzen Tag mit mir gebalgt, verspielt wie ein Hundejunges rammte er mir seinen kahlen Schädel in die Magengrube, und schon fielen wir übereinander her. Unsere Kräfte hielten sich die Waage, dennoch schaffte ich es, ihm einige Rippen zu brechen: Einmal, als er unten war, fiel er genau auf die Kante der Pritsche.

Wir sprachen kaum miteinander, das einzige gemeinsame Thema wären unsere Erlebnisse der letzten Wochen gewesen, und wir wußten sogar als Anfänger, daß man darüber mit Fremden nicht redet, besonders in der Zeit der Vernehmungen. Wir fanden einen Modus vivendi: Er durfte leise vor sich hin singen und summen, aber er mußte den Mund halten, wenn ich mir über ein Gedicht den Kopf zerbrach.

Am Tag seiner Ankunft erzählte er, er sei zusammen mit vielen anderen Aufständischen in Eisenbahnwaggons in die Sowjetunion gebracht worden, bis nach Ungvár oder Munkács. Dort habe man sie kahlgeschoren, und es sah schon so aus, als ginge es weiter, da fuhr der Zug zurück. Zum Beweis rieb er seine Haarstoppeln an meinem Gesicht, und damit war der Anlaß für eine neue Keilerei gegeben. Einige Tage später erwähnte Oberleutnant F. K. entrüstet, die Revolutionäre Arbeiter-und-Bauern-Regierung werde beschuldigt, Jugendliche in die Sowjetunion verschleppen zu lassen. Ich sagte grinsend, eine Verleumdung sei das wohl nicht, meinen Zellenkameraden habe man dort kahlgeschoren. «Ihren Zellenkameraden?» fragte F. K. und stiefelte aus dem Zimmer. «Er lügt», sagte er, als er zurückkam. «Wir haben niemanden in die Sowjetunion gebracht.» Táky war offenbar durch ein Versehen in meine Zelle geraten; aber Mitte Januar konnte nicht mehr jedem Verhafteten ein eigenes Appartement geboten werden. Táky quiekte vor Vergnügen, als ich ihm über die Episode berichtete. «Hat der im Waggon gehockt oder ich!» rief er. «Ich werde ihm meinen Pimmel zeigen!» Sie hatten ihm auch das Schamhaar abrasiert, jetzt wuchs es ihm nach und juckte fürchterlich. Lachend kratzte er sich, überhaupt lachte er gern, zum Beispiel jedesmal, wenn ich ihm eine Zigarette spendierte. Ein paar Tage bevor er kam hatte man mir nämlich fünf Stück pro Tag zugestanden. Weil ich nicht verraten wollte, daß ich Nichtraucher war, zündete ich mir nur eine an, sobald mir der Aufseher durch die Essenluke Feuer anbot, danach drückte ich sie schnell aus und versteckte sie im strohgefüllten Kissen. Deshalb konnte ich mich einiger Vorräte rühmen, als der noch mit Rauchverbot belegte Táky kam. Lachend rauchte er zehn Zigaretten am Tag, denn wir brachen jede in zwei Teile, und ich schwindelte dem Aufseher vor, so könnte ich meine Portion besser einteilen. Ich verließ das Gefängnis in der Hauptstraße eher als er, ich habe ihn danach nicht mehr gesehen und nichts mehr von ihm gehört, ich weiß nur, daß die meisten aus der Gruppe, zu der er gehörte, hingerichtet wurden. Keiner meiner späteren Mitgefangenen konnte sich an Táky erinnern; ich muß es leider für möglich halten, daß er eines schönen Tages lachend – denn das Gemüt eines verspielten jungen Hundes, vermute ich, hat er sich bewahrt – unter den Galgen trat.

Ein neuer Abschnitt meiner Gefangenschaft begann am 28. Januar 1957, als man uns einzeln zu einem plumpen, geschlossenen Lastwagen führte, einer Art Grüne Minna, der in Ein-Mann-Buchten gegliedert war. In absoluter Dunkelheit nahmen wir unsere Plätze ein. Als alle Buchten belegt waren, stiegen mehrere Aufseher zu. Wir durften nicht sprechen und kein Lebenszeichen geben. Wir fuhren bereits, als Angyals Stimme das Schweigen durchbrach. Gelassen, fast gleichgültig fragte er in die Dunkelheit hinein: «Frau Horváth, warum haben Sie ausgesagt, ich hätte zwanzig Russen aus der dritten Etage auf die Straße werfen lassen?» – «Weil sie das hören wollten», antwortete eine junge Frauenstimme. «Ach so», sagte Angyal, «klar, wenn sie das hören wollten, mußten Sie es ja sagen.» – «Bloß gut, daß Sie hier sind», sagte die Frau, «Sie sind mir doch nicht böse?» – «Warum sollte ich?» fragte er zurück. Er hatte wohl sofort begriffen, was mir erst viel später aufging, als er, sie und ich im selben Prozeß auftraten: Die zwanzigjährige Prostituierte konnte schon von Berufs wegen keine Bitte abschlagen. Sie wurde – obwohl ich sie im

Gerichtssaal zum erstenmal zu sehen bekam – in unseren Prozeß einbezogen, weil sie zu jeder beliebigen Aussage bereit war. Und es sprach nicht für die Angeklagten, wenn sie mit einer Nutte unter einer Decke stecken. Frau Horváth enttäuschte die Behörden nicht. Nur in einem Punkt blieb sie, das merkte ich schon im dunklen Gefängniswagen, unnachgiebig. «Mit wem von denen aus der Sándor-Péterfy-Straße hast du gefickt, haben sie gefragt, mit dem oder dem oder allen, da habe ich ihnen gesagt, meine Möse laß ich mir zurecht ficken, von wem ich will.» – «Recht so, Frau Horváth», antwortete mein Freund.

ZWEITES KAPITEL

I.

Im «Markó», wie das Gefängnis in der Budapester Markó-Straße genannt wird, führte man uns zuerst in die Trokkenpißanstalt. So bezeichneten die Gefangenen liebevoll einen in Kabinen aufgeteilten Raum. Mit dem Gesicht zur Wand warteten wir in den Verschlägen, bis wir aufgerufen wurden. Zwei Kabinen rechts von mir suchte ein junger Mann mit rotblondem Haar und Silberzähnen fieberhaft ein Versteck für seine eingeschmuggelten Zigaretten. «Gleich filzen sie uns», zischelte er in ohrenbetäubender Lautstärke. Er wurde mehrmals zurechtgewiesen, ihn störte das nicht, schließlich stopfte er seine Reserven ins Schuhwerk.

Man rief mich an einen Tisch. Dort gab ich meine Sachen ab, die ich in der Hauptstraße zurückbekommen hatte, und wurde in ein Register eingetragen. Ich erhielt die Nummer 48698, die bis zu meiner Entlassung auf unpathetische Weise anzeigte, daß meine persönlichen Eigenschaften ihre Bedeutung verloren hatten. Ich wurde in Zelle achtzehn im dritten Obergeschoß eingewiesen.

Mitten in dem ziemlich großen Raum standen vier eiserne Betten. Sie waren festbetoniert, seit Gefangene – noch vor der Revolution – während eines Hungerstreiks ihre Zellentür mit Betten verbarrikadiert hatten. Das Einbetonieren hatte verhängnisvolle Folgen. Früher standen die Beine der Betten in wassergefüllten Büchsen, so daß den Wanzen nur die Chance blieb, wie Fallschirmspringer von oben, von der Decke her über die Schlafenden herzufallen. Dazu sind sie imstande, denn ihr Spürsinn ist hervorragend; aber Invasionen solchen Ausmaßes wie in unserer Zeit unternahmen sie damals nicht: Sobald das Licht aus war, krochen sie in Rudeln an den Bettbeinen empor und starteten ihren Überfall auf uns.

Die Wanze nimmt im Kosmos der Gefangenen – zumindest in den größeren Häusern Budapests, im Markó und im Sammelgefängnis – einen vorderen Platz ein. Ich benutze absichtlich das Präsens, denn nach meiner Überzeugung ist sie auch in den fünfundzwanzig Jahren seit meiner Entlassung nicht ausgerottet worden. Zwischen den meterdicken alten Wänden überwintert sie mit Leichtigkeit, ihre Eier legt sie in Vertiefungen an den kompakten Heizungsrohren ab. Sie ist unglaublich zäh und fortpflanzungsfreudig. Stets sorgte der Strafvollzug, unabhängig vom jeweiligen politischen System, freigiebig für ihre Nahrung. In den dreißiger Jahren hatten sich Menschenfreunde unter den Justizbeamten entschlossen, ihr den Garaus zu machen. Aus Amerika wurden Unmengen Gesarol importiert. Hunderttausende Wanzen segneten das Zeitliche, aber ein Teil der Eier entging der Katastrophe, und die dritte oder vierte Generation der Überlebenden war bereits völlig immun. Das Gesarol war noch zu meinen Zeiten in Mode. 1959, im Sammelgefängnis, habe ich die Tierchen damit aus der Hand gefüttert, sie wälzten sich in dem weißen Pulver, dann gingen sie fröhlich und erfrischt an ihre Arbeit.

Im Dunkel der Nacht bekämpfte ich sie anfangs mit dem Daumen. Aber diese Methode war im Markó nichts wert, denn die Betten standen nicht an der Wand, und nach einigen Tagen war mein Laken voller ekliger, stinkender Blutflecken. Erst 1959/60, im Sammelgefängnis, führte ich die Wandgestaltung mit Wanzenblut (genauer gesagt, mit meinem Blut) zur Perfektion. Die Wandfläche über meinem Bett war ein ständiger Stein des Anstoßes, besonders, als ich anfing, nur die Viecher zu zerquetschen, die sich in dem vom Scheinwerfer an die Wand geworfenen Lichtquadrat aufhielten. (Denn in allen Gefängnissen wurden die vergitterten Fenster mit Scheinwerfern angeleuchtet, damit es niemandem einfiel, nachts das Eisengitter zu entfernen und sich im Laken auf den Hof hinabzulassen, der von hohen Mauern, Stacheldraht und Wachtürmen umgeben war.) Am Morgen entdeckte der Aufseher das blutbeschmierte Viereck. Als er mich brüllend zur Rede stellte, erklärte ich ihm, daß ich die Wanzen nur dort zerdrückte, wo sie zu sehen seien.

Eine neue Phase erreichte mein Vernichtungsfeldzug, als ich, wiederum im Sammelgefängnis, gemeinsam mit dem Historiker Domokos Kosáry eine Vierbettzelle bewohnte. Kosárys Blut konnten die Wanzen keinen Geschmack abgewinnen, dafür hielten sie sich an mir schadlos. Während er, zu meinem größten Ärger, tief schlief, wehrte ich mich verzweifelt, kratzte mich und verfluchte meine Nase, denn gesättigte Wanzen verbreiten einen unbeschreiblichen Gestank, wenn man sie zerdrückt. Ich nahm es in Kauf, aus Rachelust, und weil das Gesarol versagte, versuchte ich es mit einer öligen Flüssigkeit. Ich stellte eine große Pfütze her und streute einige Missetäter hinein. Aber mit einer Geschwindigkeit, die den Olympiasieger Don Schollander und den großen Vorsitzenden Mao Tse-tung beschämt hätte, durchschwammen sie die Wellen und wären unter dem Bett verschwunden, wenn ich sie nicht zertreten hätte. Mein mörderischer Eifer legte sich erst, als zwei Kalfaktoren mit einem Schweißbrenner kamen. Sie drehten die Betten um – im Sammelgefängnis waren sie nicht einbetoniert –, die Bettfedern waren voll lebendigen, wimmelnden Fleisches wie das Füllsel in der Blutwurst. Wo die Flamme an den Sprungfedern entlangfuhr, blieben kleine Kohlestäbchen zurück. Da erst sah ich ein, daß mit kleinbetrieblichen Methoden (Daumen, Schuhsohle usw.) nichts auszurichten war.

Als ich in Zelle achtzehn kam, bestand nicht die Gefahr, daß ich im Bett einer Wanzenaggression zum Opfer fallen würde. Ich war hier der fünfzehnte Gefangene. Später stieg unsere Zahl auf sechsundzwanzig. Überall Strohsäcke, zwischen und neben und sogar unter den Betten. Die Betten gehörten den vier dienstältesten Insassen. Wurde einer von ihnen entlassen oder verlegt, ging sein Bett an den dienstältesten Strohsackinhaber über. Da die Fluktuation in der ersten Zeit groß war, avancierte ich nach ungefähr zwei Wochen zum Bettinhaber.

Außer den Betten und Strohsäcken gab es in der Zelle nur noch eine Toilette. Von Anfang an war die öffentliche Entleerung die peinlichste Belastung im Gefängnis für mich – die miserable Verpflegung, die Flut der Wanzen und die ekelhaften Quälereien der Aufseher ertrug ich leichter. Später hängte ich eine meiner Decken um den Thron. Das war zwar verboten, denn nach der Gefängnisordnung mußte der Aufseher durch das Guckloch die ganze Zelle überblicken können, aber im Markó wurden kleinere Verstöße damals noch geduldet.

Das Markó bildet mit dem Stadtgericht und der Staatsanwaltschaft von Budapest einen zusammenhängenden Gebäudekomplex. Hier waren die Festgenommenen zwischen dem Abschluß der polizeilichen Untersuchung und dem Urteil der ersten Instanz untergebracht. Das Markó ist nur der Vorhof zur Hölle, wir tragen noch Zivilkleidung, wir bekommen immerfort neue Gesichter und neue Stories serviert, der Zustrom von Informationen reißt nicht ab. Gegenüber, auf den Korridoren der Staatsanwaltschaft, gehen Zivilisten beiderlei Geschlechts hin und her. Wenn wir uns hochziehen und durch das Drahtgeflecht vor der Lüftungsöffnung über der Tür blicken, sehen wir weibliche Kalfaktoren – die Frauen befinden sich im vierten Obergeschoß. Beim Hofgang sind wir mit Freunden und Bekannten zusammen. Die Frauen werden zwar zu anderen Zeiten hinuntergeführt, aber aus dem Fenster können wir sie, mit einem gewissen Risiko, beobachten. Noch ist der Traum von einer schnellen Entlassung nicht aus unseren Herzen gewichen.

Im Markó erkannte ich bald die Chance zum Ausbruch aus der engen intellektuellen Welt, in der ich meine ersten fünfundzwanzig Lebensjahre verbracht hatte. Von meinen ideologischen Neigungen abgesehen, war ich auch deshalb zu den Arbeiterräten gegangen. Der kommunistische Bürger hatte das Gefühl, der Stalinismus habe ihn umgarnen können, weil er das Volk nicht kannte. Der assimilationsbereite Jude, der in der Morgenröte der neuen Zeit mit dem gelben Stern auch seine aufgezwungene jüdische Identität abgelegt hatte, wollte auf dem Amboß der Volksseele endgültig zu einem echten Ungarn geschmiedet werden.

Den Schriftstellern wurde in den Jahren des Stalinismus gepredigt, sie müßten unter das Volk gehen und dessen Leben studieren. Die Führer, die diese selbstmörderischen Ratschläge hinausposaunten, hofften anfangs tatsächlich, der schwungvolle Aufbau werde den zögernden Intellektuellen Flügel verleihen. Übrigens verstanden sie unter dem «Volksleben» die ritualisierten staatlichen und gesellschaftlichen Veranstaltungen und verließen sich darauf, daß in der Anwesenheit von Fremden aus der Stadt sowieso niemand den Mut aufbrächte, unerwünschte Meinungen und Tatsachen aufzutischen. Allerdings ließen sich zu jener Zeit das Elend auf dem Lande, die Demütigungen bei der Zwangskollektivierung, die räuberische Pflichtablieferung landwirtschaftlicher Erzeugnisse, die Massenverhaftungen und die schrecklichen Folgen der Kulaken-Listen kaum noch verheimlichen. Auch in den Städten waren Armut und Verbitterung nicht mehr zu übersehen. Beim üblichen Massenaufmarsch am 1. Mai 1956 verpufften die von den Tribünen gebrüllten Losungen im vernichtenden Schweigen der Menge. Ein beträchtlicher Teil der jungen Intellektuellen – so auch meine Studienkollegen und -kolleginnen – stammte aus dem Volk. Die Arbeiterkinder unter ihnen ließen sich mit ideologisch unsauberen Deppen meines Schlages kaum ein. Anders als ich, traten sie aber notfalls der Partei bei. Und die Bauernkinder kehrten von den Besuchen in ihrem Heimatdorf immer schweigsamer und bedrückter nach Budapest zurück. Mir ging erst Weihnachten 1952 in einem gottverlassenen Nest nahe der rumänischen Grenze ein Licht auf. Dort war ich drei Tage lang mit nichts weiter als mit Elend und Ungerechtigkeiten konfrontiert. Ich besuchte beispielsweise einen alten Mittelbauern, der auf die Kulaken-Liste gesetzt worden war und nun in seiner leeren und ungeheizten Stube auf einem Stuhl hockte – alle anderen Möbel und alle Lebensmittel waren beschlagnahmt worden. Als ich ihn ansprach, brachte er kein verständliches Wort hervor, nur ein Stammeln und Lallen. Er wurde heimlich und unter furchtbaren Ängsten von seinem jüngeren Bruder versorgt, der auch nicht weniger Land als er besaß, aber weiterhin aus mysteriösen Gründen als Mittelbauer galt.

Das Markó – und jeder nachfolgende Knast – bewahrte mich vor den Mühen, über Land zu ziehen und mich all dem auszusetzen, was einen Schriftsteller erwartet, wenn er das Volk kennenlernen und sich mit ihm anfreunden möchte. Ich brauchte nicht auf Reisen zu gehen, das Volk besuchte mich in der Zelle. Vom landlosen Bauern bis zum Minister des Horthy-Regimes, vom Zigeunermusiker bis zum Berufsoffizier alten Zuschnitts, vom Linksoppositionellen unter Rákosi bis zum Rechtsoppositionellen unter Szálasi, vom Reformkommunisten bis zum dogmatischen Katholiken – alle kamen sie zu mir, damit ich sie kennenlernte. Vertreter sämtlicher Schichten der Gesellschaft gaben sich dem gleichen Zeitvertreib hin wie ich. Man brauchte nur zuzuhören, und schon kristallisierte sich ein moralischer und sozialer Querschnitt Ungarns heraus, wie man ihn genauer und komplexer bei keiner Studienreise hätte beobachten können. «Ich brauchte den Knast, er hat mir geholfen», bekannte ein Galahäftling 1959 in der für uns herausgegebenen Gefängniszeitung. Mir schien es lächerlich, wie tief er in der Selbstaufgabe und Selbsterniedrigung gesunken war; zugleich sagte ich mir jedoch, daß ich den Knast zwar überhaupt nicht brauchte, aber geholfen hatte er auch mir, unwiderruflich.

Als erstes Beispiel möchte ich Karesz nennen, der zwei Minuten nach mir die Zelle achtzehn betrat. «Huren, Luden, Bullen, antreten! Die Nationalgarde ist da!» brüllte er, kaum daß sich die Tür geschlossen hatte. «Wer hat Streichhölzer?» Und er zog Zigaretten aus den Schuhen. Das rötliche Haar hing ihm ins Gesicht, wenn er grinste, sah man seine silbernen Fangzähne, er war stoppelig und sehnig, seine Worte untermalte er mit eindrucksvollen Gebärden. «Ich komm vom Standgericht, ihr Scheißer, beinah hätten sie mich zum Strick verarbeitet, Strickolenko, das hier ist ja ein Zuckerleben, kein richtiger Knast, ich beantrage Dienstverlängerung, ich bin Karesz, wer hat Streichhölzer?»

Karesz war ein Arbeiterjunge aus Pomáz, wenige Kilometer nördlich von Budapest gelegen. In seinem früheren Leben war er Bestarbeiter und als Mittelgewichtsboxer Mitglied der Jugendauswahl gewesen. Solche Privilegien behagten ihm nicht, mit dem Ruhmestitel eines Bestarbeiters konnte er sich nicht anfreunden, er rebellierte gegen seine eigene Klassenherrschaft, begann zu trinken, ging nicht mehr zur Arbeit, prügelte sich und verwalkte unter anderem etliche Polizisten, weshalb er schon vor der Revolution im Gefängnis gelandet war. Im Oktober wurde er Kraftfahrer der Aufständischen, die das Redaktionsgebäude der Parteizeitung besetzt hielten. Viel erzählte er nicht über diese Wochen, aber über seine Festnahme berichtete er gleich am ersten Tag. In einer Nacht Ende Dezember hatte er in der Pomázer Dorfkneipe angetrunken ein Loch in die Decke geschossen. Da galt bereits das Standgericht, und auf den Besitz von Schußwaffen und Munition stand die Todesstrafe. Gleich nach dem Schuß schnappten ihn zwei Beamte in Zivil und zerrten ihn aus der Kneipe. Draußen riß sich Karesz los und warf die Waffe weg. Es kam zu einer wilden Schlägerei, in deren Verlauf er die Pistole in den Schnee trat. Mit zwei Mann wäre er durchaus fertig geworden, aber irgendwer alarmierte die örtlichen Ordnungskräfte. Am nächsten Vormittag erwachte er zusammengeschlagen im Arrest. Ein Auge war verschwollen, der Unterkiefer schief. Bei der Vernehmung bestritt er, eine Pistole gehabt zu haben, woraufhin sie mit Gummiknüppeln über ihn herfielen. Aber alle Prügel nützten nichts, sie holten kein Wort aus ihm heraus. Er gab zu, daß irgendwo eine Pistole im Spiel gewesen sein mochte, ihm sei auch, als hätte er einen Schuß gehört, aber einen Schuß hören und einen Schuß abgeben, das sei zweierlei. Das Beweisstück wurde im

Schnee gefunden, aber in völlig unbrauchbarem Zustand. Doch die Zeugenaussage der Polizisten reichte, ihn in die Hauptstraße zu bringen. Er wußte, wenn es binnen zweiundsiebzig Stunden nicht zur Standgerichtsverhandlung kam, mußte sein Fall an ein normales Gericht übergeben werden (soweit das Prädikat «normal» auf die politischen Prozesse jener Zeit anwendbar ist), und das würde ihm das Leben retten. Also simulierte er Unzurechnungsfähigkeit – «ich hab auf blöde geschaltet», wie er sich ausdrückte –, er lallte und beklagte sich über rote Ringe, die vor seinen Augen hüpften. Der Gerichtsarzt wollte wissen, was der Unterschied zwischen einer Treppe und einer Leiter sei. Karesz gab sich Mühe und zerbrach sich den Kopf, aber er verstand die Frage einfach nicht. Man stellte ihm eine Falle, indem man seine Frau zu ihm ließ. «Wenn du gesehen hättest», sagte er, «wie mager sie war, sechsunddreißig Kilo samt Pritsche!» Als sie den geifernden, zukkenden, von den vielen Schlägen gezeichneten Karesz erblickte, begann sie zu kreischen. Er wollte sie mit einem Zwinkern beruhigen, aber dann dachte er sich, je größer der Krawall, desto besser. Stammelnd erzählte er ihr von den roten Ringen, die vor seinen Augen hüpften, seine Frau fiel daraufhin wütend über die Ermittler her. Der Besuch war zu Ende und Karesz dem Standgericht entwischt.

Ich verbrachte mehrere Monate mit ihm im Markó, wo er wegen seiner guten Manieren, seines regen Geistes und seiner Hafterfahrungen im Handumdrehen zum Zellenältesten aufstieg; später saßen wir auch im Vácer Zuchthaus in einer Zelle. Ich bewunderte seine Geistesgegenwart, mit der er uns in kritischen Situationen aus der Klemme half. Ein Beispiel: Einer von uns schmiß einen gerade abgeknabberten großen Knochen aus dem Fenster, und der

Knochen fiel auf dem betonierten Hof ausgerechnet einem Aufseher vor die Füße. Sofort tönte es: «Dritter Stock, achtzehn!» «Wer hat noch einen Knochen?» fragte Karesz. Er bekam einen, viertel so groß wie der erste. Karesz versteckte ihn blitzschnell hinter dem Klosett, schon wurde die Tür aufgerissen, zorngerötet erschienen drei Aufseher. Sie drohten uns schreckliche Vergeltung an, wenn sich der Täter nicht meldete. Karesz leugnete vehement. Wir haben keinen Knochen rausgeschmissen. Möglich, daß die aus der Siebzehn einen rausgeschmissen haben oder die aus der Neunzehn, vielleicht jemand aus dem zweiten der dem vierten Stock, aber wir nicht. Die Aufseher, verblüfft über solche Frechheit, erkundigten sich bei den Kalfaktoren, welche Zelle den Knochen bekommen hätte. Die Achtzehn. Karesz schlug sich an die Stirn, der Knochen, na klar haben wir einen gekriegt, den hab ich selber abgeknabbert, steht ja dem Zellenältesten zu, aber rausgeschmissen haben wir ihn nicht, erstens wäre ich dann der Täter, was unvorstellbar ist, und zweitens wäre er dann nicht mehr hier. Er ging zum Klosett, nahm das Knöchelchen und hielt es den Aufsehern unter die Nase.

Auf ähnliche Weise vertrieb er in Vác eine Gewitterwolke, die sich über meinem Kopf zusammenbraute. Dieser Kopf war doppelt kahl, denn im Tausch gegen einige Zigaretten hatte ich mir gleich nach der Ankunft mein spärliches restliches Haar abrasieren lassen, durchdrungen von der eitlen Hoffnung, nun würden sich die Haarwurzeln erholen, kräftig austreiben und eine dichte Mähne hervorbringen. Diesen Kopf steckte ich durch das Gitter, um nach Bekannten unter den Hofgängern Ausschau zu halten. Sofort wurde unsere Zellennummer gerufen. Karesz zog mich vom Fenster weg und drückte mir seine Mütze auf den Schädel. Die Tür ging auf, Karesz machte

Meldung, ich nahm die Mütze ab und stellte mich ordentlich hin. «Der war es», sagte der eine Aufseher. Karesz erklärte respektvoll, ihm als Zellenältesten seien die Vorschriften bekannt, bei ihm dürfe niemand aus dem Fenster gucken. Außerdem sähen die Herren ja, daß der Verurteilte Eörsi eine Mütze trage, die habe er den ganzen Tag auf, denn er sei erkältet. (Wir hatten Hochsommer und kamen fast um vor Hitze.) «Hat also», fuhr Karesz fort, «einer mit Mütze aus dem Fenster geguckt oder einer mit Glatze? Wenn es einer mit Glatze war, dann war es nicht der Verurteilte Eörsi, denn der hat immer eine Mütze auf. Natürlich ist es vorstellbar, daß in einer Nachbarzelle, rechts oder links, noch ein Glatzkopf einsitzt und daß der aus dem Fenster geguckt hat, der Verurteilte Eörsi war es jedenfalls nicht.» «Schluß mit dem Gequassel, so einen Kopf gibt es im ganzen Zuchthaus nicht noch einmal!» entgegnete der Aufseher. «Melde», sagte Karesz, «dann hat nicht so ein Kopf aus dem Fenster geguckt, denn der hier hatte eine Mütze auf.»

Ich wußte natürlich, daß die Pfadfindergesetze, in deren Geist ich erzogen worden war, gegenüber feindseligen Behörden ihre Gültigkeit verlieren. «Der Pfadfinder ist geradsinnig und spricht unbedingt die Wahrheit» – ein solches Gesetz kann auch zum Verrat mit tödlichen Folgen ermuntern. Anhänger der absoluten Moral sollten in diktatorischen Systemen nicht die Gesetze verletzen, oder wenn sie es tun, dann wenigstens nicht organisiert, sondern auf eigene Faust. Ich ging glücklicherweise davon aus, daß ich zum Lügen moralisch verpflichtet sei. Ungerührt belog ich den ständig lächelnden Russen und danach Oberleutnant F. K., aber das Lügen war schwierig, nicht nur technisch, sondern auch psychisch. Mich erschreckte die Vorstellung, ich könnte dabei ertappt werden. Um mich von dieser Gefahr nicht beirren zu lassen und um der Schande der Aufrichtigkeit und Wahrheitsliebe sicher zu entgehen, untermauerte ich mein Verhalten mit einer zusätzlichen Ideologie: Die Beamten, die mich ausfragen, wären keine Menschen, sondern Schrauben einer Maschinerie. Und belügen kann man nur Menschen. Eine Maschinerie – und in ihr die Schraube – ist gleichgültig gegenüber der Wahrheit. Realitätswert besitzt für sie nur, was sie mit Tricks oder Gewalt, mit Logik oder psychischem Terror aus dem Gegner herauslockt. Ohne diese Hypothese hätte ich unheilbare Verletzungen davongetragen. So aber konnten mich die Aufseher nach Belieben anschreien, abtasten, herumstoßen und meine Mutter beschimpfen – ich sah keine Menschen in ihnen. Deshalb brachte ich es zuweilen fertig, meiner Frau über das zu schreiben, was ich fühlte – die Postzensoren waren für mich auch nur Schrauben. Und deshalb fühle ich mich bis heute in meiner Wohnung ungestört, obwohl meine Briefe immer noch kontrolliert werden und bei mir immer noch mitgelauscht wird. Natürlich frage ich mich manchmal, wie eine Schraube auf gewisse intime Geräusche reagiert – treibt sie dann Selbstbefriedigung? Aber dann sage ich mir schulterzuckend, wie Maschinerien, die für innere Angelegenheiten zuständig sind, reagieren, ist die innere Angelegenheit dieser Maschinerien.

Karesz faszinierte mich, weil er zum Lügen keine Konzeptionen oder Hilfskonstruktionen benötigte. Vor Aufsehern kam er gar nicht auf die Idee, daß er die Wahrheit sagen könnte. Einerseits hatte er immer etwas zu verbergen – versteckte Zigaretten oder Fotos, oder er saß auf dem Bett, was verboten war, oder er hatte gesungen oder sich geprügelt – und mußte deshalb lügen. Andererseits entsprach das auch seinem Moralempfinden. Ich saß schon in Márianosztra, als er Anfang 1959 in Vác von der Hinrichtung Angyals erfuhr. «Ein Jude weniger», meinte tröstend ein Zellengefährte, woraufhin ihn Karesz, der beim besten Willen nicht als Philosemit zu bezeichnen war, so zusammenschlug, daß er blutend unters Bett flüchtete. Dem eintretenden Aufseher begründete er den Zwischenfall, ihm habe «die Visage dieses Rotzers nicht gefallen». Er kam in eine nasse Dunkelzelle, wo er an den geraden Tagen nur halbe Essensportionen und an den ungeraden nur Kaffeeplempe und ein Stück Brot erhielt.

Diese Episode zeigt, welch untergeordnete Rolle die Ideologie in Karesz' Leben spielte. Sein Antisemitismus setzte aus, sobald ihm ein «pfundiger» Jude über den Weg lief, und Angyal war mehr als «pfundig» gewesen – in ihm sah Karesz einen Helden. Sein Antisemitismus war gewissermaßen ideologiefrei und nur Ausdruck einer allgemeinen Atmosphäre, nicht mehr als eine Nebelwolke, die der erste menschliche Hauch wegblasen konnte. Andererseits konnten ideologische Aspekte seine Solidarität nicht gefährden. Er schlug den Faschisten zusammen, aber nie hätte er ihn angezeigt. Auch sein Antikommunismus hatte keine weltanschaulichen Quellen, nur gefühlsmäßige; er beruhte hauptsächlich auf dem Widerwillen, den die Phrasen des Systems bei ihm auslösten. Das konnte ich bald nach unserer ersten Begegnung feststellen. Ich, durchdrungen von romantischen Nostalgien, fühlte mich geehrt, daß ich mir im Zauberkreis eines «echten» Arbeiters das kleine Alphabet des Gefängnislebens aneignen durfte, er wiederum genoß es, daß ein «echter» Schriftsteller die Fundgrube seiner Weisheit mit ihm teilte. Aber wir paßten auch im Wesen zueinander, beide waren wir jung, energiegeladen und lebenslustig, beide führten wir gegen die bedrückende Gefangenschaft das großspurige und zugleich befreiende «Nun erst recht!» ins Feld. Er hockte sich oft zu mir, allein oder mit anderen, um meine politischen Auffassungen zu hören. Ich wiederum erklärte ihm mit dem erforderlichen Enthusiasmus das Programm des Selbstverwaltungskommunismus. Staatlicher Besitz geht in gesellschaftliches Eigentum über, Ungarn wird geleitet durch ein von unten aufgebautes System der Produzentenräte, die geistige Arbeit entzieht sich der zentralen Vormundschaft, Produktionsgenossenschaften sind freiwillig und demokratisch, je nach den örtlichen Möglichkeiten und Bedürfnissen sind für sie vielfältige Formen denkbar. Ungarn hält sich fern von den militärischen Blöcken und Bündnissen, die von den auf Ausbeutung und Klassenunterdrückung eingerichteten Großmächten zusammengehalten werden... Solche oder ähnliche Worte strömten mir aus dem Mund, bis Karesz mich einmal unterbrach. «Kumpel», sagte er, «demnächst kippt die Karre, die Revolution bricht aus, dann hol ich dich mit einem Tank und fahr dich ins Parlament, und dort faselst du fürs Radio eine Programmrede, ich steh mit dem Panzer hinter dir, du bist der Chef, aber wenn du sagst, du bist Kommunist, dann: ratatatata!» Und er zeigte, wie er mich mit der MP durchlöchern würde. Meinen Kommunismus akzeptierte er also, das Wort aber nicht. Durch ihn wurde mir klar, daß ich nicht als unschuldiger Literat an Wörtern kleben durfte.

An meinen kleinen Politseminaren nahm gelegentlich auch Vassil Neskos teil, ein zwanzigjähriger Makedonier von überwältigender Schönheit. Er war mit seinen Eltern Ende der vierziger Jahre, nach der Niederlage der Partisanenarmee Markos', nach Ungarn gekommen. Hier bildete sich eine griechische Kolonie, die unter stalinistischer Führung stand. Er lernte einen Beruf und fand Arbeit in einer Budapester Fabrik. Von seinem Lohn blieb ihm nur ein bescheidenes Taschengeld, das übrige mußte er abliefern zwecks Unterstützung des revolutionären Kampfes des griechischen Volkes um eine kommunistische Zukunft. Eines Tages merkte er, daß seine Obersten die Spenden, die sie den Arbeitern abluchsten, in die eigene Tasche steckten. Von da an behielt er seinen Lohn, womit er sich in der Kolonie unmöglich machte. Glücklicherweise nahmen ihn die ungarischen Mädchen unter ihre Fittiche, so daß er von seiner Familie (im engeren und im weiteren Sinn) unabhängig war. Doch der Clan hatte einen langen Arm, er sorgte dafür, daß er seine Arbeit verlor. Vassil lebte nun von Gelegenheitsjobs und vom Wohlwollen der Frauen. Die griechischen Chefs gaben jedoch keine Ruhe und drohten, ihn hinter Gitter zu bringen. Mit einigen Freunden beschloß er deshalb, aus Ungarn zu flüchten, und zwar per Flugzeug. Sie bildeten zwei Gruppen. Die erste bemächtigte sich im Juni 1956 in Szombathely, nahe der westlichen Landesgrenze, einer startenden Maschine, die dann in Westdeutschland landete. Das war angeblich die erste erfolgreiche Flugzeugentführung in Europa. Aus der zweiten Gruppe bekam es einer im letzten Augenblick mit der Angst zu tun und verriet die Aktion. Als Vassil und seine beiden Freunde von ihren Sitzen aufsprangen, um loszuschlagen, wurden sie von Scharfschützen der Sicherheitsorgane, die sich im hinteren Teil der Maschine aufhielten, niedergeschossen. Vassil kam mit dem Leben davon, aber ein Stück von der Munition trug er noch zur Zeit unseres Zusammenseins im Gesicht.

Während der Revolution kam Vassil frei. Er begab sich in die für die Griechen bestimmte Grundschule. Unbeschreibliche Zustände empfingen ihn; die Lehrer und sonstigen Obersten der griechischen Kolonie hatten sich verkrochen und die Zehn- bis Vierzehnjährigen einfach ihrem Schicksal überlassen. Die Kinder trieben sich herum, einige hatten sich Waffen besorgt. In der Umgebung der Schule wurde gekämpft. In der Schule selbst gab es weder Essen noch Geld, es herrschte absolute Anarchie. Vassil sammelte die Kinder ein, nahm ihnen die Waffen weg, sorgte für Ordnung; in einem verlassenen Eckladen erbeutete er die benötigten Lebensmittel (und ließ, mit seiner Unterschrift versehen, eine Liste der mitgenommenen Sachen zurück). Er blieb die ganze Revolution über und auch während der sowjetischen Invasion bei seinen Schützlingen. Da sich die Lehrer und die Funktionäre immer noch nicht zeigten, brachte Vassil es nicht übers Herz, die Kinder im Stich zu lassen und über die offene Grenze ins Ausland zu gehen, obgleich er wußte, daß ihm, wenn man ihn faßte, neben dem alten noch ein neuer Prozeß bevorstand. Die Helden ließen noch lange auf sich warten; als sie endlich auftauchten, lieferten sie Vassil tatsächlich an die Polizei aus.

Ich sehe ihn noch heute vor mir, wie er in seiner blauen Trainingsjacke mit federnden Schritten auf und ab geht und die Schönheit der Frauen preist. Die Geschichten, die er in nicht ganz astreinem Ungarisch, aber wortreich erzählte, waren zwar pikant, aber nie geschmacklos. Einmal, bei einem Tanzvergnügen, hatte ihn ein Mädchen zum Tanz aufgefordert, sie war so klein und blutjung, daß Vassil sich prompt in sie verliebte, aber zugleich hatte er Mitleid mit ihr, einerseits wollte er ihr nicht zu nahe kommen, andererseits wünschte er sich die körperliche Intimität mit ihr. So beugte er sich unerwartet vor und pustete dem Mädchen in den Ausschnitt, «je, wenn ihr die prickelnden kleinen Schweißtröpfelchen hättet kullern sehen», so lyrisch konnte er reden, und das Weiße in seinen

Augen wuchs dann auf die doppelte Größe an. Manchmal zog er sich mit spielerischer Leichtigkeit bis zum Spalt über der Tür hoch. «Du!» rief er dumpf dem weiblichen Kalfaktor zu, «höre, Süße, du! Laß blitzen!» Einmal erreichte er es in der Tat, daß ein Mädchen sich blitzschnell vorbeugte und ihm ihre Brüste zeigte.

Vassil Neskos hatte für die Flugzeugentführung zwölf oder dreizehn Jahre bekommen; das Urteil wurde jedoch kassiert, ein neuer Prozeß mit erheblich erweiterter Anklageschrift erwartete ihn. Vor der Verhandlung holte man ihn weg, ich habe ihn nicht wiedergesehen und nie mehr von ihm gehört.

Ein dritter Zellengefährte, der mich gleichfalls tief beeindruckte, war von ganz anderer Art als Vassil. «Ich bin Stöpsel vom Klausalplatz», stellte er sich vor, blieb an der Tür stehen und ließ den Blick durch die Zelle wandern. Er war ungefähr einen Meter sechzig groß, aber breitschultrig und unwahrscheinlich muskulös; unter einem knöchellangen Wintermantel trug er ein blaues Turnhemd. Vom ersten Augenblick an fühlte er sich bei uns wie zu Hause. «He, ihr Freier», fragte er, «wer hat Zigaretten?» Karesz bot ihm eine an. «Soviel Helden auf einen Haufen», fuhr Stöpsel fort, «und wer ist hier der Lauscher?» Karesz deutete mit dem Kopf auf einen von uns, dessen einer Arm eingegipst war. Er hieß Vilmos W. und wurde – ich habe keine Ahnung, warum – von allen für einen Spitzel gehalten. Vielleicht war die Information aus anderen Zellen gekommen. Stöpsel ging zu W. und hielt ihm weitausholend die Hand hin. W. ergriff sie mit seiner gesunden Hand, bereute es aber bald, denn minutenlang kam er aus der eisernen Umklammerung nicht mehr frei. Einmal nahm Stöpsel auch den Boxmeister Karesz so in den Schwitzkasten, daß er sich nicht mehr bewegen konnte.

Auch Stöpsel saß nicht zum erstenmal. Er war gefaßt worden, als er ein paar Jahre vorher schwarz über die Grenze gehen wollte. Man brachte ihn zur Spionageabwehr und bereitete einen einschlägigen Prozeß vor. Er wurde mit Gummiknüppeln geschlagen, mit Messern gestochen, mit brennenden Zigaretten traktiert, auf die schon beschriebene Weise zwischen zwei Schreibtische gehängt – aber das gewünschte Geständnis ließ er sich nicht abpressen. Die Folterungen führten zu einer Luxation des Hüftgelenks, er mußte operiert werden. Schließlich saß er zwei oder drei Jahre wegen versuchter Republikflucht ab. Nach der Entlassung kehrte er in das Ganovenmilieu des Klausalplatzes zurück. In den ärmeren Gegenden von Budapest herrschte schon damals eine aufrührerische Lebensform, die Jugendlichen spielten vom Morgen bis in die Nacht hinein in den Parks Karten oder andere Glücksspiele, sie suchten Gelegenheitsarbeiten oder verschafften sich mit kleineren Straftaten ein bißchen Geld. Die höchsten Tugenden waren die Bandenehre, das Zusammenhalten und die großzügige Aufteilung der Beute. Sehr locker war ihre Sexualmoral, Mädchen und Jungen betrachteten sich gegenseitig als Eigentum aller. Ich, damals noch fast monogam verheiratet und Erziehungsprodukt einer puritanischen und keuschen Familien- und Gesellschaftstradition, hörte mir Stöpsels Geschichten mit Neid und Bewunderung an. Ich hatte es noch nie mit Mädchen zu tun gehabt, die zu zweit kommen und unverzüglich in Aktion treten, wobei sie sich praktisch in den gefälligen Mann teilen. Dann gesellte sich noch ein drittes Mädchen dazu. «Mit der Mari konnte ich einfach nix mehr anfangen», seufzte Stöpsel nachdenklich, «da hab ich sie aus Höflichkeit geleckt.» Das Wort Höflichkeit klang nicht zynisch, sondern wie eine Feststellung, Stöpsel hockte auf seinem Bett und gedachte sorgenvoll seines Dilemmas mit jener Mari.

Genau weiß ich nicht, was Stöpsel und der Trupp vom Klausalplatz während der Revolution gemacht haben. Andeutungen entnahm ich, daß er sich eine Knarre besorgte und seine einstigen Folterer aufsuchte. In auffälliger Übereinstimmung setzte sich keiner von ihnen zur Wehr, sondern alle verlegten sich aufs Flehen. Stöpsel ließ nie durchblicken, wie die Besuche ausgegangen sind, aber ich würde mich nicht wundern, wenn diese Henkersknechte sie nicht überlebten.

Ich stimme allen zu, die in Revolutionszeiten die blutigen Schauspiele des Volksurteils und der persönlichen Rache vermeiden möchten. Unser Rechtsgefühl verlangt, alle, die sich im alten System schuldig gemacht haben, auf gesetzliche Weise zur Verantwortung zu ziehen und ihnen die Verteidigung zu ermöglichen. Das Urteil des Volkes kann zudem Unschuldige treffen, während die Rachegelüste negative Triebe freisetzen und zu ganz persönlicher Abrechnung ermuntern.

Was aber geschieht, wenn die heranwachsende Generation das Vertrauen zur Macht der Gesetze verliert? Wenn sie sich an die Willkür gewöhnt und sie für den Normalzustand hält? Viele der Jüngeren – im allgemeinen die begabteren, die mit Unternehmungsgeist und Führungsqualitäten – werden zu Opfern der Willkür, müssen unvorstellbare physische und psychische Qualen erdulden. An ihnen üben sich Terroristen, die unter dem Schutz der Macht ihrem abstoßenden Gewerbe risikolos nachgehen können. Für die so Mißhandelten ist die Revolution ein Ausnahmezustand, in dem sie vorübergehend die Rechtsordnung wiederherstellen können. Ihre Rache entspringt der Überzeugung, das Gesetz könne sich niemals auf Dauer Gültigkeit verschaffen. Stöpsel zum Beispiel glaubte nicht im Traum daran, daß die Russen endgültig aus Ungarn abhauen würden. Ihn amüsierte nicht der Inhalt meiner politischen Predigten, sondern die optimistische Annahme, meine Ideale ließen sich verwirklichen. Die Gesellschaft ist, das ergibt sich aus ihrem Begriff, ungerecht, und die Intellektuellen sind dumm, weil sie diese schlichte Tatsache nicht zur Kenntnis nehmen wollen. Wenn es aber nur kurze, vorübergehende Zeiten von Gerechtigkeit gibt, dann müssen wir unsere Urteile in diesen Zeiten fällen und vollstrecken. Und tatsächlich: Wenn ich annehme, daß Stöpsel seine Folterer nicht massakriert hat und daß sie die Morgenröte der Kádár-Epoche erlebten, dann kann ich sie mir nicht am Galgen und auch nicht auf der Anklagebank vorstellen (obwohl sie unbestreitbar sadistische Massenmörder waren), sondern nur bei den neuen Sicherheitskräften, die nach der zweiten sowjetischen Invasion heldenhaft aus ihren Verstecken krochen und halb Ungarn zusammenschlugen. Später wurden sie taktvoll auf die verschiedenen Bereiche des Zivillebens verteilt, wo sie sich als Handels- oder Kulturexperten hervortun durften, und an schönen Sommerabenden sitzen sie vor ihren Wochenendhäusern und sehnen sich beim Rotwein nach ihren Heldenzeiten zurück. Wenn wir mit unserem heutigen Wissen auf den Oktober '56 zurückblicken, können wir kaum etwas gegen die Logik derjenigen vorbringen, die das Risiko der Abrechnung und damit auch Blut in Kauf nahmen, weil sie den Gesetzen nicht vertrauten.

Stöpsel selbst philosophierte nicht über solche Fragen. Wie seine Besuche bei den einstigen Folterern auch verlaufen sein mögen, moralisch hätte er gegen ihre Liquidierung bestimmt nichts einzuwenden gehabt. Mit ethischen Problemen gab er sich sowieso herzlich wenig ab, weil er sich von einer festen, unerschütterlichen Moralität leiten ließ. Er war durch und durch ein Gemeinschaftswesen, die Interessen der Bande standen über seinen persönlichen. Der Polizeidirektor des Stadtbezirks beauftragte ihn, die öffentliche Sicherheit am Klausalplatz zu gewährleisten, und das tat er: Es kam dort – wenigstens bis zum 4. November – weder zu Plünderungen noch zu «bewaffneter Bettelei», noch zu sonstigen strafbaren Handlungen. Auch in der Zelle genoß er Autorität, er legte Streitigkeiten bei und setzte sich für die Allgemeinheit ein, wenn auch nicht immer so, wie es die Anstandsregeln verlangt hätten.

Einmal zum Beispiel hatte einer von uns, ein sehr sensibler Zwanzigjähriger, den wir, weil er von der Malerei schwärmte, «den Künstler» nannten, einen verliebten Briefwechsel mit einer Dame aus der Zelle über uns angeknüpft. Beim Hofgang hatte das Mädchen den aus dem Fenster gaffenden Künstler bemerkt und ihm Zeichen gemacht, so begann die Bekanntschaft. Jeden Abend kam von oben ein Brief an ihn, auf ein Stückchen Draht gesteckt, das an einer Schnur befestigt war. Eine halbe Stunde später senkte sich die Schnur erneut herab und holte die Antwort des Künstlers. Die Antworten fielen immer gefühlvoller aus. Einmal jedoch ertönte vom Hof der Ruf: «Dritter Stock, achtzehn!», und Karesz hatte größte Mühe, eine Disziplinarstrafe abzuwenden. Er zog die Schnur herein, warf sie in die Toilette und spülte sie hinunter, nebst Brief und natürlich zum großen Kummer des Künstlers. Dem eintretenden Aufseher erklärte er auf die übliche Weise, er als Zellenältester würde einen solchen Briefwechsel nie dulden. Möglich, daß die aus der Siebzehn Briefe geschrieben haben, oder die aus der Neunzehn, aber wir? Niemals. Wir kamen noch einmal davon, aber die beiden Verliebten blieben trotz Karesz' Warnung bei diesem gemeingefährlichen Weg des Gefühlsaustausches. Da griff im Interesse beider Zellen Stöpsel ein. Statt der Antwort des Künstlers heftete er einen eigenen Brief an den Draht. An den ersten Satz erinnere ich mich heute noch. «Du dreckige Nutte, glaubst Du, ich weiß nicht, daß schon soviel Schwänze in Dir gerammelt haben, daß sie dreimal um den Äquator reichen würden?» Danach kam keine Post mehr, und der Künstler versank in Trübsinn. Als er den Grund der Entfremdung erfuhr, packte ihn Verzweiflung. Zum Glück traf zwei Tage später ein enttäuschter Abschiedsbrief ein, und da genehmigten ihm Karesz und Stöpsel einen letzten Kassiber, in dem er den Sachverhalt erklären durfte.

Karesz wollte von meinen politischen Weisheiten profitieren, Stöpsel von meinen Literaturkenntnissen. Ich mußte über Schriftsteller sprechen, sagte Gedichte auf und analysierte sie. Vor allem interessierte ihn das romantische Heldenepos *Toldi* von János Arany, das ich ihm bis ins einzelne erklären mußte. Wahrscheinlich faszinierten ihn die unwahrscheinlichen Körperkräfte Toldis, er mag eine verwandte Seele in ihm vermutet haben. Wir schlenderten auf und ab, er in seinem blauen Turnhemd, über das er bei kaltem Wetter den Wintermantel zog, ich in meinem zerknautschten Anzug, und beide waren wir erfüllt vom Gefühl brüderlicher Zusammengehörigkeit. Mich überraschte seine Intelligenz – ihn die Erkenntnis, daß die ungarische Lyrik eine Sammlung von Tragödien ist, ein Rendezvous in den Tod getriebener, verrückt gewordener Genies, syphilitischer Weltverbesserer, zu Tode gequälter, dem Hungertod ausgelieferter, unverstandener oder mißverstandener Geister. Diese Grundsituation verstörte ihn, wühlte ihn auf. Bis dahin hatte er das Dichterleben vermutlich für glanz- und ruhmvoller gehalten.

Einen Tag vor seiner Verhandlung zog er mich beiseite. Morgen werde er entweder den Strick bekommen, sagte er, oder die Freiheit, ein anderes Urteil sei ausgeschlossen. Wenn er rauskomme, wolle er meine Gedichte mitnehmen und am nächsten Tag um drei Uhr nachmittags mit Vera an dem Fenster der Staatsanwaltschaft erscheinen, das unserem Zellenfenster genau gegenüber lag. Er veranlaßte die Vorladung des Polizeidirektors und ließ ihm ausrichten, der ganze Klausalplatz werde im Gerichtssaal sein. Wenn der sage, was er weiß, würden sie das beide nicht überleben, aber wenn er vernünftig aussagen würde, dann gebe es am Abend auf dem Klausalplatz eine große Fete.

Am nächsten Vormittag, um zehn, wurde Stöpsel geholt. Karesz und ich, die Eingeweihten, konnten vor Aufregung weder spucken noch schlucken, aber auch die anderen warteten gespannt auf das Urteil, obgleich sie die Größe der Gefahr nicht ahnten. «Alles geritzt», sagte Stöpsel, als er endlich zurückkam, «ich hol nur meine Sachen.» Während er sein bißchen Kram zusammensuchte, steckte ich ihm die Gedichte zu, die ich in der Hauptstraße geschrieben hatte. «Der Polizeichef ist ein ordentlicher Freier», sagte er. «Hat bezeugt, daß ich auf dem Klausalplatz den Personen- und Vermögensschutz gesichert habe und daß die Jungs dort nicht mit Waffen herumfuchteln durften. Da hat der Staatsanwalt nachgegeben wie 'ne Sprungmatratze, und die Richterin läßt mich laufen.» Jemand krähte dazwischen: «Die ist letzte Nacht bestimmt anständig durchgevögelt worden!» Stöpsel schüttelte den Kopf. «Es lag am Polizeichef. Der hat sich vorher das Publikum genau angeguckt.» Grinsend ging er zur Tür. «Wir sehen uns draußen», sagte er zum Abschied. Ich sah ihn am nächsten Tag wieder, um drei Uhr nachmittags, mit meiner Frau, wie wir es vereinbart hatten. Sein Wintermantel stand offen, blau leuchtete sein Turnhemd, als er winkte.

(Noch einmal nahm jemand Gedichte von mir aus dem Markó mit: László Gyurkó, der Anfang der achtziger Jahre mit einer verlogenen Kádár-Biographie Aufsehen erregte. Gyurkó wollte Schriftsteller werden, aber das Talent hielt nicht Schritt mit seinem Ehrgeiz, deshalb ging er unter die regierungstreuen Schreiber. Vor seiner Verhandlung schloß er sich mir beim Hofgang an und sagte, er werde bestimmt freikommen; wenn ich was hinausschikken wolle, nehme er es gern mit. Tatsächlich wurde er am folgenden Tag entlassen. Zuvor kam er in unsere Zelle, um sich von mir zu verabschieden. Wie er das erreichte, ist mir ein Rätsel, denn nie durfte jemand vor der Entlassung eine fremde Zelle betreten. Doch meine Gedichte erreichten den Empfänger nicht. Als ich Gyurkó nach meiner Entlassung zur Rede stellte, erzählte er, er hätte im Gefängnisbüro die Schuhe ausziehen müssen, und da hätte man in seinen Socken die Gedichte gefunden. Vera habe er deswegen nichts gesagt, weil sie wegen meiner bevorstehenden Verhandlung sowieso anderes im Kopf hatte. Aber warum hatte man mir dann wegen der Gedichte kein Disziplinarverfahren aufgebrummt? Warum kamen sie, wie meine sonstigen «Hetzgedichte», nicht in die Anklageschrift? Nachsichtige Freunde möchten hoffen, Gyurkó wäre im letzten Augenblick vor dem eigenen Mut erschrocken und hätte meine Gedichte im Klosett hinuntergespült. Ich möchte um keinen Preis annehmen, daß die Behörde den Boten gedeckt hat.)

«Sogar Scheiße ist Scheiße!» Mit diesem bemerkenswerten Spruch kam der achtundzwanzigjährige Anstreicher István Taska von seiner Verhandlung zurück, die ihm zehn Jahre eingebracht hatte. Im Zimmer des Arbeiterrates einer Fabrik hatte man einen Revolver gefunden, die vier Mitglieder des Rates bekamen zusammen sechsunddreißig Jahre. Den gefundenen Revolver hatten die Ermittler eigens mitgebracht, um ihn zu finden.

Taska gehörte gleichfalls zu den Lieblingen der Zelle. Ein junger Mann mit blauen Augen und braunem Haar, am Kinn ein Grübchen – er ähnelte dem jungen Kádár, eine verbesserte Ausgabe. Gern sprach er über seine weibliche Kundschaft, die er – wenn es ihm möglich war – auf die Spitze seiner Leiter schickte. Eine Dame jedoch, eine besonders bezaubernde Person, überlistete ihn. Sie verführte ihn im Augenblick der Arbeitsverrichtung, und hinterher konnte er ihr kein Geld abverlangen. Von da an achtete er sorgfältig auf die rationale Reihenfolge der Dinge.

Taska hatte geheiratet, als das Mädchen vierzehn war, und zwar mit vormundschaftlicher Genehmigung. Wenn er von seiner Frau sprach, lösten sich alle anderen Frauen in Luft auf. Wir mußten uns damit abfinden, daß es weit und breit keine andere von solcher Schönheit, Klugheit und Treue gab. Ihren Verlust fürchtete er mehr als das Todesurteil. Sogar Scheiße ist Scheiße – das bedeutete, daß er am Leben blieb, bald entlassen werden und zu seiner Frau nach Hause laufen würde.

«In ein Laken gewickelt verbrannte sich der 47jährige Anstreicher István Taska.» Diese kurze Zeitungsmeldung las ich betroffen irgendwann Mitte der siebziger Jahre. «Den Selbstmord beging er vermutlich aus familiären Gründen.» Er ist also über die Jahre der Haft nicht hinweggekommen. Seit ich das weiß, hat sein Spruch für mich einen bitteren Beigeschmack.

2.

Ich versuche, die vergilbten Bleistiftzeilen auf dem Toilettenpapier zu entziffern. In meinem Begleitbrief zu den Gedichten vermengen sich praktische Winke mit theoretischen Offenbarungen. Etwa so: «Wenn du mich sprechen willst, komm zum Eingang Ignác-Nagy-Straße und pfeif das Gruppensignal», womit ich unseren gemeinsamen Pfadfinderpfiff meinte, «guck hoch, dritte Etage, die zweite von oben. Kein Risiko, höchstens jagen sie dich weg. Ich warte!» Und: «Falls du diese Gedichte bekommst, drücke Tintenfinger auf die Zigarettenpackung für Sonntag!» Ich ergänzte meine Dichtungen mit einem Versprechen: «Ich werde weder übermütig noch feige sein. Von der echten Konterrevolution distanziere ich mich, aber den 23. Oktober kann ich nicht verleugnen. Habe hier viel nachgedacht und dazugelernt – ich sehe meinen Weg.»

«Liebste, deine Sonderbesuche machen mich glücklich. Auch als Taubstumme lieben wir uns, nicht wahr?» lese ich auf einem anderen Stück Toilettenpapier. Demnach war auch dieser Brief angekommen, aber ich habe keine Ahnung, wer ihn mitgenommen hat. «Mit der Nachricht über Lukács hast du mir eine sehr, sehr große Freude bereitet, besonders, wenn seine Heimkehr – wie ich glaube und hoffe – keinen politischen Kompromiß bedeutet. Es wäre von großer Wichtigkeit, wenn er als Zeuge käme – aber er soll es unbedingt lassen, wenn es politisch für ihn peinlich und schädlich wäre. (Ist es nicht spaßig, daß diesmal ich ihm einen Rat gebe?» Georg Lukács, mit Imre Nagy und anderen politischen Freunden im November 1956 nach Rumänien deportiert, war am 11. April heimgekehrt. Das konnte mir Vera aber bei ihren Besuchen auf dem Korridor der Staatsanwaltschaft nicht mitteilen, wahrscheinlich hatte sie die Neuigkeit in ein Stück Seife geritzt oder mir in einer Tube Zahnpasta zugespielt.

Ich hatte mich wirklich gefreut. Lukács war bereits zweiundsiebzig, und obgleich er sich himmelschreiender Gesundheit erfreute, konnte man nicht wissen, wie er die Gefangenschaft ertragen würde. Auch über die Bedingungen der Internierung wußte man nichts, doch lagen die schlimmsten Vermutungen nahe. Wenn man die Personen, die mit ihrer Flucht in die jugoslawische Botschaft in eine Falle geraten waren und denen Kádár vor aller Welt Straffreiheit und freien Abzug zugesichert hatte, verschleppt hatte, dann schien es denkbar, daß sie in Kasematten oder Folterkammern der rumänischen Geheimpolizei verwahrt wurden. Hinrichtungen befürchtete ich damals noch nicht; trotz meiner dialektischen Neigungen ahnte ich nicht, daß die Wortbrüche, quantitativ hinreichend gehäuft, in eine neue Qualität umschlagen würden und daß die Wirklichkeit in schlechten Zeiten die pessimistischen Vorstellungen übertrumpft.

Aber ich fürchtete nicht nur für das Leben und die Gesundheit Lukács' sondern auch für seine moralische Haltung. Aus früheren Gesprächen wußte ich, daß er in Imre Nagy einen programmlosen (wenngleich kommunistischen) Politiker sah und in dessen Mitarbeitern ehemalige Kommunisten, die fast alle in ihrer Desillusioniertheit zu «gewöhnlichen Liberalen» herabgesunken waren. Ein Kommunist, der sich zum Liberalen wandelt, war in Lukács' Augen jedoch in geistig-politischem Sinn ein Verräter, weil er auf die Kritik an der «formalen», also bürgerlichen Demokratie verzichtet und sich mit deren Wirtschaftsordnung, dem Kapitalismus, abfindet. Ich fürchtete – völlig grundlos, wie sich später herausstellte –, diese Unterschiede und Gegensätze würden seine Solidarität zersetzen, und er würde sich die Heimkehr damit erkaufen, daß er seine Mitgefangenen ostentativ im Stich ließe. Das wäre für mich ein schwerer Schlag gewesen. Die schülerhaft klingende Frage «Ist es nicht spaßig, daß diesmal ich ihm einen Rat gebe?» zeigt, wie sehr ich damals noch darauf angewiesen war, in jeder Hinsicht zu ihm aufblicken zu können.

In einem anderen Brief geht es um die Vorbereitung auf meine Verhandlung. Diese fand am 6. Mai statt, ich habe meine Anweisungen also vermutlich in der zweiten Aprilhälfte niedergeschrieben: «Für den Anwalt: Er soll sich bitte nicht einfallen lassen, mich mit meiner jüdischen Herkunft zu entschuldigen, ich habe als Ungar gehandelt, und als solcher will ich auch für mich einstehen. (Das Judenproblem – hier wird mir seine ganze, schmerzliche Tiefe bewußt.) Ferner soll er meine Verblendung durch die Ideologie Rákosis nicht als Verdienst hinstellen wie Professor Kádár, der dem Ermittlungsoffizier beweisen wollte, daß ich mein Rákosi-Gedicht als guter Kommunist geschrieben habe. Über diese beiden Dinge spreche ich nach Möglichkeit auch noch mit ihm, du richte es ihm jedenfalls aus und begründe es, wenn nötig, so, wie ich es täte.» Professor Kádár hatte seinen Auftrag zurückgeben müssen, als Hochschullehrer, dem die heilige Aufgabe oblag, die Jugend zu erziehen, durfte er inzwischen nicht mehr in politischen Prozessen eine Verteidigung übernehmen. Meine Familie gewann einen neuen Anwalt, einen anderen Freund meines Vaters, Dr. Kornél Zalán, der ein sympathischer, korrekter Herr war (vor mir liegt ein amtliches Papier mit Veras Unterschrift: «Hiermit nehme ich zur Kenntnis, daß die Verteidigung unentgeltlich erfolgt»), und mit ihm wollte ich nicht die gleiche nutzlose Wortschlacht wie mit seinem Vorgänger in der Hauptstraße ausstehen müssen. Was das Judenproblem betrifft, so wurde mir seine ganze, schmerzliche Tiefe erst viel später, in Márianosztra, bewußt. (Und wahrscheinlich auch dort noch nicht; ich glaube, ich habe es bis heute nicht richtig begriffen. Von meinem alten Freund Sándor Csoóri erfuhr ich dieser Tage, im allgemeinen halte man mich nicht für einen Juden. «Daß ich einer bin», antwortete ich, «fällt mir auch immer erst ein, wenn ich vergast werden soll.» Er lachte, aber nicht besonders fröhlich, und auch ich grinste grimmig. Soll ich es als Auszeichnung verstehen, daß man mich nicht für einen Juden hält? Und: Kann man eine solche Auszeichnung annehmen, solange das Wort Jude nicht die Tatsache der Abstammung bezeichnet, sondern eine positive oder negative Qualität? Und: Auch wenn sie mich nicht für einen halten, halten sie mich doch für einen, der, obzwar er einer ist, doch keiner ist, und ich muß mich – obzwar ich mich nicht für einen halte – solange für einen halten, wie sie mich für einen halten oder auch nicht für einen halten. Was macht man da? Man zuckt die Schultern, mit einem üblen Geschmack im Mund.) Hier möchte ich nur anmerken, daß ich mich schon während der Revolution ungemein über meine Bekannten ärgerte, die die Ereignisse speziell aus jüdischer Sicht beurteilten und aus Furcht vor einem möglichen Antisemitismus mit jedem paktiert hätten, der ihnen diese Furcht hätte nehmen können. In meine heut wie damals, daß die Judenfrage zur Problematik der Demokratie gehört, deren Bestandteil ist. Wer sie als die wichtigste ansieht, der entkommt den Qualen des unglücklichen Bewußtseins nur in einem Land – in Israel –, wo diese Teilfrage eine zentrale Frage ist.

Staunend sehe ich, daß ich auf dem bekritzelten Toilettenpapier auch andere Dilemmas anschneide, mit denen ich mich heute noch herumschlagen muß. «Jetzt ist mir klargeworden, was es heißt, in nichtrevolutionären Tagen ein Revolutionär zu sein: Einsamkeit – für die Gemeinschaft, in der Gemeinschaft, in deren Lebensform. Gemeinschaft, Volk, Masse – sie sind nicht so grandios, wie wir es uns romantisch vorgestellt haben, sie sind verkrüppelt, das ist die Wahrheit. Man sollte nicht zu ihnen aufblicken, sondern sie erziehen, um im gegebenen Augenblick jeden einzelnen, jeden ‹Erzieher› zu verblüffen und ihrer würdig zu machen.» In jenen ersten Monaten schlug ich mich offenbar mit der unlösbaren Aufgabe herum, meine hochgestochenen Vorstellungen von der revolutionären Masse und meine jüngsten Knasterfahrungen unter einen Hut zu bringen. In der einen Waagschale die kühnen, aufopferungsvollen Helden, die schnell entstehenden moralisch-politischen Gemeinschaften, die auf die Reinheit der Revolution bedachte Bevölkerung, die auf die Verlockungen der legalen und illegalen Profitmacherei pfeift, allesamt prächtige Exemplare der gegenseitigen Hilfsbereitschaft – in der anderen Waagschale dasselbe Volk, kleinlich, neidisch, egoistisch, feige und jederzeit bereit, für den kleinsten Vorteil dem anderen die Gurgel durchzubeißen. Der alte Lőrincz zum Beispiel, ein Eisenbahner aus Westungarn, der Systemüberdrüssige für Geld über die Grenze geschmuggelt hatte, bekam jedesmal einen Verzweiflungsanfall, wenn er in der Suppe eines anderen mehr Fleischstücke beobachtete als in der eigenen. Ich zog mir seinen Neid und Haß zu, indem ich ein und dasselbe Fleischstückchen zehnmal herausangelte und wieder in die Brühe plumpsen ließ, was ich jedesmal wiederholte, wenn man uns mit ein wenig Fleisch beehrte. «Wie ist das möglich?» jammerte der Alte. «Ich hab nur zwei!» Und er musterte mich argwöhnisch. Dieser brave Eisenbahner mit seinem ungarischen Schnurrbart, seiner untersetzten Statur, der Brille und dem schütteren grauen Haar erinnerte mich an den von mir so verehrten Ministerpräsidenten Imre Nagy. Es war, als würden die beiden Männer von demselben Schauspieler gespielt, als sollten die guten und die schlechten Möglichkeiten der Nation in einer Person verkörpert werden. Und wir hatten in der Zelle die redlichen Bauern, die ihre revolutionäre Gesinnung damit zum Ausdruck gebracht hatten, daß sie in ihrem Dorf auf das sowjetische Kriegerdenkmal schissen. Nach 1945 hatte man in allen ungarischen Dörfern solche Denkmäler aufgestellt, aber das Volk sah in den fremdartigen und zumeist geschmacklosen Obelisken immer nur ein Symbol für die Anwesenheit der Sowjetarmee. Darin war sich die Macht mit dem Volk wohl einig, sonst hätte sie nicht pro Scheißhaufen vier Jahre verteilt. Verständlich, daß viele ihren Patriotismus nur mit dem Hinterteil artikulieren konnten, aber das Alltagsleben in der Zelle wurde durch diese Patrioten nicht spannender. «Ich würde das Fünffache meiner Scheiße fressen», sagte einer, «wenn sie mich rausließen.»

Die Beispiele sind nicht die glücklichsten: Es waren nicht die Menschenschmuggler und die Denkmalschänder, die bei den Straßenkämpfen und zur Zeit der Arbeiterräte auf den Straßen und in den Versammlungssälen von Budapest dominierten. Diejenigen, die sich nach dem 23. Oktober hervorgetan hatten, bewahrten ihre Integrität und ihr moralisches Niveau meistens auch im Gefängnis und sogar noch unter dem Galgen. Nur setzte sich eben die Belegschaft der Haftanstalten aus den Besten und den Miserabelsten zusammen, und mich, der ich nur auf die ersteren vorbereitet war, erschütterte in der Hölle der Massenzellen die Erbärmlichkeit der letzteren. Ich entsinne mich eines Zigeunermusikers; er wurde beschuldigt, einen Staatssicherheitsmann auf das Dach eines

Hauses gejagt zu haben, der dann bei der Flucht abgestürzt und ums Leben gekommen sei. Der Musiker träumte unablässig von den guten alten Zeiten, als er noch in den Lokalen von Alt-Buda musizierte und die Aristokraten ihm mit Spucke Hundert-Pengő-Scheine an die Stirn klebten. Solche Nostalgien machten mir zu schaffen und erfüllten mich mit Zweifeln. In meinem Brief drücke ich das so aus: «‹An allem zweifeln›, hat Marx gesagt. Dies ist die Grundlage jeglichen Humanismus, sofern es nicht zum Nihilismus führt. Und der Weg des Realisten und Revolutionärs ist dieser: verbissener Kampf *gegen* die Illusionen und *für* die Ideale. An allem zweifeln und nicht den Sinn des Zweifelns, das Ja aus den Augen verlieren – darüber würde ich meine Haare verlieren, wenn das noch ginge.»

3.

Vor meiner Verhandlung brachte man mich einige Male zur Vernehmung durch die Staatsanwaltschaft in den anderen Gebäudeflügel. Der Vernehmer befreite mich von den hübschen kleinen Handschellen, bot mir Platz an und legte mir meine Aussagen aus der Hauptstraße vor, und ich gab zu, daß sie der Wahrheit entsprachen. Einmal konnte ich in Anwesenheit eines Aufsehers auch mit meinem Anwalt sprechen. Dr. Zalán war ein schlanker, eleganter Herr zwischen fünfundsechzig und sechzig, das gescheitelte Haar klebte mit beispielhafter Disziplin am Schädel. Er strahlte vor Sauberkeit, er kam gerade aus dem Lukács-Bad, wo er täglich seine tausend Meter absolvierte; dort starb er auch zehn oder fünfzehn Jahre später, er erlag im Wasser einem Herzschlag. Mit seiner vornehmen Fliege am Hals vernichtete er moralisch das trostlose, heruntergekommene Amtszimmer, stellte er die Echtheit der Polizeiuniformen und meinen abgetragenen Anzug, der mir gelegentlich auch als Pyjama diente, in Frage. Inzwischen habe ich erfahren, daß er im Prozeß gegen Imre Nagy zwei Angeklagte vertrat, also wohl ein V-Mann war. Dennoch wirkte er durch seine bloße Anwesenheit auf den vollgespuckten Korridoren und in den düsteren Gerichtssälen und ungemütlichen Büros wie der personifizierte Protest. Dr. Zalán sprach in einem anderen Ton mit mir als Professor Kádár, aber auch er ermahnte mich, vorsichtig zu sein. «Pisti», sagte er, meinen familiären Kosenamen verwendend, obwohl wir uns zum erstenmal sahen, «merke dir, jetzt sind nicht die Zeiten, gründlich seine Meinung zu sagen.» Ich solle mich bedächtig verhalten, ohne Selbstverleugnung, aber auch nicht provokatorisch. «Für das, was du gemacht hast, gibt es keine hohe Strafe. Es sei denn, du stachelst das Gericht gegen dich auf.» Eine hohe Strafe befürchtete ich sowieso nicht – Gáli hatte ein Jahr bekommen, mehr konnten sie mir auch nicht aufbrummen.

Unvergessen bleibt mir ein Vormittag, als ich in der Staatsanwaltschaft die Aussagen von sechs Mitangeklagten durchsehen konnte. Man erwartete meine Stellungnahme. Vier von ihnen sah ich im Gerichtssaal zum erstenmal. Alle waren sie im Krankenhaus in der Sándor-Péterfy-Straße aktiv gewesen, ebenso wie die elf Angeklagten des Ilona-Tóth-Prozesses – darunter Gáli und Obersovszky –, deren Verhandlung schon Mitte Februar begonnen hatte. Man hatte die Angeklagten ziemlich willkürlich in zwei Gruppen geteilt. Der Logik nach hätte ich bei Gáli und Obersovszky sein müssen, hatten wir doch gemeinsam die letzte Nummer von «Igazság», die nicht mehr legal erscheinen durfte, und «Élünk» gemacht und gemeinsam die Frauendemonstration vom 4. Dezember organisiert; wir drei waren ferner als Stamm für die Zeitung des Arbeiterrates vorgesehen gewesen. Die Anklage wünschte jedoch in beiden Prozessen Schriftsteller und gewöhnliche Kriminelle und außerdem eine wirkungsvolle Story. So kamen Gáli und Obersovszky in den mit einer Mordsache aufgebauschten Ilona-Tóth-Prozeß, während der Aufständischen-Kommandeur Angyal mit der schon erwähnten Diebin und Prostituierten Horváth und mit mir als Schriftsteller für den anderen Prozeß vorgesehen waren. Selbst ein Blinder sollte sehen, daß an den bewaffneten Aktionen die Literatur schuld ist.

Unter den Aussagen befanden sich ein etwa hundertseitiges Schreiben Angyals, Lebensbericht und Abschied in einem. Meine Erinnerung ordnet sie den historischen Dokumenten zu, die die Pariser Communarden vor ihrer Hinrichtung geschrieben haben. Angyal faßt die Geschichte der Revolution zusammen, bekennt sich zu seinen Handlungen und blickt gelassen in den bodenlosen Abgrund, in den man ihn, wie er glaubte, bald stoßen würde. An seiner Niederschrift erschütterte mich nicht die taktische Weisheit, die Vielzahl von Einzelheiten und Namen kam den Ermittlern bestimmt gelegen und erleichterte ihnen die Gegenüberstellung der Verdächtigen. Als ich später, im Markó, mit Angyal darüber sprach, begann ich die psychologischen Bedingungen zu begreifen, unter denen diese Chronik entstanden war.

An dieser Stelle muß ich von der zeitlichen Abfolge als dem beruhigendsten Organisationsprinzip jeder erzählten Geschichte abweichen und meinen Freund Angyal näher vorstellen. Er hält mich mit seinem Leben und seinem Sterben bis heute gefangen, er beeinflußt mein Befinden, meine Entscheidungen, die Richtung und die Art, wie ich mich engagiere. In der Bilanz, die ich von Zeit zu Zeit aufstelle, gehört er zu den Hauptpächtern der Habenseite, seinetwegen durchlebe ich sooft und überdeutlich die Schande des Überlebens, das nicht nur Glück auslösen kann, sondern auch einen bitteren Beigeschmack. Wenn ich jetzt konzentriert über ihn nachdenke, bin ich überrascht, wie wenig ich von ihm weiß.

Sein Äußeres kann ich mir jederzeit leicht ins Gedächtnis rufen – er war ein hochgewachsener, schlanker Mann mit welligem schwarzem Haar, schöner Stirn und schmalen Lippen. Als ich neulich im Fernsehen sein Bild sah, dachte ich voller Schmerz: Wie schön und sympathisch er immer noch ist, und er ist nicht die Spur gealtert! Der Fernsehreporter befragte einen Autoschlosser, der seinerzeit in Angyals Gruppe am Aufstand teilgenommen hatte und ihn jetzt vermutlich schlechtmachen sollte, aber er bekam nicht mehr als diese Antwort zu hören: «Er war mein Ideal, als ich noch jung war.»

Doch sein Leben kenne ich nur in Bruchstücken. Er wurde 1928 in einer jüdischen Handwerkerfamilie geboren. Die Mutter und eine Schwester verlor er in Auschwitz – die Schwester endete nicht so, wie Juden dort gewöhnlich endeten, sondern am Galgen, wegen versuchter Flucht. In Auschwitz lernte er den schmächtigen, kränkelnden, kurzsichtigen Gáli kennen, der zwei Jahre jünger war als er. Als polnische Juden Gáli im Bad totschlagen wollten, weil er nicht beschnitten war, griff Angyal ein. Als ob deutsche Aufpasser kämen, rief er: «Mützen ab!», und die Polen ließen den zerzausten, blutenden Gáli, dessen Brille zerbrochen war, los. So kam er davon, aber nun fielen die Polen über Angyal her – bis tatsächlich die Deutschen anrückten.

Nach Ungarn heimgekehrt, wurde Angyal Kommunist, doch von der stalinschen Abart des Kommunismus war er bald enttäuscht. Schon 1949 oder 1950 hängte er ein Bild

Stalins mit dem Kopf nach unten in seiner Toilette auf, und das war damals ein lebensgefährlicher Scherz. Er wollte Ungarischlehrer werden, beendete das Studium aber nicht. Er heiratete, und bis die Revolution ausbrach, arbeitete er in verschiedenen Baubetrieben, unter anderem in Dunapentele, das später Sztálinváros (Stalinstadt) und jetzt Dunaújváros (Donauneustadt) heißt, und zuletzt als Bauleiter im Budapester Straßenbau. Als Verheirateter wäre er mit dem spärlichen Stipendium nicht ausgekommen; ich glaube aber, daß er das Studium vor allem deshalb aufgab, weil er das Gebräu aus Dummheit, Lügen und Heuchelei, das den Studenten damals eingeflößt wurde, nicht schlucken wollte. Am Busen des Proletariats hatte er dann reichlich Gelegenheit, seinen verklärten Kommunismus mit dem Alltag zu vergleichen.

1955 brachte Gáli mich mit ihm zusammen. Da steckte seine Ehe bereits in einer Krise, und das machte ihm sehr zu schaffen. Wir saßen nächtelang zusammen, spielten Karten und redeten über Politik, erzählten Witze und tranken den abscheulichen Rum der Rákosizeit, der nach Kohle schmeckte und nach Fabrik roch. Einmal brachte Angyal einen Grafen Széchenyi mit, der Lohnbuchhalter in seinem Betrieb war; die beiden wollten austüfteln, wie sich der Lohn der Arbeiter mit falschen Angaben und faulen Tricks auf das Existenzminimum anheben ließe. «Wenn es keine Gewerkschaft gibt und wenn auf Lohnkampf eine Strafe steht, ist Lohnbetrug das einzige Kampfmittel der Arbeiterklasse», erklärte Angyal dem Grafen. Der, dicklich und gepflegt, entgegnete: «Das sagst du! Aber wenn ich mit meiner Herkunft auffliege, habe ich morgen einen Prozeß wegen Verschwörung am Hals.» «Dann sitzt du halt mal für die Arbeiterklasse», meinte Angyal, «los, sauf!» Gegen Morgen war der junge Graf vor Angst völlig betrunken. Vor dem Haus stand ein herrenloser Karren der Straßenreinigung, darin schoben wir ihn nach Hause.

Aber Angyal – seine Frau hat es mir in den sechziger Jahren erzählt – bildete nicht nur den Grafen Széchenyi politisch weiter, sondern auch das Proletariat. Ágnes, so hieß sie, kochte in einem riesigen Topf Paprikakartoffeln, während er den Hilfsarbeitern, die um den Tisch saßen, die anti-etatistischen Thesen aus Lenins *Staat und Revolution* vorlas: «Die uneingeschränkte Wählbarkeit und die jederzeitige Absetzbarkeit ausnahmslos aller beamteten Personen, die Reduzierung ihrer Gehälter auf den gewöhnlichen ‹Arbeitslohn›, diese einfachen und ‹selbstverständlichen› demokratischen Maßnahmen, bei denen sich die Interessen der Arbeiter völlig mit denen der Mehrheit der Bauern decken, dienen gleichzeitig als Brücke, die vom Kapitalismus zum Sozialismus führt» – und gleichzeitig halten die Hörer des improvisierten Seminars ihre Teller für den Nachschlag hin.

Angyal träumte tatsächlich von einer «Staatsmacht der bewaffneten Arbeiter» und der Aufhebung der Partei- und Staatsprivilegien, von einer echten Vertretung des werktätigen Volkes statt eines geschwätzigen und kopfnickenden Parlaments, vom allmählichen Absterben des Staates. Gáli und ich folgten ihm auf unsere Weise – ich mit ironischen und zweifelnden Zwischentönen, Gáli mehr mit dem Herzen als von der Ideologie her. So glitten wir in den Sommer 1956. Ágnes verließ ihn und heiratete einen anderen, es häuften sich unsere Kartenschlachten und in der überhitzten politischen Atmosphäre das träumerische Pläneschmieden. Niemand organisierte damals für den 23. Oktober 1956 einen bewaffneten Volksaufstand, niemand dachte auch nur an die Möglichkeit einer Revolution, zumindest nicht unter meinen Freunden und den

Freunden meiner Freunde – alles andere ist eine Lüge. Die einzige Ausnahme war István Angyal. Wie manche Tiere instinktiv spüren, daß ein Erdbeben naht, und mit gesträubtem Fell und angespannten Nerven Witterung nehmen, so sah er voraus, daß die Zeit sehr bald aus den Fugen sein würde. Als wir einmal zu dritt durch einen herbstlichen Park gingen, sagte er todernst: «Es wird eine Revolution geben.» Wir dachten, er phantasiert. In einem stalinistischen System – und wenn es noch so von Auseinandersetzungen erschüttert wird – ist es wegen der Stärke und Brutalität der Machtorgane wahrscheinlicher, daß sich eines Tages der Himmel öffnet und ein singender Erzengel erscheint, als daß die Bevölkerung auf die Straße strömt und Polizei und Militär ihm ihre Waffen abliefern, so daß binnen Stunden die in langen Jahren erbaute stärkste Bastion der Staatsmacht zerfällt.

Noch einmal erschien uns das Gespenst der Revolution Mitte Oktober, in der Nacht jenes Tages, an dem Gális Schauspiel «Freiheitsberg» aufgeführt wurde. Gáli, der Märchendichter und Tragödienschreiber, hatte für die Bühne eine volksnahe Rehabilitationsgeschichte über eine proletarische Mutter mit drei Söhnen geschrieben. Der jüngste Sohn wird unrechtmäßig eingesperrt und stirbt in der Haft, der älteste ist Minister, der mittlere Betriebsdirektor. Die beiden älteren lügen der Mutter vor, der Jüngste halte sich zu einer Studienreise in der Sowjetunion auf. Doch am Ende des ersten Akts erfährt sie die Wahrheit, und ihr wird bewußt, daß sie auch die beiden anderen Söhne verlieren kann. Im Endkonflikt sagt sich der mittlere Sohn von den Lügen los und verläßt mit der Mutter die Ministervilla auf dem Freiheitsberg. Der Minister bleibt mit einem Leibwächter allein. Das Premierenpublikum klatschte begeistert Beifall, auch Imre Nagy, dessen

Anwesenheit die Bedeutung des Stücks noch unterstrich. Nach der Vorstellung saßen wir mit einigen Freunden in Gális Zimmer, tranken den abscheulichen Rum und den nicht weniger abscheulichen Strohwein und feierten den Autor, aber auch den Anbruch eines neuen Zeitalters, denn die Aufführung dieses Stücks war für uns ein Meilenstein. Wenn die Wahrheit die Bühne erobert, sagten wir uns, dann dauert es nicht mehr lange, und sie setzt sich auch im Leben durch. Um Mitternacht, als wir alle schon ziemlich angetrunken waren, kam ich auf die Idee, mit dem Hinterkopf ein paarmal gegen die Rabitzwand hinter mir zu bummern. «Was war das?» fragte ein Mädchen erschrocken. «Schüsse», antwortete ich. Wir lauschten. Nichts. Als ich das Bummern zum drittenmal wiederholte, brach eine kleine Panik aus. Die Mädchen verdrehten am Fenster die Hälse, auch Gáli war verunsichert, deshalb enthüllte ich den Trick, denn daß ihn auf dem Höhepunkt seines Erfolgs der Schlag träfe, wünschte ich mir wirklich nicht.

Angyal war in dieser Nacht nicht dabei. Ich sah ihn erst am Abend des 23. Oktober vor dem Rundfunkgebäude wieder. Er gehörte zu denen, die sich Zutritt verschaffen und die Forderungen der Jugend verlesen wollten. Was sich dort abspielte, trägt heute offiziell die schmeichelhafte Bezeichnung «Sturm auf den Rundfunk». Die konterrevolutionäre Menge hätte zu schießen begonnen, die Sicherheitskräfte hätten zurückgeschlossen – so wird es in den Schulbüchern gelehrt. Mehrere tausend Menschen, die, wie ich, anwesend waren, können bezeugen, daß es nicht so war. Die ersten Schüsse kamen aus dem Gebäude, wir flüchteten entsetzt Richtung Museum, dann wagten wir uns zurück, erneut Schüsse, wir rannten wiederum davon und wagten uns von neuem heran. Wie eine Ziehharmonika, dachte ich angesichts der sich auseinanderziehenden und wieder zusammenrückenden Menge. Schließlich trafen Soldaten ein. Aber statt uns auseinanderzutreiben, begannen sie, auf die Fenster des Rundfunkgebäudes zu schießen. Andere gaben ihre Waffen an Zivilisten ab und machten sich aus dem Staub. Ein bulliger Offizier, der einen Soldaten zurechtwies, weil er auf das Gebäude zielte, wurde von irgendwem geohrfeigt, und im Nu verschwand er in der Menge. Angyal sah ich erst später, als er aus dem gegenüberliegenden Haus trat und zum Haupteingang des Rundfunks ging.

Zwei Tage später sah ich ihn zwar nicht, aber ich hörte von ihm. Da war er bereits – mit einem gemeinsamen Freund namens Per Olaf Csongvai, der an der Hochschule Filmregie studierte – Kommandeur der Aufständischen in der Feuerwehrgasse. Später begegneten wir uns ein paarmal im Parlament, wo ich als frischgebackener Redakteur für Freies Radio Kosuth arbeitete und er in seiner militärischen Funktion mit führenden Politikern verhandelte. Die Jungs aus der Feuerwehrgasse unterschieden sich von anderen bewaffneten Gruppen dadurch, daß sie durchweg Kommunisten waren. Sie kämpften heldenhaft und einfallsreich und vernichteten eine Menge Panzer. Nach dem Abzug der sowjetischen Truppen boten sie der Regierung an, bei der Zerschlagung der wirklich konterrevolutionären Banden und bei der Wiederherstellung von Ordnung und Sicherheit mitzuwirken. Ich war dabei, als Angyal erschrockenen kommunistischen Funktionären vorschlug, nachts Posten vor ihre Wohnungen zu stellen. (Dafür bedankte sich einer von ihnen bei der Gerichtsverhandlung auf seine Weise: Angyal bestand darauf, er sei nicht Kommandeur, sondern nur Beauftragter der Gruppe gewesen; auf die Führung stand nämlich die Todesstrafe. Sein ehemaliger Schützling soll daraufhin gesagt haben, Angyal sei sehr wohl der Anführer gewesen, denn er habe befohlen, ihm Personenschutz zu geben.) In der Feuerwehrgasse beherbergte und verpflegte Angyal vierundzwanzig dem Innenministerium unterstellte Soldaten, damit sie in ihren verhaßten Uniformen nicht das Volksurteil gegen sich herausforderten. «Er ist wirklich ein Engel» – das Wort «angyal» bedeutet im Deutschen «Engel» –, sagte mir einer der Soldaten, als ich die Gruppe besuchte, um eine Reportage zu machen. (Um die Angehörigen zu informieren, wurden die Namen der vierundzwanzig Soldaten im Rundfunk verlesen. Angyals Anwalt beantragte, sie zur Verhandlung vorzuladen. Sie wollten alle aussagen, aber das Gericht war desinteressiert.)

Nach der sowjetischen Invasion am 4. November leistete die Gruppe in der Feuerwehrgasse noch bis zum 8. November Widerstand. Erst auf Drängen der Bevölkerung stellte sie ihn ein. Die Gruppe kämpfte, den Heimvorteil nutzend, anfangs sehr erfolgreich. Für eine Stadtguerilla ist es vorteilhaft, daß die fremden Besetzer, die mit schweren Waffen durch die menschenleeren Straßen fahren, nie wissen können, aus welchen Fenstern sie Molotowcocktails zu erwarten haben und aus welchen Hausfluren MP-Salven kommen werden. Deshalb wandten die Sowjets die einzige zweckmäßige Methode an: Wurde aus einem Fenster auf sie geschossen, fuhren sie schnell weiter, aber später kehrten einige Panzer zurück und schossen das ganze Haus zusammen. So erreichten sie, daß sich die Bevölkerung, die um ihr Leben und ihr Heim besorgt war und den Ausgang der Kämpfe natürlich voraussah, gegen die Aufständischen wandte.

Vom 8. November bis zu seiner Festnahme stellte Angyal im Keller des Krankenhauses in der Sándor-Péterfy-

Straße Flugblätter her, in denen zum Widerstand aufgerufen wurde. Das Krankenhaus bot in jenen Tagen einen malerischen Anblick. In den Krankensälen unglaublich viele Verwundete, manche auch auf den Korridoren, sogar auf Matratzen, die auf dem bloßen Fußboden lagen. Hier hielten sich auch mehrere Dutzend Aufständische versteckt, teils bewaffnet, teils unbewaffnet; ihre Aufgabe war es, die Flugblätter zu vervielfältigen und zu verteilen. Dort zog ich für einige Tage ein. Natürlich war Gáli zugegen, in seiner weißen Baskenmütze huschte er, wie es die konspirativen Vorschriften verlangten, von Säule zu Säule.

Angyal hatte in den vier Tagen des bewaffneten Kampfes kaum geschlafen, im Krankenhaus kam er auch nicht zur Ruhe, er ließ sich Koffein spritzen. Seine fieberhafte Aktivität stand in krassem Widerspruch zu seiner Verzweiflung. Kapitulation wäre für ihn Verrat gewesen; aber auch er sah ein, daß der bewaffnete Kampf aussichtslos geworden war. Die sowjetische Intervention und der Verrat Kádárs hatten bei den linken Revolutionären und besonders bei den Kommunisten unter ihnen einen Schock ausgelöst. Die Rechten oder Bürgerlichen waren gleichfalls verbittert, aber sie fühlten sich bestätigt; Chruschtschow und Kádár hatten so gehandelt, wie sie es erwartet hatten. Ein Revolutionär von der Art Angyals mußte aber geradezu verzweifeln. Er war der Meinung, daß alles, was Kádár und sein Gefolge unter Berufung auf den Sozialismus in Ungarn anrichteten, ihn selbst, seine Überzeugung und seinen Glauben besudelte. Moralisch sah Angyal für sich nur noch eine Möglichkeit: die Ehre des Sozialismus zu retten, egal, zu welchem Preis, auch ohne Hoffnung auf Erfolg. Ich erinnere mich, wie wütend er wurde, als man ihm vorwarf, er hätte in einem Flugblatt den Ausdruck «Sozialismus» verwendet. Und ich selber bekam Ärger mit ihm, als ich aus der Unterschrift unter den Flugblättern – «Bewaffnete Revolutionäre Jugend» – das Wort «bewaffnet» streichen wollte, weil wir ja so gut wie keine Waffen mehr hatten. Er meinte, den Verzicht auf dieses Wort könnte man uns so auslegen, daß wir von vornherein auf den Einsatz von Waffen verzichteten. Die hätten wir jedoch weiterhin, nur benutzten wir sie momentan nicht.

Nach ein paar Tagen verließ ich das Krankenhaus, aber in der Nacht des 14. November kehrte ich, in Begleitung Veras, zurück. Inzwischen gab es immer mehr Beweise, daß sich die Schlinge um Angyal zusammenzog. Seine Wohnung wurde observiert, und im Krankenhaus schlichen Herren von unmißverständlichem Aussehen herum. Undenkbar, daß sich unter unseren vielen Helfern keine Spitzel befanden. Wir wollten Angyal überreden, Ungarn zu verlassen, denn seine Verhaftung mußte ihn das Leben kosten. Er sollte der Zukunft erhalten bleiben, sagten wir. «Welcher Zukunft?» fragte er. Seine Augen weiteten sich, in seinem Gesicht zuckte es – ein Zeichen des Erschöpfungsgrades, bei dem man nicht mehr müde ist, sondern irritiert. «In meinem Leben ist der Höhepunkt erreicht», sagte er, «ich will die schäbigen kleinen Kompromisse, die euch bevorstehen, nicht mitmachen.» Sein Kamerad Csongvai, der bei diesem Gespräch zugegen war, verließ das Krankenhaus noch in derselben Nacht und floh über die Grenze. Später holte er, zweimal heimlich die Grenze überschreitend, seine Frau nach, seitdem lebt er in Frankreich.

Angyals Entscheidung zu bleiben glich einem Selbstmord. In ethischem Sinn war er Maximalist, er wollte nicht an dem hohen Standard rütteln, den er als Höhepunkt seines Lebens empfand. Aber er sah auch keine

Chance, ihn zu halten. Deshalb wählte er den schnellen Untergang, wofür auch die Umstände seiner Verhaftung sprechen. Am 16. November fand im Krankenhaus eine Großrazzia statt. Angyal lag mit einer beginnenden Lungenentzündung in einem Arztzimmer. Da die Polizei nur den Keller, das Souterrain und die Korridore durchkämmte, drohte ihm keine unmittelbare Gefahr. Doch als er hörte, man sei dabei, seine Leute festzunehmen, rannte er die Treppe hinunter zu dem Offizier, der den Einsatz leitete, und verlangte die Freilassung aller Verhafteten. Hinter dieser Handlung steckte vermutlich sein unterschwelliger Wunsch, endlich aus der unerträglichen Spannung herauszukommen, um wieder ruhig schlafen zu können. Ruhe fand er aber auch in der folgenden Nacht nicht. Er wurde zur Hauptstraße gebracht, wo man ihm mitteilte, er bekomme die Möglichkeit, alles aufzuschreiben, was ihm für die Nachwelt wichtig erscheine. So entstand, wer weiß in wie vielen weiteren schlaflosen Nächten, sein Lebensbericht.

Als ich dieses Buch vorbereitete, bat ich den Präsidenten des Hauptstädtischen Gerichts in einem Brief, mir die benötigten Prozeßakten sowie Vernehmungs- und Verhandlungsprotokolle zu überlassen. Mein Antrag wurde telefonisch abgelehnt – schriftlich jedoch nicht. Zwei Jahre später, im Oktober 1986, ersuchte ich János Berecz, den Sekretär der Zentralen Parteileitung, um Hilfe, denn er hatte in einem Interview gesagt, er habe als Stipendiat der Partei die Prozeßunterlagen jener Zeit studiert. «Ich meine», so schrieb ich, «die Kenntnis der Vergangenheit, besonders der persönlichen, ist ein Recht, das jedem zusteht.» Berecz verwies mich in seiner Antwort wieder an den Präsidenten des Hauptstädtischen Gerichts. Ich muß also darauf verzichten, ausführlich über Angyals Memoiren zu schreiben. Aber ich erinnere mich deutlich, daß es mir die Kehle zusammenschnürte, als ich ihn las. Der Bericht war ein Geständnis, das sein Verfasser nicht überleben konnte – nicht nur wegen der Kampfaktionen und der abgeschossenen Panzer, über die er schrieb. «Die Regierung wird nicht dulden, daß Werktätige verfolgt werden, weil sie an den Handlungen der letzten Zeit teilgenommen haben», hatte Kádár am 14. November im Rundfunk versprochen; da konnte man durchaus noch hoffen, daß wenigstens ein Teil der Aufständischen der Vergeltung entgehen würde. Aber Angyal hatte auch seine freundschaftlichen Beziehungen zu Kádár geschildert und damit sein eigenes Todesurteil unterzeichnet.

Vorerst gingen wir noch Morgen für Morgen in einem großen Kreis auf dem Gefängnishof. «Väterchen, Väterchen», rief er, wenn wir uns einander näherten, «wie geht's, Väterchen?» – eine Anspielung auf mein Gedicht über Rákosi, in dem die Zeile «Führe uns, Vater!» vorkam; ich quittierte den verdienten Spott mit einem Grinsen. Meine Erinnerung stattet Angyal mit einem dunklen Anzug und einem offenen weißen Hemdkragen aus, der über dem Jackenkragen liegt, mit einem langen, kahlen Hals und einem großen Adamsapfel.

Beim Hofgang hörte ich auch hin und wieder etwas über den Verlauf des Ilona-Tóth-Prozesses. Die Assistenzärztin Tóth hatte einem gewissen István Kollár, der zu den illegalen Flugblattverteilern gehörte, eine tödliche Chloräthylenspritze gegeben. Bei dem Mord waren ihr der mehrfach vorbestrafte Aufständische Gyöngyösi und der ehemalige Politoffizier Gönczi behilflich. Kollár hatte sich verdächtig gemacht, und in seinen Taschen war ein Foto gefunden worden, das ihn in der Uniform der Staatssicherheit zeigte. Da zur Mordzeit Obersovszky und Gáli zwei Zimmer weiter gerade über der nächsten Nummer von «Élünk» brüteten, warf man beide Fälle in einen Topf.

Der Zufall hatte mich mehrmals mit Gyöngyösi zusammengeführt, einem untersetzten, rötlichblonden jungen Mann, dessen Stimme immer heiser klang, auch wenn er flüsterte – eine einzigartige Leistung, ich kannte solche karikaturhaften Gestalten nur aus schlechten Kriminalfilmen. «Was meinst du, kriege ich den Strick?» fragte er mich manchmal sorgenvoll. «Der Staatsanwalt will mich aufhängen.» «Dich hängen sie nicht auf», antwortete ich, und er strahlte. «Nee, die trauen sich nicht, wieso denn auch, wieso?» Eine ganze Zeit nach seinem Tod hörte ich, daß dieser unglückliche Bursche, der von Jugend an mehr Zeit hinter Gittern als auf freiem Fuß verbracht hatte, während der Revolution allen Verlockungen zu Diebstahl und Raub widerstanden und fanatisch die Reinheit der Revolution gehütet hatte. Nach meiner Überzeugung hat ihn diese Besessenheit auch zur Teilnahme an dem Mord getrieben. Spitzel beschmutzen die Revolution, also müssen sie liquidiert werden – das war vermutlich seine einfache Logik.

Ich habe keine Ahnung, wie er sich vor Gericht dazu äußerte, ich weiß auch nicht, ob Gönczi, der andere Helfer, wirklich so aussagte, wie man es sich nach dem Prozeß im Markó erzählte: Ob er sich schuldig fühle, wollte Staatsanwalt Molnár, ein fettansetzender Herr mit welligem Haar, ebenfalls noch unter Dreißig, wissen. Nein, antwortete Gönczi entschieden. Ob er zugebe, Kollár getötet zu haben. Ja, sagte Gönczi, aber das war kein Verbrechen, sondern seine Pflicht; als Politoffizier habe er gelernt (und die jungen Soldaten entsprechend belehrt), daß Verräter aus dem Weg geräumt werden müssen. Ihn habe man mit der «Jungen Garde» und anderen patriotischen sowjetischen

Büchern erzogen, nach denen das Interesse des Kollektivs wichtiger ist als das Leben eines Spitzels. Kollár habe sich in eine illegale Organisation eingeschlichen und mehrere Dutzend Menschen in ihrer Sicherheit bedroht. Wenn ich nicht in der Praxis die Moralgebote eingehalten hätte, sagte er, nach denen ich die Rekruten erzogen habe, dann hätte ich mich nicht mehr im Spiegel angucken können. Kollár, erklärte der Staatsanwalt, war aber kein Sicherheitsmann, er hat sich bloß in der Uniform seines Bruders fotografieren lassen. In diesem Fall, so Gönczi, bin ich ein Mörder und verdiene den Tod. Und was ist, wenn die Uniform doch Kollár gehört hat? Dann habe ich richtig gehandelt.

Ob die Geschichte nun stimmt oder ein Produkt der Knastfolklore ist, sie beleuchtet jedenfalls ein großes Dilemma jener Zeit. Der Jugend wurde Kriegsmoral gepredigt und die ständige Verschärfung des Klassenkampfes. Gleichzeitig wurde sie aufgefordert, im Alltagsleben humanistisch zu sein und sich einzusetzen für Freiheit und Gleichheit, für mehr Demokratie als in der bürgerlichen Gesellschaft und die Abschaffung der Ausbeutung. Als die Jugend im Oktober 1956 anfing, diese Ideale in die Praxis umzusetzen, tat sie das energisch und militant. Die Führer des neuen Zeitalters zogen aus diesem Eigentor die Lehre, die Gesellschaft müsse entpolitisiert werden. Denn wenn es keine politischen Prinzipien für die Erlösung der Welt gibt, können sie nicht mehr hinterfragt werden. Noch besser ist es, man stellt überhaupt keine prinzipiellen Anforderungen. Diese pädagogische Strategie hatte Erfolg; jetzt, dreißig Jahre später, können wir die Motive eines Gönczi kaum noch begreifen. Damals aber verstand jeder diese Logik. Gáli und Obersovszky verurteilten den Mord, sobald sie davon erfuhren. Der militärische Teil des Widerstands war vorüber, deshalb waren nur noch Akte des zivilen Ungehorsams vertretbar. Die Tötung eines Spitzels unter den Flugblattverteilern hielten sie sicherlich für unnötig, überzogen und schädlich. Doch moralisch mußten sie für die Leute um Ilona Tóth ein gewisses Verständnis aufbringen.

4.

Ich schreibe es meinem unheilbaren Optimismus zu, daß ich mir in den zurückliegenden zehn Wochen (wir schreiben den 19. Februar 1987) nicht die Mühe machte, meine Erinnerungen zu ordnen. Ermuntert von Berecz' erwähntem Brief, wandte ich mich erneut an den Präsidenten des Hauptstädtischen Gerichts und bat um die Unterlagen, die ich für meine Arbeit benötigte. Diesmal bekam ich überhaupt keine Antwort. Die Zeit kommt gegen das schlechte Gewissen der Justizorgane und der vorgesetzten Machtinstitutionen nicht an. Das schlechte Gewissen ist ein integrierender Bestandteil der Machtstruktur, die seit dem 4. November herrscht. Als Psychologe würde ich die Geschichte des Systems in Verdrängungs- und Kompensationsperioden einteilen, ohne zu vergessen, daß die Kompensationen ihrem Inhalt nach widersprüchlich sein können; sie reichen von der aggressiven Überkompensation (wenn man versucht, den gewöhnlichen Verrat und den serienweisen Justizmord als Heldentaten darzustellen) bis zu den nachgiebigen humanistischen Gesetzen (die dem heimlichen Wunsch nach Wiedergutmachung entspringen). Ich bin glücklicherweise kein Psychologe, deshalb darf ich mich mit solchen improvisierten Einfällen begnügen; allerdings verstehe ich ein wenig von Dramen, und so will ich versuchen, das konsequente Schweigen des Obersten Gerichts in breitere dramaturgische Zusammenhänge einzuordnen.

Kürzlich soll in der Pause einer Schriftstellerversammlung eine bekannte Lyrikerin, die ihren Anhängern als wandelnde Moralinstitution gilt, ihre Verständnislosigkeit geäußert haben, daß man Kádár nach dreißig Jahren eine Schuld am Tode Imre Nagys vorwirft. Ich wundere mich sehr über ihre Verwunderung. Gibt es in der Ethik eine Verjährung? Würden Verbrechen mit der Zeit abgenutzt und könnte Gewöhnung die Verantwortung außer Kraft setzen, dann könnte man keine Tragödien schreiben. Ödipus zum Beispiel tötete seinen Vater und heiratete seine Mutter, danach herrschte er ruhmvoll etliche Jahrzehnte, bis ihn die Pest, die sein Volk heimsuchte, zur Selbstprüfung zwang. Auf einmal erkrankte das in Frieden und Wohlstand lebende Volk am Schatten des Verbrechens. Ödipus war freilich noch ein Sohn eines Heldenzeitalters, unerbittlich ermittelte er gegen sich selbst und erlegte sich die schwerste Strafe auf. Der kriminelle Held unserer Zeit, Dürrenmatts Ill, nimmt die Strafe hingegen unter dem Druck des mit materiellen Versprechungen und Drohungen manipulierten gesellschaftlichen Willens auf sich, ebenfalls Jahrzehnte nach der Tat. Zwischen Sophokles und Dürrenmatt baute Shakespeare, der größte Kriminalexperte der Weltliteratur, seine Dramaturgie auch auf die moralische Unverjährbarkeit von Schandtaten auf. Prospero knöpft sich den usurpatorischen Herzog erst nach anderthalb Jahrzehnten vor, und der für Reue nicht besonders empfängliche Richard III. glaubt in der letzten Lebensnacht seine Opfer zu sehen. Die erstaunte und mißbilligende Bemerkung der Dichterin trifft also nur, wenn wir sie umkehren; denn es ist in der Tat erstaunlich, daß dieser Vorwurf erst nach dreißig Jahren gemacht wird, daß also ein Volk – der einzelne wie die Gesamtheit – sein psychisches Urteilsvermögen dreißig Jahre lang ruhen ließ. Ich denke, das kollektive Vergessen, in dem die Verbrechen begraben werden sollen, braucht die Energiereserven der Seele auf. In diesen Fällen genügt ein leichter äußerer Anstoß (Pest, Schiffbruch, Preissteigerung), und das verdrängte Wissen bohrt sich mit erneuerter Kraft ans Licht.

Inzwischen ist Mittag vorbei, der Briefträger hat mir auch heute nicht die Antwort des Gerichtspräsidenten gebracht, ich gewähre mir keinen weiteren Aufschub. Ich ziehe in den Verhandlungssaal ein, wir schreiben den 7. Mai 1957. Die Verhandlung ist öffentlich, an die hundert Menschen drängen sich in den engen Raum. Anwesend sind natürlich auch meine Mutter und Vera, ich hebe meine Hände und die Handschellen daran zum Gruß und versuche zuversichtlich zu grinsen. Die Richterin ist Matild B. Tóth, eine kleine Frau mittleren Alters mit leicht gekrümmtem Rücken. Bei den männlichen Gefangenen hat sie einen sehr schlechten Ruf, sie vermuten, ihre politische Voreingenommenheit potenziere sich durch Männerhaß, der aus ihrem bescheidenen Sex-Appeal resultiere. Die Todesurteile, die sie als Richterin im Ilona-Tóth-Prozeß ausgesprochen hat, haben ihren Ruf auch nicht gerade aufpoliert. Die Anklage vertritt der schon erwähnte Staatsanwalt Molnár; anders als die puritanisch, ja proletarisch wirkende Richterin umgibt ihn das Fluidum des Budapester Bürgertums. In den Verhandlungspausen gibt er sich überaus gnädig, er läßt Gespräche zu und mischt sich wie ein guter alter Freund in unsere Unterhaltungen ein, besonders gefällt ihm, wie ich – dank seines Wohlwollens – mit Appetit esse, als mir Vera ein großes, mit Ei belegtes Sandwich in die Hand drückt. «Was denn, Eörsi, die Kritik Ihrer Frau holt Sie sogar hier ein?» scherzt er lächelnd. Ich wende mich mit unüberwindlichem Ekel ab, von da an spreche ich kein Wort mehr mit ihm. Während der Verhandlung vertritt er die Anklage selbstverständlich mit klassenkämpferischer Energie, ohne eine Spur von Jovialität und viel eifriger als die Richterin seine unerschütterliche Treue zur Revolutionären Arbeiter-und-Bauern-Regierung herausstreichend.

Als erster wurde Angyal vernommen. Ich wartete im Vorzimmer, bis ich an die Reihe kam, zwei junge Aufseher bewachten mich. Als der eine hinausging, flüsterte mir der andere, ein schwarzhaariger Junge mit rundem Gesicht, schnell zu: «Ich wäre nie zu den Bullen gegangen, aber ich bin verheiratet und sollte einberufen werden, wir brauchen es, ein Baby ist unterwegs.» Ich nickte. Dieses Eingeständnis tat mir gut, erstens, weil ich meinte, das Motiv des Jungen drücke paradigmatisch das Leitmotiv der meisten Freiwilligen bei uns aus, zweitens, weil ich unerwartet die Volksseele auch im anderen Lager zu sehen bekam. Ich hatte ein ähnliches Gefühl wie im Gefängnis in der Hauptstraße vor dem kleinen grauen Männchen: Endlich passiert was, es lohnt, Augen und Ohren aufzusperren.

Aber wie ich sie auch aufsperrte, von meiner eigenen Vernehmung ist mir kaum etwas im Gedächtnis geblieben. Genau erinnere ich mich nur an die Ausgangssituation. Ich betrete den Saal, bekannte und unbekannte Gesichter wenden sich mir zu, alle Augen sind auf mich gerichtet, und schon verwandle ich mich in einen Schauspieler – ich muß die Erwartungen des Publikums erfüllen. Ich stelle mich also nicht auf meine Aussage ein, sondern auf meine Rolle. Das ist in der gegebenen Situation gefährlich, besonders wenn man Pointen liebt oder einen Hang zum Pathetischen hat. Obersovszky hat, wie ich hörte, ein Gedicht rezitiert, als er von seinem Recht zum letzten Wort Gebrauch machte – eine mutige Geste, aber kaum geeignet, beim Gericht Sympathien zu wecken. Auch ich neige zum Pathos, versuche aber, diese Neigung mit Ironie zu kompensieren; das Gemisch, das daraus entsteht, reizt sogar meine Freunde bis aufs Blut, geschweige denn ein Gericht im Jahr 1957.

Obgleich ich mich wahrscheinlich meinem Image entsprechend verhielt, mag es zu denken geben, daß ich mich nur an eine einzige Pointe erinnere. Die Richterin verlas ein Gedicht von mir, in dem, unter Anspielung auf den wegen seines Spitzelsystems berüchtigten österreichischen Innenminister nach 1849, die Zeile «Eine neue Bach-Zeit naht» vorkommt. Sie wollte wissen, wie diese Zeile zu verstehen sei. «Die Tatsache», antwortete ich, «daß ich unter diesen Bedingungen dazu etwas sagen soll, macht die Beantwortung überflüssig.» Im Raum hinter mir wurde es lebendig, Lachen und Tuscheln drangen an mein beglücktes Ohr. «Wie?» fragte die Richterin. «Wiederholen Sie!» Die Protokollführerin blickte mich abwartend an, und Dr. Zalán schüttelte so heftig den Kopf, daß ich fürchtete, er werde ihm vom schmalen Hals fallen. «Ich meine», berichtigte ich mich, «die zitierte Zeile birgt ihre Erklärung in sich.»

Mehr Pointen fallen mir nicht mehr ein, ich nehme an, daß ich nicht zur Bestform auflaufen konnte, weil mich das schroffe Wesen der Richterin und der schleimige Pflichteifer des Staatsanwalts abschreckten. Aus dem Urteil, in dessen Kopie ich blättere – die Herausgabe der Urteilstexte konnte man mir nicht verweigern, da der Prozeß öffentlich war –, ersehe ich, daß mein Heroismus nicht überwältigend war. Zwar bekannte ich mich nicht schuldig, aber ich gab zu, Fehler gemacht zu haben: «Er sah nicht», lese ich, «daß ihn der 4. November vor ‹fertige Tatsachen› stellte.» Diese Rechtfertigung, das nebenbei, entspricht nicht den Realitäten, wie einige Zeilen in dem inkriminierten Gedicht zeigen: «Von niemand und nichts / Laß ich mich ermuntern», oder «Niemand und nichts mehr / Vermag uns zu helfen». Aber selbst wenn sie solchen Sätzen geglaubt hätten, wäre das nicht als Reue auszulegen gewesen, denn dann hätten sich meine Fehler darin erschöpft, daß ich aus der sowjetischen Einmischung keine praktischen Schlußfolgerungen gezogen hatte. «Er gab an, sich als Marxist zu fühlen. An den Ereignissen bis zum 4. November will er teilgenommen haben, weil er das Regierungssystem vor dem Oktober nicht als volksnah und demokratisch genug empfand, an denen nach dem 4. November, weil er meinte, die alten Regierungsmethoden würden zurückkehren.» Diese Begründung brachte mir nicht die Zuneigung des Gerichts ein; ihre Wahrheit lag allzu deutlich auf der Hand, darüber konnte man nicht debattieren. Ich lese es heut noch mit Freude, aber die Freude nimmt mir gleich der folgende Satz: «Seiner Meinung nach entstanden durch seine Aktivitäten höchstens moralische Schäden.» Was habe ich damit wohl gemeint? Was wollte ich mit solchen Formulierungen zugeben? Und wem habe ich moralisch geschadet? Bitter stelle ich fest, daß ich mich an diese Behauptung und ihre Zusammenhänge absolut nicht erinnere; mein moralischer Selbstschutzmechanismus hat sie restlos verdrängt. (Ebenso reagierte er auf die Tatsache, daß ich am 20. Juli 1965 in einer Eingabe darum ersuchte, die nachteiligen Folgen meiner Strafe aufzuheben. Mir blieb nichts übrig als zu vergessen, daß mein Antrag abgelehnt wurde.)

«Der Zweitangeklagte erklärte, seiner Einschätzung nach sei in der Feuerwehrgasse eine bewaffnete Gruppe aktiv gewesen, deren Kommandeur István Angyal war. Bei Befragung durch den Staatsanwalt gab das auch Angyal entgegen seiner früheren Aussage zu», lese ich in der Parteizeitung vom 10. Mai 1957. Aus Veras Nachlaß habe ich einige Zeitungen aus jenen Monaten aufgehoben. Die Prozeßberichte – nicht nur die über unseren Prozeß – sind so abstoßend, daß sie noch dreißig Jahre später nach all dem Unrat jener Zeit riechen. Es ging vor allem darum, die Angeklagten moralisch zu diskreditieren. Warum zum Beispiel hieß es im Parteiblatt, meiner Einschätzung nach sei in der Feuerwehrgasse eine bewaffnete Gruppe aktiv gewesen? Das hat nie jemand bestritten; während der Revolution wurde die Gruppe immer wieder in den Rundfunknachrichten erwähnt, sie nahm an den Verhandlungen der Aufständischen mit der Regierung teil, und die Namenslisten der herausgegebenen Kommuniqués beginnen alle mit dem namen Angyal. Die Formel «seiner Einschätzung nach» sollte den Eindruck erwecken, ich hätte die Existenz einer Gruppe in der Feuerwehrgasse enthüllt.

Dennoch bereitet mir das Zitat ein ungutes Gefühl. Sollte ich Angyal wirklich als Kommandeur jener Gruppe bezeichnet, sollte er es bei dieser ersten Verhandlung wirklich zugegeben haben? Von einigen nachträglich bekanntgewordenen Fällen abgesehen, wurden Todesurteile im Mai noch hauptsächlich für Handlungen verhängt, die als Mord ausgelegt werden konnten. Auch Angyal wollte man Terroraktionen nachweisen, doch ohne Erfolg. Schon bei der geringsten Wahrscheinlichkeit, daß er Russen aus dem Fenster geworfen oder Gefangene mißhandelt haben könnte, hätte man sein Verfahren nicht abzutrennen brauchen – man hätte ihn kurzerhand aufhängen können, ohne Kádárs feierliches Versprechen zu brechen.

Steckt in der Verleumdung, die ich in der Parteizeitung lese, etwa doch ein Funken Wahrheit? Ich glaube nicht, daß ich im Mai Angyal als Kommandeur bezeichnet habe und er sich als Kommandeur bekannt hat. Gestritten haben wir uns deswegen gewiß nicht. Allerdings bestimmten meine Aussagen vor der Polizei und der Staatsanwaltschaft, wie meine Vernehmung vor sich ging. Ich mußte berichten, was ich in der Zeit zwischen dem 23. Oktober und meiner Verhaftung gemacht hatte. Mein Besuch in der Feuerwehrgasse war ja kein Geheimnis, darüber hatte ich im Rundfunk gesprochen. Vermutlich habe ich erzählt, daß Angyal Staatssicherheitsleute gerettet und daß einer ihn als «wirklich ein Engel» charakterisiert hatte, und vermutlich betonte ich seine maßgebliche und humanistische Rolle unter den Aufständischen so stark, daß Staatsanwalt und Richterin annehmen konnten, er müsse Kommandeur gewesen sein, denn er verhandelte im Namen der Gruppe mit der Regierung, er hielt den Kontakt zu anderen Einheiten der Aufständischen, und in seiner Gruppe galt, was er sagte. Das wußten sie selbstverständlich schon vorher; dennoch wurde er nur wegen Aufwiegelung angeklagt, denn noch hielt sich der stalinistische Apparat an Kádárs Versprechen. Aber nicht mehr lange, und deshalb wüßte ich gerne, ob ich ihn wirklich als Kommandeur bezeichnet habe. Ich wäre zu einer Lobeshymne auf den Präsidenten des Obersten Gerichts bereit, wenn ich wenigstens diese Passagen der Prozeßakten lesen könnte.

Am 14. Mai wurde Angyals Fall von meinem Verfahren abgetrennt, und ich stieg zum Erstangeklagten auf. In der Zeitung vom darauffolgenden Tag lese ich: «... schlug der Staatsanwalt vor, das Gericht möge die Angelegenheit István Angyals gesondert behandeln und zusätzliche Ermittlungen veranlassen. Während des Strafprozesses gegen Angyal und andere gingen bei der Budapester Staatsanwaltschaft zahlreiche Anzeigen ein, die die Annahme zulassen, daß Angyal und die von ihm geleitete bewaffnete Gruppe strafbare Handlungen begangen haben, die weit über die ursprüngliche Anklage hinausreichen und wesentlich schwerer wiegen. Zusätzliche Ermittlungen wurden auch von Angyal und der Verteidigung beantragt.» Ich zweifle nicht daran, daß die Bevölkerung unter dem Eindruck der Prozeßberichte fleißig anzeigte. Schon unter der kurzen Schreckensherrschaft der Pfeilkreuzler und später unter Rákosi hat sich erwiesen, daß wir in der Pro-Kopf-Produktion von Denunzianten und Spitzeln den zivilisierten Staaten weit voraus sind. Aber in diesem Fall – ich wiederhole – wäre ein solcher Eifer der Bevölkerung nicht nötig gewesen: Die Tatsachen waren bekannt, Angyal hatte ausführlich über die Aktivitäten der Gruppe berichtet. Doch in Zeiten, wo die Gesetze mißachtet werden, unterstreicht man gern die Bedeutung der gesetzlichen Formen. Nach dem Zeitungsbericht stimmte das Gericht dem Vorschlag des Staatsanwalts zu, da wegen der Anzeigen, die zahlreiche belastende Angaben enthielten, anzunehmen sei, «daß gegen István Angyal entgegen der zum Gegenstand der Anklage gemachten Aufwiegelei begründeter Verdacht auf Anstiftung und Führung eines Komplotts zum Sturz der volksdemokratischen Ordnung besteht». Es wirkt wie ein tiefsinniger Scherz, daß gleich neben diesem Bericht die folgende Kurzmeldung steht: «Der Volksgerichtsrat behandelte in zweiter Instanz die Strafsache Gábor Folly und andere. Folly wurde der Anstiftung und Führung eines Komplotts zum Sturz der volksdemokratischen Ordnung für schuldig befunden und zum Tode verurteilt.» Mit der Loslösung der Angelegenheit Angyals war auch sein Todesurteil unterschrieben.

Ich hingegen avancierte also zum Rädelsführer einer Verschwörung, deren Teilnehmer ich – mit einer einzigen Ausnahme – erst im Gerichtssaal kennenlernte. Über den Zweitangeklagten, den dreiundzwanzigjährigen Béla Szabó, lese ich in der Urteilsbegründung, seine Mutter sei «noch Weihnachten 1944 nach *West*deutschland (sic!) ausgereist, und zwar in Begleitung seines natürlichen Vaters, eines Offiziers der damaligen deutschen Wehrmacht. Von seinen Eltern hörte er seit 1951 nichts mehr, sonstige Angehörige hat er nicht.» An anderer Stelle wird ihm vorgeworfen, sein Vater sei jetzt Berufsoffizier in der Bundeswehr. Erzogen hätten ihn Benediktinermönche, er sei immer noch sehr religiös. Wegen versuchter illegaler Grenzüberschreitung hatte er vom 25. Februar 1954 bis zum 2. November 1956 im Gefängnis gesessen, mit einer zwanzigtägigen Unterbrechung. Er hatte in Westdeutschland seine Eltern suchen wollen. Der erste Fluchtversuch brachte ihm zwei Jahre und acht Monate ein. Als er nach zwei Jahren entlassen wurde, versuchte er es erneut und wurde wieder gefaßt. Man habe es also mit einem Rückfalltäter zu tun, lese ich, dessen Herkunft verachtenswert, dessen Erziehung verhängnisvoll und dessen ganze Persönlickeit fragwürdig sei. Wenn ich ihn mir vorstelle – später, in Vác, saßen wir in einer Zelle –, sehe ich einen jungen Mann mit breiten Gesichtsknochen, hoher Stirn und braunem Haar; die Lippen preßt er hartnäckig zusammen, er spricht leise, mit gereizten Obertönen. In Vác ärgerte er sich oft über meine atheistischen Späße, sie brachten ihn an den Rand der Hysterie. Karesz, der dritte in der Zelle, verfolgte unsere regelmäßigen einseitigen Duelle mit Genuß, schließlich setzte er meinem Eifer die Krone auf. «Du hast recht, Béla», sagte er beschwichtigend, «absolut recht, natürlich gibt es Gott, ich sage dir, es gibt ihn.» Béla Szabó riß die Augen weit auf, er traute seinen Ohren nicht, bisher hatte er uns beide zu den Gottlosen gerechnet. «Ist das dein Ernst?» fragte er. «Natürlich gibt es ihn», sagte Karesz, «aber er hat diese beschissene Welt gründlich verpfuscht.» Béla sprang auf und fiel mit seinem am eisernen Bett geschärften Aluminiumlöffel über Karesz her. Bei der Verhandlung hielt er sich zurück. Mir ist nur ein Punkt seiner Verteidigung im Gedächtnis geblieben: Er sei nicht gewillt gewesen, Angyals Anweisungen zu befolgen und ein Gedicht von mir zu vervielfältigen, weil es angeblich Haß gegen die sowjetischen Soldaten verbreitete. Auch in jener Zeit ließ er sich von der Menschenliebe leiten.

Der Drittangeklagte, Sándor Molnár, war ein klein geratener Einundzwanzigjähriger mit niedriger Stirn, er hatte drei Grundschulklassen besucht und war praktisch Analphabet. Vater und Stiefvater waren Landproletarier, an seiner Herkunft gab es also nichts auszusetzen, aber sein Vorleben war verdächtig. Er hatte seit seinem sechzehnten Lebensjahr achtmal den Arbeitsplatz gewechselt, viermal ohne Zustimmung des Arbeitgebers, und im letzten Betrieb – so das mit der gebührenden Gründlichkeit verfaßte Urteil – hatte er in den drei Monaten acht Tage unentschuldigt gefehlt. Am 24. Oktober wurde er mit einem Oberschenkelschuß in das Krankenhaus in der Sándor-Péterfy-Straße eingeliefert, doch als er wiederhergestellt war, kehrte er nicht in sein Wohnheim zurück, sondern «schaltete sich in die konterrevolutionären Ereignisse ein». Die Person Molnárs sollte das gleiche bezeugen wie die Szabós: Intellektuelle vom Typ eines Angyal oder Eörsi mißbrauchen verbitterte, wurzellose, asoziale Elemente, um ihre antisozialistischen Ziele durchzusetzen – mutatis mutandis. Molnár weckte obendrein mit seiner unbeholfenen Ausdrucksweise und seinem albernen Grinsen Mitleid: ein armer, einfältiger Lumpenproletarier, hilfloses Opfer der mit allen Wassern gewaschenen Intellektuellen. Doch nach der Urteilsbegründung deutete er mit einem Satz an, daß er nicht so dumm war, wie es schien: «Scheiß drauf», flüsterte er mir zu, «du kommst in den Knast, weil du zu schlau bist, ich, weil ich zu blöd bin.»

Auch von der zwanzigjährigen Ilona Horváth kannte ich bis zur Verhandlung nur die Stimme, nämlich aus der Nacht im Gefangenenwagen. Sie hatte wegen gemeingefährlicher Arbeitsscheu gesessen, geheime Prostitution getrieben, an der Vervielfältigung und Verbreitung von Flugblättern teilgenommen und war bei der Plünderung eines Modekaufhauses dabeigewesen. Aufgrund der Plünderung wurde ihre Angelegenheit später ebenfalls von meinem Verfahren abgetrennt, aber vorher mußte sie dazu herhalten, den Aufständischenkommandeur und den Schreiberling in Mißkredit zu bringen.

Mit dem einundzwanzigjährigen Chemietechniker Mihály Nagy geht die Anklageschrift relativ sanft um. Sie beschreibt ihn als einen jungen Mann, den die Neugier durch die Stadt treibt, der sich Waffen beschafft, bei Ausrufung des Standgerichts in sein Heimatdorf reist, einen Tag später nach Budapest zurückkehrt und sich bei verschiedenen bewaffneten Gruppen meldet. Sein schlimmstes Vergehen ist, Zeuge von Scheußlichkeiten zu sein: Er beobachtet das Blutbad, das der Pöbel am 30. Oktober auf dem Platz der Republik anrichtet, aber «trotzdem wurde er in der konterrevolutionären Zentrale, Baross-Platz 19, vorstellig, wo er angeworben wurde, den Ausweis der Nationalgarde entgegennahm und eine Maschinenpistole erhielt». Von der MP machte er ebensowenig Gebrauch wie von der Pistole, die man bei seiner Festnahme fand. Er bewacht bewaffnet U-Bahn-Eingänge, er wird mit der Verteilung von Waffen beauftragt (kann den Auftrag aber nicht ausführen), er wird zum Einlaßdienst abgestellt, ist beim Entladen von Lastkraftwagen behilflich, wird den Ordnungskräften zugeteilt – auch einen solchen Ausweis findet man –, ist also eine Amtsperson und Waffenträger. Am 8. November soll er mit seiner Einheit kämpfen, wird aber entwaffnet, bevor es dazu kommt, und einige Tage später wirkt er in unserem Krankenhaus «bei der Herstellung und Verteilung von Flugblättern» mit. Mit ähnlichen Beschuldigungen wie diesen hätte man mindestens zweihunderttausend Jugendliche vor Gericht stellen können.

Der kläglichste Abschnitt der Anklageschrift faßt Nagys Rechtfertigung zusammen: «Als Grund für seine Teilnahme an den Ereignissen gibt er an, daß er 1956 drei Monate arbeitslos war und ihm in der Arbeitsvermittlung gesagt wurde, er solle sein Diplom an den Nagel hängen.» Diese Erklärung war so peinlich, daß sie erweitert werden mußte: «Als weiteren Grund nannte er, daß er mit allen Forderungen, die die Oktoberereignisse hervorbrachten, einverstanden war.» Nagy war also in der Verhandlung mit den Zielen der Revolution solidarisch. Im nächsten Satz wird ihm aber doch noch etwas angekreidet: «Er gab zu, die Ereignisse auf dem Platz der Republik beobachtet zu haben, über die er entsetzt war, trotzdem nahm er an den Ereignissen weiter teil.»

Ein Nebensatz verrät indes, daß Mihály Nagy noch andere entsetzliche Vorfälle gesehen hatte. Am 25. Oktober nahm er auch an der großen Kundgebung vor dem Parlament teil, bei der Staatssicherheitsleute vom Dach des nahen Landwirtschaftsministeriums mit Maschinenpistolen in die unbewaffnete Menge schossen. Nach vorsichtigen Schätzungen gab es zweihundert, nach manchen Augenzeugen mehr als dreihundert Todesopfer. Diese Schandtat wurde von den offiziellen Stellen bis in die jüngste Zeit verheimlicht. Erst kürzlich, am 30. Jahrestag der Revolution, tischte man uns im Fernsehen die absurde Lüge auf, es hätte sich um eine konterrevolutionäre Provokation gehandelt. Die Wahrheit braucht in diesem Fall nicht bewiesen zu werden, nur die Einzelheiten bedürfen einer Klärung. Auch nach dreißig Jahren wäre es noch interessant zu erfahren, wer damals die persönliche Verantwortung für das Massaker trug. In dieser Sache ist nie gegen irgend jemanden Anklage erhoben worden, auch Ermittlungen hat es nicht gegeben. Im Markó hörte ich von einem Mann, der vier Jahre bekommen hatte, weil er seinen Esel auf den Vornamen «János» taufte, den auch Kádár trug, und ihn unter lautem Geschrei durch die Straßen von Miskolc trieb. Aber die blutigste Tat der Zeit blieb ungesühnt. Unsere Anklageschriften sind exemplarisch für das schlechte Gewissen des Regimes. Wenn ein junger Mensch, eingekeilt in eine zu Tode geängstigte Masse, ein solches Blutbad überlebt, beeinflußt ihn das naturgemäß stärker als ein nachlässig hingeworfener Satz in der Arbeitsvermittlung.

Unter meinen «Komplizen» kannte ich nur die Internistin Vera Káldor von früher. Im August 1955 machte ich mit Gáli und dessen Studienkollegin, der Schriftstellerin Erzsébet Galgóczi, im Schriftstellerheim am Plattensee Urlaub. Eines Samstagabends sagte Gáli mit geheimnisvoller Miene, er erwarte den Besuch einer Dame aus Budapest, wir sollten ihm helfen, sie ins Heim zu schmuggeln. Wir schlenderten gemeinsam zwischen idyllischen Weinbergen und Ostbäumen zur drei Kilometer entfernten Bahnstation; es war eine schöne, mondhelle Nacht; Hunde bellten. Der Zug hatte Verspätung, doch dann kam er und mit ihm Vera Káldor. Jubelnd und jauchzend fiel sie Gáli um den Hals, mit so einem Empfang habe sie nicht gerechnet. Ich ging mit Erzsébet voraus. «Ein schreckliches Weib», murmelte sie, ich widersprach ihr nicht. «Was sagst du zu ihr?» fragte mich Gáli mit strahlendem Gesicht am nächsten Morgen. «Kommt darauf an, was du meinst», antwortete ich taktvoll. Später konkretisierte ich meine Ansicht, das sei seine Angelegenheit, er solle machen, was er wolle, er solle sie nur um des Himmels willen nicht heiraten. Erzsébet verhielt sich noch ablehnender, bis hin zur offenen Unfreundlichkeit, kein Wunder, daß Vera immer aufdringlicher so tat, als wäre alles in bester Ordnung. Wenig später veröffentlichte ich ein Gedicht über Gáli, den Dichter luftiger Märchen und gewichtiger Dramen, «Drachen drohen ihm auf Schritt und Tritt, doch weiter geht er unbeirrt, er weiß, auf ihn nur wartet eine Prinzessin irgendwo». Das konnte Vera nicht mehr einfach schlucken. Sie wollte wissen, ob ich sie als Drachen oder als Prinzessin ansähe. «Wer weiß», sagte ich, «die Antwort auf diese Frage ruht noch im Mutterschoß der Geschichte.»

In der Anklageschrift lese ich: «Die Angeklagte ist intellektueller Herkunft, sie ist Fachärztin für innere Krankheiten und im 7. Monat schwanger. Seit neun Jahren leidet sie an Epilepsie und asthmatischer Bronchitis. Ihr Vater wurde 1950 wegen staatsfeindlicher Aktivitäten zu 15 Jahren Haft verurteilt und im August 1955 amnestiert.» Ihr Vater ist der heimliche Held in Veras Leben. Im Mai 1957 wußten die Justizorgane noch nicht, ob die zu Unrecht abgeurteilten, später amnestierten und rehabilitierten Opfer der Rákosizeit nicht in naher Zukunft re-rehabilitiert werden würden, deshalb ging man über seine Person und seinen Fall so wortkarg wie möglich hinweg. Vera hatte als Jungkommunistin den Verleumdungen gegen ihren Vater geglaubt, und ihre Scham darüber bestimmte ihre spätere menschliche und politische Haltung, so trat sie vor Gericht sehr beherzt auf und blieb dabei, sie habe in der Revolution nur ihre staatsbürgerliche und ärztliche Pflicht getan.

Ihr bleiches, erschöpftes Gesicht und ihr großer Bauch rührten mich zutiefst. «Prinzessin», flüsterte ich ihr zu, als sie sich nach ihrer Aussage wieder zu uns Angeklagten setzte. Sie lächelte mich dankbar an, und Jahre später fragte sie mich einmal, ob ich meiner Meinung treu geblieben sei. Das Gericht beurteilte Veras Geradlinigkeit natürlich weniger günstig.

Am 23. Mai sollte das Urteil gefällt werden. Wir warteten auf den Einzug des Gerichts, ich vertrieb mir die Zeit mit dem Verzehr eines ungewöhnlich großen Sandwiches, da flüsterte mir meine Frau zu, für mich sei ein Jahr vorgesehen. Das hatte Justizminister Nezvál meinem Bruder am selben Morgen gesteckt; mein Bruder leitete damals – ungefähr bis zu dieser Zeit – die Abteilung für die Ausarbeitung von Gesetzesentwürfen im Ministerium. Ein Jahr ist nicht viel, sagte Vera, besonders dann nicht, wenn die bisherigen fünfeinhalb Monate angerechnet werden. Nicht ausgeschlossen, daß man mir ein Viertel der Strafe erläßt, sofern ich mir keine Disziplinarstrafe einhandle, in ein paar Monaten kann ich also zu Hause sein. Ich kaute, schluckte, grinste, und der Optimist in mir meinte: Vielleicht wird es sogar noch weniger. Dann kam das Gericht herein, und die Richterin verlas trocken das Urteil. Fünf Jahre für mich und für Béla Szabó, sechs für Mihály Nagy, drei für Sándor Molnár, ein Jahr für Vera Káldor. Im Saal betroffenes Schweigen, die Anwesenden glaubten nicht richtig gehört zu haben – dieselbe Richterin hatte einen Monat vorher dem viel schwerer belasteten Obersovszky nur drei und Gáli gar nur ein Jahr aufgebrummt. Um schärfere Urteile fällen zu können, hatte man die Anklage abändern müssen. Sie lautete inzwischen nicht mehr auf Hetze, sondern auf aktive Teilnahme an einem Komplott zum Sturz der volksdemokratischen Staatsordnung. Nezváls Mitteilung an meinen Bruder hatte dem früheren Stand der Dinge entsprochen; das Gericht bekam seine Anweisungen offenbar nicht vom Justizministerum, sondern aus der Parteizentrale oder direkt aus dem Innenministerium. Ich legte Berufung ein, mein Anwalt ebenfalls, und Staatsanwalt Molnár, vor der Urteilsverkündung wieder jovial und wohlwollend, bat um drei Tage Bedenkzeit, dann erhob auch er Einspruch. Mich deprimierten die fünf Jahre übrigens nicht so sehr wie meine Mutter und meine Frau, ich war der festen Überzeugung, das Urteil sei, ebenso wie die anderen, eine Schmierenkomödie und politisch wie moralisch untragbar.

Das Kádár-System ist stolz darauf, den Scheinprozessen der Rákosizeit ein Ende bereitet zu haben. Bei uns ist ja seit dem 4. November 1956 die Gesetzlichkeit zu Hause. Erfundene Anklagen gibt es nicht mehr, die Gerichte befinden über tatsächlich begangene Straftaten. Aber die Portion Wahrheit in solchen Behauptungen ist nicht groß genug, daß wir an einen Rechtsstaat glauben könnten, aber sie reicht immerhin, gutgläubige in- und ausländische Beobachter vorübergehend zu täuschen.

Tatsächlich hingen die Gerichte von den Weisungen der Partei und der Polizei genauso ab wie unter Rákosi. Ihnen wurde mitgeteilt, wie die Urteile für wichtigere Angeklagte hätten, und sie bekamen Richtlinien auch für sonstige Fälle. So konnte es geschehen, daß der gleiche Tatbestand mit der Zeit anders bewertet und nicht mehr mit einem Jahr, sondern unter Umständen mit dem Strick geahndet wurde. Entgegen der Staatsraison und aller Vernunft wurden die Urteile um so schärfer, je mehr sich die Macht der alten Funktionäre, die die Grundstütze des Kádár-Systems bildeten, stabilisierte. Drakonische Urteile wären logischer gewesen, solange die alten und zugleich neuen

Herren nicht wieder fest im Sattel saßen. Als der Machtkampf entschieden war, hätten sie sich eine gewisse Großzügigkeit leisten können. Aber stärker als die Staatsraison war die Rachsucht: Die Sicherheitsleute und Funktionäre konnten nicht verzeihen, daß sie zehn Tage lang Angst haben mußten.

Bei denen, die immer härtere Urteile erzwangen, mag aber auch Berechnung eine Rolle gespielt haben. Die einzigen Säulen des Systems, die Altstalinisten, wollten Kádár den Rückzug abschneiden. Sie meinten zu Recht, mit den Stricken, die sie den Gerichten vorschrieben, fesselten sie Kádár an ihr Stuhlbein, und jedes Jahr Haft, das sie anordneten, schränkte ihn in seiner Bewegungsfreiheit weiter ein. Damit will ich nicht Kádárs Verantwortung schmälern; vieles kann erzwungen werden, aber doch nicht, daß jemand einer ganzen Epoche seinen Namensstempel aufdrückt. Außerdem halte ich es für denkbar, daß er bestimmte Leute allzu gern loswurde.

Schwerer als solche Spekulationen über Personen wiegt die Tatsache, daß nicht nur die Gerichte, sondern auch die Richtlinien der Justiz von politischer Willkür diktiert waren. Ich denke weniger an die Fälle von eindeutigem Mißbrauch, von denen ich nur einige erwähnen möchte. Am auffälligsten ist die willkürliche Auswahl der Angeklagten. Gerechterweise hätte man im Prozeß «gegen Imre Nagy und Komplizen» die überwiegende Mehrzahl der erwachsenen Bevölkerung Ungarns auf die Anklagebank holen müssen; weil das nicht ging, suchte man nach anderen Sündenböcken. Der Revolutionsausschuß des Schriftstellerverbandes zählte rund dreißig Mitglieder; zuerst wurden nur einige weniger bekannte Schriftsteller verhaftet, dann auch einige bekanntere: ehemalige Kommunisten jüdischer Abstammung wie Déry, Háy und Zelk, die der «städtischen»

Literaturtradition verpflichtet waren. Dagegen schonte man alle namhaften Autoren, die der Bauernpartei angehörten. Gyula Illyés, der das geniale Gedicht *Ein Satz über die Despotie* schrieb, genoß weiterhin öffentliches Ansehen, während viele sogenannte einfache Leute, die dieses Gedicht vervielfältigt oder vorgetragen hatten, eingelocht wurden.

Ebenso kamen zwei sogenannte Arbeiterdichter straffrei davon, während wegen der mündlichen oder schriftlichen Verbreitung ihrer nicht systemtreuen Gedichte eine ganze Reihe Leute abgeurteilt wurde. Solche Beispiele aus dem schmalen Feld der Literatur führen nur an den Rand des Dschungels. Man bedenke: In Budapest nahmen Hunderttausende an den Demonstrationen teil, den Streikaufruf des Arbeiterrates befolgte die gesamte Arbeiterschaft Ungarns, Waffen kursierten zu Zehntausenden, und in allen Dörfern brachten die Bauern ihre Sympathie für die Revolution zum Ausdruck. Unter solchen Umständen ist es schon eine Rechtsverletzung, nur gegen ausgewählte Einzelpersonen Anklage zu erheben.

Ein weiteres Beispiel. Oft wartete man ab, bis minderjährige Beschuldigte das achtzehnte Lebensjahr vollendet hatten, dann erst wurden sie verhaftet oder verurteilt. Und dann erst konnte auch die Todesstrafe angewandt werden – ein Vorgehen, das dem gesunden Menschenverstand Hohn spricht. Minderjährige konnten nach Ansicht der Gesetzgeber offenbar deshalb nicht gehenkt werden, weil sie zur Tatzeit noch nicht im Vollbesitz ihrer strafrechtlichen Verantwortung waren. Nicht ihr Hals war schwach – ihre moralische Persönlichkeit war noch unentwickelt.

Und noch ein Beispiel. Nach der Generalamnestie von 1963 wurden zahlreiche politische Gefangene, oft erst nach der Entlassung, in gewöhnliche Kriminelle umfunktioniert. Sie hätten mit Waffen gekämpft, hieß es, also Morde oder Mordversuche begangen. Diese Personen – zumeist Arbeiter und Studenten oder Schüler, denn hauptsächlich sie hatten bewaffnet gekämpft, nicht wir Ideologie-Produzenten – mußten noch lange Jahre absitzen, zum höheren Ruhm der Rechtsordnung.

Diese Rechtsordnung erwies sich aber insgesamt als schwankend und bodenlos, und zwar aus historischen Gründen. Wenn nämlich die Regierung Imre Nagy bis zum 4. November die legale Regierung war, dann hätte man weder ihn noch seine Mitarbeiter, noch seine Verhandlungspartner oder die von ihm Amnestierten für die Ereignisse dieser Zeit zur Verantwortung ziehen dürfen. Wenn jedoch – ein juristischer Purzelbaum – erklärt wird, die Regierung Imre Nagy sei illegal gewesen, dann sind alle Personen, die sie unterstützt haben – und somit auch Kádár –, verantwortlich.

Problematisch ist aber auch die juristische Beurteilung der Lage nach dem 4. November. Einige Privatpersonen stellten sich, freiwillig oder unter Zwang, unter den Schutz der Sowjetarmee und gründeten eine Regierung, und als die bisherige Regierung unter den krachenden und berstenden Argumenten dieser Armee nachgab, stand sie allein in der Arena. Wenn wir diese Ereignisse rein juristisch beurteilen, können wir ohne Übertreibung behaupten, daß auf einer solchen legalen Basis jede beliebige Menschengruppe eine Regierung bilden kann. Allerdings hängt die Gesetzlichkeit einer Regierung – ich erwähnte es – nicht von der Rechtmäßigkeit ihrer Entstehung, sondern von ihrer Machtposition ab. Deshalb wurde die Regierung Kádár legal, sobald sie mit sowjetischer Unterstützung die wichtigsten Widerstandszentren aufgerieben hatte. Das ist die eine Seite der Medaille. Aber handeln Menschen illegal, die die Gesetzlichkeit einer solchen Regierungsbildung anzweifeln? Wenn wir akzeptieren, daß die Regierung Nagy legal war, dann ist es auch legal, sie zu schützen, solange sie nicht abdankt oder die nächste Regierung nicht ihr Machtmonopol im Alltag durchsetzt. Hinter Kádárs Amnestieversprechungen mag neben taktischen Überlegungen diese Einsicht gesteckt haben.

Die ohnehin nicht unabhängigen Gerichte mußten also über Handlungen urteilen, deren gesetzliche Grundlagen sie nicht analysieren durften. Sie mußten so tun, als ob Kádár seine Rede vom 4. November schon am 23. Oktober oder noch früher, in einer Sitzung des Petőfikreises, gehalten hätte, um alle Ereignisse dieser außergewöhnlichen Tage im Licht dieser Rede bewerten zu können. Diese elementare Lüge ließ gewisse Teilwahrheiten zu. Die meisten Handlungen, die in den Anklageschriften angeführt wurden, sind tatsächlich begangen worden, wir können die Prozesse also nicht als konstruiert bezeichnen. Die Geschichtsbetrachtung, die solche Gerichtskomödien ermöglichte, war konstruiert. Konstruierte Geschichte statt konstruierter Prozesse – sie sorgte für die Todesurteile und überfüllten Gefängnisse.

5.

Nach dem Urteil in erster Instanz warteten die Gefangenen in Zellen zu ebener Erde auf ihren Abtransport in die Vollzugsanstalten. In dieser Übergangszeit wurden sie wie Schüttgut gelagert, ich kam dadurch nicht nur mit Obersovszky zusammen, sondern auch mit gewöhnlichen Kriminellen. Das Schicksal war so gnädig, mir für drei Wochen ein weiteres Stück Wirklichkeit anzubieten.

Die Kriminellen, mit denen ich die Ehre hatte, bewegten

sich auf einer ebenso breiten Moralskala wie beliebige andere Menschengruppen. Auf der untersten Stufe der Hierarchie standen zwei zum Tode verurteilte junge Männer. Ein homosexueller Angestellter (wie ich jetzt in einem Zeitungsbericht lese) oder Staatsanwalt (wie beide behaupteten) in gesetztem Alter hatte sie in seine Wohnung mitgenommen. Dort erschlugen sie ihn mit einer Sodawasserflasche und raubten ihn aus, dann verschlossen sie die Wohnung von innen und flüchteten mit der Sore durch das Fenster. Zu meiner größten Verwunderung ließ sie ihre schreckliche Tat ebenso ungerührt wie die für ihre Zukunft immerhin ziemlich bedeutsame Tatsache, daß sie – sofern das Gericht in zweiter Instanz nicht irgendwelche mildernden Umstände entdeckte – demnächst hingerichtet werden würden. Ich hatte den Eindruck, daß sie diese Aussicht, die fast schon Gewißheit war, gar nicht begriffen. Genüßlich erzählten sie die Einzelheiten ihrer Todesexkursion und amüsierten sich, daß es «den ollen Schwulen» erwischt hatte. Ausführlich schilderten sie auch ihr sexuelles Vorleben. Auf diesem Gebiet hatte sich besonders einer der beiden hervorgetan, ein Junge mit glattem Gesicht und gekräuseltem Haar. Weder vorher noch später bin ich einer so hemmungslosen Flut von Obszönitäten begegnet.

Eingehend malte er uns beispielsweise sein Zusammensein mit einer älteren Kellnerin aus. Die alleinstehende Frau, von der er nur mit tiefster Verachtung sprach, bedankte sich für seine Mannesdienste mit Lebensmitteln, die sie in ihrer Arbeitsstelle geklaut hatte. Um seine Partnerin nachzuahmen, winselte und jaulte und hechelte er, er deutete auch die Positionen an und krönte seine Story mit einer entsprechenden Pointe: «Sie saß am Ofen, da hab ich ihr gesagt, wenn du mir zwei Eier in die Pfanne haust, darfste noch mal lutschen.»

Auf einer nicht viel höheren Stufe der moralischen Leiter standen die vier Zellengefährten, die man wegen sexuellen Mißbrauchs von Kindern verurteilt hatte. Drei von ihnen hatten ihre eigenen Töchter vergewaltigt (das eine Mädchen war gerade erst vier), der vierte seine neunjährige Nichte. Der eine Vater, einen Meter fünfzig groß, schmächtig, um die Fünfzig und Tag und Nacht mit einer Schirmmütze auf dem Kopf, führte stundenlang Bauerntänze auf dem Betonfußboden auf und sang, die Arme wie ein junger Bursche über den Kopf gehoben, immer nur das eine Wort: Möse, Möse, Möse, Möse, Möse... Nachdenklicher war allein Laci, der seine Nichte vergewaltigt und neun Jahre bekommen hatte «für so eine Kleinigkeit!». Aus rätselhaften Gründen betonte er, die Sache wäre im Wald passiert. Die Kleine hätte zwar geflennt, aber nicht sehr. Laci stand besonders gern am vergitterten Fenster. «Guckt mal!» rief er eines Tages. «Eine Frau!» Und er deutete auf den gegenüberliegenden Korridor der Staatsanwaltschaft. Ich warf einen Blick hinüber und mußte seine Beobachtung bestätigen. «Wieso interessiert sie dich, Laci?» fragte ich. «Sie ist doch älter als neun!» Mit Wutgeheul wollte er über mich herfallen, aber die anderen hielten ihn fest. «Ich misch mich auch nicht in deinen Scheiß ein», schrie er, «also halt dich aus meinem raus!»

Die oberste Stufe in der Hierarchie der Kriminellen – die Zwischenstufen sind mir entfallen – nahm Sándor Pető ein, jung, ziemlich klein, schlank, mit sympathischem Gesicht. Er hatte sich auf den Diebstahl von Motorrädern spezialisiert, besonders die Pannonias waren nicht sicher vor ihm, denn sie waren damals am schnellsten. Auch die Polizisten fuhren Pannonias. Wenn sie unterwegs irgendwo einkehrten, klemmte Pető ihre Maschinen. Zweimal wurde er dabei geschnappt. Zum erstenmal vor 1956, in der Revolution kam er frei, eignete sich etliche weitere Motorräder an und wurde wieder geschnappt. Beide Male rissen ihn Hehler rein, bei der zweiten Festnahme einer aus Csepel, der gemeinerweise alles auspackte. «Lange wird der nicht leben», prophezeite Pető, «ich hab beobachtet, solche leben nicht lange!» Obersovszky und ich faßten solche Ankündigungen als Ganovenromantik auf, aber Pető versicherte uns, die Gaunerehre verlange auch in Ungarn von jedem Hehler, daß er den Mund halte. Sein Risiko sei schließlich geringer und sein Verdienst größer, dafür müsse er eben manchmal ein paar Jahre absitzen. Wenn er seine Haft mit Verrat abkürzen wolle, müsse er damit rechnen, daß ihm gleichfalls seine freie Lebenszeit gekürzt werde.

Pető war erstmals mit sechzehn straffällig geworden. In einem Konfektionswerk, wo er arbeitete, stahl er einen Anzug. Er hatte sich nämlich in die Tochter seines Gewerkschaftssekretärs verliebt und bald erkannt, daß er seine Garderobe erweitern mußte, wenn er mit den Funktionärssöhnen, die das Mädchen umschwärmten, konkurrieren wollte. Damals kam er noch milde davon. Sein Schicksal entschied sich erst beim Militär. Von einem Ausgang kam er dreißig Stunden zu spät zurück, er hatte es nicht geschafft, sich von einem Mädchen rechtzeitig zu verabschieden. Er bekam aber keine Disziplinarstrafe, er wurde nach Tagesbefehl Nummer fünf des Ministers für Landesverteidigung, Mihály Farkas, vor ein Kriegsgericht gestellt: Wer länger als vierundzwanzig Stunden unentschuldigt ausblieb, galt als Deserteur. Im Militärgefängnis nahm sich Pető vor, sich seine Strafen künftig zu verdienen und seine vergeudeten Jahre nachträglich mit rentablen Aktionen sinnvoll zu machen.

Petős Lebensphilosophie deckte sich in manchen Punkten mit der von Stöpsel, Petös war allerdings systematischer ausgearbeitet. In langen Monologen erklärte er uns, der Taschendieb sei eine jämmerliche Figur, denn er bestehle den Arbeiter, der von seinem Hungerlohn leben müsse. Wer sich aber in Ungarn ein Motorrad leisten könne, der könne sich auch zwei leisten; über uns Politische sagte er ungefähr: «Ihr seid auch angeschissen. Kaum macht ihr mal was, kriegt ihr mindestens fünf Jahre. Oder eher zehn, womöglich den Strick. Und warum? Für einen Blödsinn. Bei uns geht es stufenweise, für zehn Jahre müssen wir ganz schön was leisten. Und wir leben wenigstens draußen gut. Wenn sie uns einbuchten, haben wir was, woran wir uns erinnern können. Es gab Monate, da habe ich dreißig Hunderter auf den Kopf geschlagen. Und was ich für Mösen hatte, so was habt ihr euer ganzes drekkiges Leben lang nicht gesehen. Ihr habt vom Knast überhaupt nichts, ihr seid vorher arme Schweine, zwischendurch und hinterher auch, und was ihr macht, ist großer Quatsch. Glaubt ihr, die Welt wird sich nach eurem Gequassel richten? Wenn die Revolution gesiegt hätte, daß ihr jetzt den Schlüssel zum Himmelreich in den Flossen hättet wie die heiligen Petrusse? Hier und Himmelreich, daß ich nicht lache, alles wäre der gleiche Dreck wie bisher, es gäbe genauso Reiche und Arme, Betrug, Verarschen, die Proleten müßten malochen, die Neunmalklugen nicht. Ihr würdet vielleicht mehr Kohle kriegen und was so dazugehört, kann aber auch sein, daß ihr wieder das Maul aufreißen würdet, so wie ihr beschaffen seid, und da würden sie euch wieder einbuchten.»

Ich muß gestehen, wir hatten Petős Ergüssen nicht viel entgegenzusetzen. Die Ungleichheit ist ein Grundfaktor aller Gesellschaften, ihre Beseitigung oder auch nur ihr Abbau in wesentlichen Dingen übersteigt unsere Vorstellungskraft. «Was ist, das ist zwangsläufig so, was nicht ist, das ist entweder schlechter oder gar nicht möglich» – bisher hat jedes politische System diese Weisheit suggeriert und diktiert und aus ihr seine Widerstandskraft geschöpft. Pető hätte unseren «wahren» Sozialismus als Witz oder Mumpitz angesehen, er hatte keinen Sinn für Utopien. Er ließ sich aber auch nicht von den bestehenden Institutionen einwickeln. Seine moralische Sensibilität verurteilte die soziale Ungleichheit, aber er war der Meinung, ihre verhängnisvollen Folgen könne man nur in bezug auf den einzelnen verringern. Deshalb bestahl er die Reichen, und deshalb verachtete er alle, die sich in die gesellschaftliche Arbeitsteilung einfügten, ohne zu murren, die jämmerliche Anstrengungen unternahmen, ausgebeutet zu bleiben.

Eines Vormittags wurde er zu seinem Anwalt geholt. Er blieb lange weg. Als er zurückkam, sagte er kein Wort, saß nur grübelnd auf seiner Pritsche. Gegen Abend wandte er sich an Obersovszky und mich und bat uns um Hilfe. Er wolle durchdrehen. Der Anwalt habe ihm gesagt, bei der Berufung werde man ihm noch mehr Jahre aufbrummen, zu den nicht abgesessenen Jahren aus der Zeit vor 1956. Aber er müsse dringend nach Hause, aus privaten Gründen, deshalb wolle er sich noch vor der Verhandlung in zweiter Instanz in die Klapsmühle bringen lassen.

Ich hörte mir seinen Plan ziemlich skeptisch an. Im dritten Stock hatte ich schon einmal einen solchen Versuch beobachtet. Der erwähnte Zigeunermusiker band eine Schnur an eine Streichholzschachtel und zog sie den lieben langen Tag hinter sich her, als führte er einen Hund aus. Er sprach auch mit ihm, rief ihn zärtlich, er war ein sehr würdevolles Herrchen. Wir erreichten, daß die Sanitäterin kam, eine junge Bestie mit guter Figur, von den Häftlingen schon in vorrevolutionären Zeiten nur Peitschen-Rosi genannt. Nach etlichen Grobheiten und einigem Hin und

Her wurde er zur psychiatrischen Untersuchung gebracht. Was sie dort mit ihm machten, weiß ich nicht; wieder in der Zelle, führte er jedenfalls keinen Hund mehr spazieren.

Pető begann seinen Versuch in aller Bescheidenheit. Er hockte im Schneidersitz auf der Pritsche und spielte Schach mit sich selbst. Im Markó hatten wir immer ein Schachspiel, die Figuren kneteten wir aus Brot, für die schwarzen mischten wir Asche in die Masse. Es gab Spezialisten, die richtige kleine Kunstwerke herstellten. Bei Visitationen wurden die Schachgarnituren manchmal beschlagnahmt, aber schnell waren neue fertig, noch perfektere. Pető, die Mütze tief ins Gesicht gezogen, dachte über den nächsten Zug nach, dann setzte er sich an die andere Seite des Bretts und überlegte weiter. Wir schlugen Alarm und meldeten, daß mit Pető etwas nicht stimmte, aber der Aufseher ließ sich von dem Anblick, den er bot, nicht rühren.

In der Nacht darauf begann ein neues Spiel. Pető schnitt sein Brot in kleine Würfel, tat die Würfel in seine Mütze und begann an der Tür zu lärmen. Als sich nichts rührte, trommelte er mit den Fäusten und trat mit den Füßen dagegen. Der Aufsicht teilte er mit, er müsse jetzt seine Waschbären füttern, unten, im Gefängniskeller. Von dieser Absicht ließ er sich nur schwer abbringen, obgleich auch Obersovszky und ich auf ihn einredeten. «Morgen früh», sagte der Aufseher. «Morgen früh können Sie sie füttern.»

Als wir am Morgen auf den Hof geführt wurden, gingen wir nach rechts und Pető mit seiner Mütze voll Brotwürfel nach links. Die Aufseher konnten ihn kaum zurückhalten. Ihm sei heut nacht versprochen worden, am Morgen dürfe er seine hungrigen Waschbären füttern, und darauf bestehe er, er wolle nicht, daß die armen Tiere verhungern. Er wurde mit Gewalt in die Zelle zurückgebracht.

Als wir vom Hofgang kamen, empfing uns ein völlig normaler Pető. Wir fragten nach seinen Waschbären, er sah uns verständnislos an. Später flüsterte er uns zu, wenn er den ganzen Tag den Verrückten spiele, werde er bestimmt ein paarmal aus der Rolle fallen, dann würde man ihn durchschauen. Er sei nur manchmal übergeschnappt, so könne man ihm schwerer nachweisen, daß er simuliere. Tatsächlich ging es nach einigen Stunden wieder los, und er bekam einen Tobsuchtsanfall, weil unbedingt die Waschbären gefüttert werden mußten. Die Aufseher versprachen es ihm, baten aber um Geduld.

Als Peitschen-Rosi kam, rotblond und in engem weißem Kittel, hatte sich Pető wieder beruhigt. «Wer ist hier durchgedreht?» fragte sie. Niemand rührte sich. Die abstoßende, aber hübsche Peitschen-Rosi verkörperte im Markó für die männlichen Gefangenen das Prinzip des Weiblichen. Es war bekannt, daß 1956 weibliche Häftlinge sie an den Haaren die Treppe hinabgeschleift hatten. Auch den Männern bot sie wenig Gründe für Sympathien. «Kommen Sie mir nicht zu nahe», sagte sie, wenn sie mit Medikamenten in der Tür erschien, wenigstens von einem Aufseher begleitet, «sonst trete ich Ihnen auf den Schwanz und befehle Kehrtmachen!» «Was denn, was denn, warum kommen Sie so nahe, wollen Sie mich etwa ficken?» fragte sie ein andermal, zu meinem Pech ausgerechnet mich. «Gott behüte», entfuhr es mir, und sie rauschte wütend davon. Das alles war noch im dritten Stock passiert. Unten waren wir vorsichtiger. Wir antworteten nicht auf ihre Frage, sondern baten nur aus respektvoller Entfernung um die jeweiligen Medikamente. «Wer ist hier durchgedreht?» wiederholte sie, nun schon schreiend. Aus gebührendem Abstand und mit gedämpfter Stimme sagte ich, Pető habe den Verstand verloren, aber sein Fall sei sehr kompliziert und verlange viel Taktgefühl. Sie rief Pető zu sich und fragte, was ihm fehle. «Nichts», antwortete er. «Manchmal tut mir der Kopf weh. Wenn Sie mir was gegen Kopfschmerzen geben könnten...» So ging es ein Weilchen, bis ihm Peitschen-Rosi eine falsche Frage stellte: «Und wieso sind Sie durchgedreht?» «Ich und durchgedreht?» brüllte Pető, und die Sanitäterin hatte gerade noch Zeit, sich mit einem Sprung in Sicherheit zu bringen und die eiserne Tür zuzuschlagen.

Am nächsten Tag wurde er einem ärztlichen Gerichtssachverständigen vorgestellt. Er bekam die obligatorische Frage nach dem Unterschied zwischen einer Treppe und einer Leiter gestellt und antwortete fehlerfrei: daß die Treppe eingebaut und die Leiter tragbar ist, daß bei der Treppe die Stufen miteinander verbunden sind und bei der Leiter zwischen den Sprossen Luft ist, daß die Treppe aus verschiedenen Materialien besteht, aus Stein, Metall, Holz, die Leiter aber überwiegend nur aus Holz, und so weiter. Der Sachverständige stellte weitere Fragen, die Antworten hätten bei jedem Intelligenztest Anerkennung gefunden. Schließlich wiederholte er Peitschen-Rosis tragischen Fehler, woraufhin Pető den spindeldürren Doktor, der sich allgemeiner Verachtung erfreute, mit seinem Stuhl durch das Zimmer jagte. Der Arzt schrie um Hilfe, Pető zerbrach den Stuhl an ihm, drei Aufseher waren nötig, ihn von seinem Opfer zu trennen und mit einer Spritze zu beruhigen. Am Abend oder am nächsten Tag kam er seine Sachen holen. Er erzählte, was sich ereignet hatte. Aus der Klapsmühle, sagte er, werde er wohl nach ein oder zwei Jahren freikommen. Ich habe ihn nicht wiedergesehen, leider.

Noch im Markó unterschrieb ich am 6. Juni eine Erklärung, die diesen Wortlaut hatte: «Hiermit bezeuge ich, István Eörsi, geb. am 16. Juni 1931, wohnhaft in Budapest, mein Einverständnis, daß meine Ehefrau Veronika Pártos, geb. 1933, meinen Namen trägt.» Als wir 1953 geheiratet hatten, nutzten wir die neue Möglichkeit, daß Ehefrauen ihren Mädchennamen behalten durften. Bekannte fragten uns oft, manchmal ein wenig mißbilligend, nach dem Grund unserer Entscheidung, und ich antwortete dann mit einer Gegenfrage: Warum sollte Vera die Folgen meiner Auftritte in der Öffentlichkeit tragen, weil sie auch meinen Namen trägt? Nach der Verkündung des Urteils hatte sie selbst, Lehrerin und Mutter zweier Kinder, verlangt, meinen Namen zu führen. Diese Geste der Solidarität machte mich glücklich und stolz. Über den politischen Händedruck hinaus sah ich ihren Wunsch als ein Versprechen an, daß sie – egal, wieviel Jahre ich absitzen muß – zu mir halten würde.

Einige Tage später verließen wir das Markó. Der Gefangenenwagen war diesmal nicht in Verschläge aufgeteilt, sondern er ähnelte dem Lieferwagen einer Bäckerei und hatte hinten ein vergittertes Fenster, durch das wir hinaussehen konnten. Bald hatten wir die Stadt hinter uns, wir sahen das Band der Landstraße, die Bäume, den Rand einer Sommerwiese. Wir rätselten, wohin man uns bringen würde. «Nach Vác», sagte einer von uns. Wir überholten einen Trupp Jungen und Mädchen, die mit Rucksäcken singend durch den Staub wanderten, den wir aufwirbelten. Ich mußte an die vielen Ausflüge in die Budaer Berge denken, die ich als Kind mitgemacht hatte. Irgendwie ärgerte es mich, daß die jungen Leute da draußen so glücklich aussahen. Aber als sie nicht mehr zu sehen waren, legte sich der Neid. Die Ärmsten, dachte ich, sie marschieren durch die Sommerhitze, und ich sitze immerhin im Bauch eines schattigen und luftigen Autos. Im Bauch eines Walfisches – wo wird er mich ausspucken?

DRITTES KAPITEL

1.

«Nur noch Zahl und nur noch Streifen» sei ich lese ich in einem langen Gedicht, dessen Zeilen ich dicht gedrängt auf einen kurzen Fetzen Toilettenpapier gekritzelt habe. Darunter das Datum und der Ort: Juni 1957, Vác. Hier wurden wir zum erstenmal eingekleidet. Wir trugen die gestreifte Sommertracht. Schon im Kindergarten bekommt man eingepaukt, in Streifen gehen die Kriminellen. In Filmkomödien gibt es unter den Trägern dieser Uniform nette Jungs, in Filmtragödien wird sie auch schon mal einem Unschuldigen verpaßt, aber mit diesen Ausnahmen verleiht die tugendhafte Kunst nur der Regel Nachdruck. Als ich zum erstenmal meine Streifen und die der anderen betrachtete, war ich erschüttert über die komische und gespenstische Veränderung. Alle Uniformen machen gleich. Und was in ihnen steckt, neigt ebenfalls dazu, alles Persönliche zu verlieren. In unserem Fall: blasse, zumeist gedunsene Gesichter, kurzgeschorenes Haar, darunter die Streifen, ganz unten unförmige Schnürschuhe. Mein erwähntes Gedicht versuchte, diese Erschütterung in moralisches Pathos zu tunken. Verzweiflung schlägt in Stolz um, Beschämtheit in Prahlerei.

Die Mitteilung aus Vác trägt im Poststempel das Datum des 12. Juni 1957. Der Text, nicht in meiner Schrift, lautet: «Bin in Vác. Taschengeld brauche ich nicht. Pakete und Besuch nur nach besonderer Mitteilung. Bitte um 5 frankierte Briefumschläge.» Darunter der Gefängnisstempel: KONTROLLIERT. Ein nostalgisches Gefühl überkommt mich: Die Gefängnisbehörden wenigstens bekannten sich offen zur Postzensur.

Wir wurden in Einzelzellen untergebracht, im berühmten EZ-Gebäude. Ein Schild am Tor verkündet, daß es dem Publikum zur Zeit Franz Josephs übergeben wurde, 1902 oder 1903, wenn ich mich richtig erinnere. Vom Ruhm des langlebigen Königs künden auch an anderen Gefängnissen Gedenktafeln. Parlament, Opernhaus, Börse, Knast – alles geräumig und prunkvoll, Franz Joseph sparte noch nicht mit Platz. Er konnte stolz sein auf das, was er bauen ließ. Die Einzelzellen zum Beispiel hielten damals noch, was ihr Name versprach, in jede wurde nur ein Häftling eingesperrt. 1957 konnte diese besonders grausame Art des Strafvollzugs nur in Ausnahmefällen angewandt werden, glücklicherweise waren wir zu viele. Wir schliefen zu dritt in einer Zelle, auf Strohsäcken. Außer denen gab es noch einen Tisch (darauf die Näpfe und Löffel) und darunter einen Eimer und eine Waschschüssel. In einer Ecke stand der Kübel, ein zylindrischer, leicht verrosteter Metallbehälter mit einem noch rostigeren Deckel. Dort verrichteten wir unsere Notdurft. Zweimal am Tag, morgens nach dem Aufschließen und abends vor dem Einschluß, holten ihn die Kalfaktoren zum Leeren. Tagsüber verbreitete er in der sommerlichen Wärme einen beträchtlichen Gestank. Benutzen mußten wir ihn natürlich in Anwesenheit der Zellengefährten. An ihn gewöhnte ich mich noch schwerer als an das englische WC im Markó.

Und dennoch. Wenn ich an die schönen alten Zeiten zurückdenke, kommt mir Vác geradezu idyllisch vor. Wanzenfreie Zellen. Eßbares Essen. Es gab beispielsweise keine wässerigen Grießsuppen, im Knastjargon Affensperma genannt. Im Markó hatten viele Gefangene gewartet, bis diese gipsähnliche Substanz in den Näpfen kalt und hart wurde. Dann schnitten sie mit dem am Bettgestell messerscharf geschliffenen Löffelstiel die Masse rundherum locker und warfen sie nachts aus dem Fenster, indem sie mit der Faust auf den Boden des Eßgeschirrs schlugen. Lautes Knallen in der Betonschlucht des Hofes signalisierte den Einschlag, der manchmal entrüstetes Geschrei der Aufseher zur Folge hatte. Ich selbst habe mich nie an diesem Gesellschaftsspiel beteiligt, ich tat alles, um meine Nerven einzufetten. Ich hatte nämlich beobachtet: Wer wählerisch ist bei dem Fraß, der wird reizbar und magenkrank. Ich löffelte von dem Affensperma zwei oder drei Portionen aus, später, im Márianosztra, machte ich es mit den betonharten Erbsen und den in Dieselöl gekochten Bohnen ebenso, ich verachtete nicht einmal den fauligen Wirsingkohl, der wie Erbrochenes stank.

Ich mochte auch den relativ großen, rechteckigen Hof in Vác. Endlich einmal etwas anderes als nur Steine. Meine Erinnerung pflanzt sogar Gras und Blumen in die Hofmitte. Über den verhältnismäßig niedrigen Gebäuden schien beim Hofgang die Sonne auf uns herab. Bei großer Hitze war das natürlich unangenehm, denn draußen mußten wir Mützen tragen. Im Márianosztra dann wandte sich eine Gruppe Gefangener mit dem Gesuch an den Gefängniskommandanten, man sollte uns in großer Wärme ohne Kopfbedeckung hinausgehen lassen, schließlich stände ja die eine (oder die zwei halben) Stunde aus gesundheitlichen Gründen auf der Tagesordnung. Der Kommandant antwortete, den Wunsch könne er nicht erfüllen, denn was sollten wir abnehmen, wenn jemand vom Wachpersonal auf dem Hof erscheine. In Vác gingen wir allerdings meistens vom Morgen auf den Hof, wenn uns die Wärme noch nicht so zusetzte. Obendrein war die Disziplin weniger streng als im Markó (wo man vielleicht noch befürchtete, es könnte vor den Verhandlungen Absprachen zwischen den Angeklagten geben) oder in Márianosztra, wo sich fast alle Aufseher wie tollwütige Hunde aufführten. In Vác konnten wir, während wir unsere Kreise zogen, miteinander tuscheln oder unter dem durchsichtigen Vorwand, wir müßten unsere Schuhe schnüren, aus der Reihe treten und uns für ein freundschaftliches Gespräch oder um Neuigkeiten aufzuschnappen zu Bekannten gesellen. Ein Dialogfragment ist mir wörtlich im Gedächtnis geblieben. «Vater Feri», murmelte eine junge Stimme hinter mir, «bist du wirklich Ungarischlehrer?» Der Gefragte, ebenfalls hinter mir, nickte vermutlich, denn die junge Stimme fragte weiter: «Dann sag mir, war Attila József wirklich ein so großer Dichter?» «O ja», antwortete Vater Feri, «ein sehr großer Dichter, obgleich die da das auch sagen.»

Auf dem Hof sprach mich Endre Cserbakői an, der nicht älter war als ich. Fast als Kind hatte er eine politische Laufbahn begonnen, dann hatte man ihn für ein Jahr eingeknastet, später rehabilitiert. Er war mittelgroß und braunhaarig, mit einem sympathischen Gesicht, voller Optimismus und Energie. In erster Instanz war er zu fünf Jahren, in zweiter zu lebenslänglicher Haft verurteilt worden, aber wie das Schwert des Damokles schwebte die Möglichkeit der Einspruchserhebung der Obersten Staatsanwaltschaft über ihm; viele verurteilte Gefangene wurden nachträglich auf diese Weise zum Galgen geführt. Er erzählte mir flüsternd, er solle unter dem Vorwand aufgehängt werden, daß er an einer Notgerichtsverhandlung von Aufständischen teilgenommen hatte, bei der ein Verräter zum Tode verurteilt worden war. Er habe den Betreffenden mit dem Argument retten wollen, es gebe keine Ermächtigung, so ein Urteil zu fällen. Es hätte so ausgesehen, daß sich die Aufständischen überzeugen ließen, aber dann hätten sie ihren Gefangenen doch mit einem Kopfschuß hingerichtet. Das Gericht hatte ihn wegen geistiger Mitschuld an einem Mord für schuldig befunden, denn praktisch habe er ja die Legalität des Notgerichts anerkannt. Er hätte den Mund halten und hinausgehen sollen, statt den Unglücksvogel in Schutz zu nehmen, dann wäre er dieser absurden und später verhängnisvollen Beschuldigung entgangen. Cserbakői kam durch die Generalamnestie 1963 frei, aber seine Freiheit dauerte nicht länger als dreizehn Tage. Dann wurde er erneut inhaftiert, als Krimineller, weil er an einem Mord beteiligt gewesen sei. Auf dem Vácer Hof konnte er das natürlich noch nicht wissen, er trottete gelassen hinter mir her und traktierte mich mit hoffnungsvollen Neuigkeiten.

Am schönsten waren die Tage in Vác, wenn wir Schleppkähne entluden oder beluden. Wir schoben Schubkarren mit Schotter oder Kies oder Kohle, Baumaterial oder Nahrungsmitteln, die Posten in ihren Türmen kümmerten uns nicht, wir waren froh, daß wir uns bewegen konnten, wir genossen die unverhoffte Freiheit. Ich erinnere mich an hartes Arbeiten in der Sonne, an die Freude, die körperliche Betätigung bereitet, daran, wie glücklich meine Nase war, wenn sie die Donau schnupperte. In der Donau hatte ich auch als freier Mensch ein Symbol der Freiheit gesehen, ein Sinnbild der Ruhelosigkeit zwischen den reglosen Ufern. In Gefängniskleidung befiel mich ein unglaubliches Verlangen, in den Fluß zu waten, mich im Wasser langzustrecken. Ich wollte nicht fliehen, mich nur treiben lassen, aber natürlich wußte ich, daß das Personal auf den Wachttürmen nicht verstehen und mich mit Kugeln durchlöchern würde, bevor ich noch einen Fuß ins Wasser setzte.

An einem solchen Befrachtungstag wartete ich, welche Arbeit man mir zuteilen würde, als ein magerer, schwarzhaariger Mann um die Fünfunddreißig zu mir trat, J. L. Er berührte meinen Arm und sprach mich an. «Wir beobachten dich schon lange, Bruder, wie du lächelnd das Leid erduldest. Wir würden uns gerne manchmal mit dir unterhalten.» «Wer steckt hinter dem Wir?» fragte ich. «Wir setzen unsere Hoffnungen insbesondere in diejenigen, die nicht verzagen. Das Lächeln ist eine Kraftreserve der Seele, ein großes Geschenk. Nicht nur mir, auch meinen Brüdern ist aufgefallen, von welch gelöster Heiterkeit du beim Hofgang wie bei der Arbeit bist.» «Wer seid ihr?» fragte ich nochmals. «Die Zeugen Jehovas», antwortete J. L.

Damals durften sich drei oder vier Angehörige dieser Sekte in Vác erholen. Sie waren verurteilt worden, weil sie den Militärdienst verweigert hatten, schon lange vor der Revolution. J. L. war ursprünglich reformierter Pfarrer, und er war noch sehr jung, als er an die Front mußte. Dort geriet er nach einiger Zeit vermutlich in eine unheilbare Gewissenskrise. Er begriff nicht, wieso sich Christen gegenseitig umbrachten, noch dazu auf beiden Seiten von Geistlichen aufgemuntert. Als er sich weigerte, weiter zu dienen, wurde er verhaftet; ich weiß nicht, wie er den Krieg überstand, jedenfalls wurde er Zeuge Jehovas. Einige Jahre später wurde er erneut einberufen. Erneute Verweigerung, Verhaftung, Aburteilung. Da er zur Landesleitung der Sekte gehörte, wollte man seinen Widerstand unbedingt brechen, um einer allgemeinen Wehrdienstverweigerung der Sektenmitglieder vorzubeugen. Jedes Jahr wurde er für einige Wochen in das Militärgefängnis in der Budapester Hauptstraße zurückgebracht. Anfangs versuchten sie mit wechselnden Methoden, ihn weichzukriegen, in den letzten Jahren legten sie ihm immer nur noch ein Papier vor. Wenn er unterschreibe, daß er zum Militärdienst bereit sei – aber dieses Schicksal drohe ihm nicht mehr, wie man ihm versicherte –, werde er sofort auf freien Fuß gesetzt. J. L. schüttelte nur den Kopf und mußte ein weiteres Jahr absitzen. Während der Revolution kam er frei, aber er versuchte nicht zu fliehen und wurde wieder verhaftet. Als er mich ansprach, hatte er seine fällige Jahresvisite im Militärgefängnis bereits hinter sich.

Dem ersten Gespräch folgten weitere. Eine Bibel durfte niemand haben, aber J. L. kannte das ganze Neue Testament auswendig, besonders die Offenbarung des Johannes und die Briefe des Paulus. Mit Zitaten bewies er, daß die Bibel den Weltuntergang voraussage. Dieses Wort bezeichne eine ganze historische Periode, aber es stehe geschrieben, wer ihren Anfang erlebt habe, der werde auch ihr Ende erleben. Der Anfang war, so J. L., 1914, das Jahr, als der Erste Weltkrieg ausbrach, das ist sonnenklar, darauf lassen sich alle Offenbarungen beziehen. Wer 1914 geboren wurde, erlebt die verschiedenen Phasen des Untergangs, den Zweiten Weltkrieg, Hiroshima und Nagasaki, die allgemeine atomare Aufrüstung, die stetige Vernichtung der Natur, und wenn er lange genug lebt, dann erlebt er auch das Jahr zweitausend, in dem die Engel Gottes in der Schlacht von Armageddon die des ewigen Lichtes Unwürdigen zu Hauf töten werden. Ich hörte ihm anfangs interessiert zu und versuchte, mit Fragen zum Kern seines Glaubens vorzudringen, aber angesichts seines Enthusiasmus – wenn er sprach, traten seine Backenknochen noch schärfer hervor, und seine tiefsitzenden Augen leuchteten noch feuriger – wollte ich seine missionarischen Hoffnungen nicht mißbrauchen. Ich bat ihn, seinen Eifer nicht an mich zu verschwenden, ich sei ein eingefleischter Atheist. «Das ist gut so!» sagte J. L. «Das ist gut, denn wenn du beispielsweise Katholik wärest, könntest du nur schwer von den falschen Lehren befreit werden, das ist sogar bei gläubigen Protestanten schwierig. Aber wenn du Atheist bist, dann bist du ein leeres Blatt, auf das wir schreiben können.» Ich beteuerte, mein weißes Blatt sei mit Atheismus vollgeschrieben. Er schüttelte den Kopf, er glaube mir nicht, denn woher nähme ich dann meine Gelassenheit und mein Lächeln? Aber davon abgesehen sei es einfach seine Pflicht, alles für mich zu tun, denn bis zur Schlacht von Armageddon müsse jedem wenigstens einmal die Wahrheit angeboten werden, damit er sie aus freiem Willen annehme oder ablehne. Gott sei gerecht, er werde niemanden der ewigen Verderbnis ausliefern, der gar keine Gelegenheit hatte, ihn zu wählen.

Ein lyrischer Zwischenfall setzte unseren Beziehungen ein Ende. Einmal beim Hofgang gestand er, auch er sei ein Dichter, und er drückte mir zwecks Begutachtung – und, vermute ich, mit missionarischer Absicht – verstohlen einige mit Bleistift geschriebene Gedichte in die Hand. Eines war ein Sonett, in dem J. L. mit einigen anderen am Tag der Schlacht von Armageddon auf einem Hügel sitzt und mit Genugtuung zusieht, wie die Engel Gottes unter den Sündern ein Massaker anrichten. Die Jamben waren in Ordnung, auch die Reime konnten sich sehen lassen. Bei unserer nächsten Begegnung sagte ich ihm, seine Frommheit habe mich sehr beeindruckt. Er auf seinem Hügel vergehe fast vor Freude, während vor seinen Augen das Blut in Bächen fließt, Eingeweide hervorquellen, Augäpfel ins Gras spritzen. Er werde es zum Beispiel auch genießen, wenn man mich absticht wie ein Schwein. Ich wisse nur nicht, warum er wolle, daß ich mich dafür begeistere. J. L. sprach kein Wort, steckte seine Gedichte ein und schrieb mich ab.

Natürlich waren die Ausflug- und Kontaktmöglichkeiten auch in Vác sehr begrenzt. Meistens hockten wir in der Zelle, stritten uns, stichelten einander und warteten auf ein Wunder. Obgleich die Urteile immer strenger ausfielen, glaubten wir nicht an die Stabilität des Systems. «Die Stellage wackelt», sagte Karesz in seiner plastischen Ausdrucksweise. Die optimistischen Schreckensmeldungen strömten ungehemmt in die Zelle, wir nannten sie *Kiblische Nachrichten*, diesen deutschen Ausdruck verwendend, um uns eine gewisse Distanz zu ihnen zu sichern. Die Seele braucht ihre Glaubenskapazität auf, wenn sie zu oft enttäuscht wird; deshalb bemühten wir uns, das Warten auf ein Wunder mit ein wenig Ironie zu kombinieren. Die meisten Nachrichten mahnten sowieso zur Vorsicht. Gegenüber dem Gebäude mit den Einzelzellen lag eine Knopffabrik. Ihre Fenster standen im Sommer offen – auch so noch waren Hitze und Gestank dort unerträglich –, und die Häftlinge morsten die Neuigkeiten einander mit den Händen zu. Auch wir lernten schnell, mit den Händen zu morsen, so konnten wir ungestört plaudern, bis wir, immer wieder einmal, erwischt wurden. Die empfangenen Nachrichten begannen fast ausnahmslos mit einem Namen: ADENAUER, und dann folgten die fiktiven Abenteuer dieses realen Politikers. «Adenauer ist in Leipzig einmarschiert.» «Adenauer sagt, wenn die Russen nicht aus Osteuropa abziehen, geben ihnen die Amis Atompfeffer.» «Adenauer fordert Amnestie von Kádár.» Ich weiß bis heute nicht, wieso Adenauer die Hoffnungen der Strafgefangenen Ungarns auf sich zog. Sonst gab es in den Gefängnissen wenig Sympathien für die Deutschen. Vermutlich suggerierte das geopolitische Realitätsempfinden den Häftlingen, daß eine anwesende Großmacht nur mit Hilfe einer anderen vertrieben werden kann. Und «die Deutschen» galten aus historischen Gründen immer noch als eine Großmacht. Mich, den geborenen Optimisten, der immer auf ermutigende Neuigkeiten versessen war, ärgerte dieser Adenauer-Tick eher. Einmal, beim Hofgang, als ich wer weiß zum wievielten Mal zu hören bekam, nun würden wir's mit Leichtigkeit aushalten, Adenauer sei in Halle oder Dresden einmarschiert, setzte ich wütend selber eine Ente in die Welt: «Die Japaner haben Ostungarn besetzt.» Aber auf solche Spielereien verzichtete ich schnell wieder, die Mitgefangenen nahmen sie mir übel. Niemand mag es, wenn seine Illusionen verspottet werden.

Mehr Hoffnung machten mir die Nachrichten über den Sturz Molotows. Erstaunlich schnell erfuhren wir, daß Chruschtschow mit Hilfe von Marschall Shukow die gegen ihn gerichtete stalinistische Palastrevolution niedergeschlagen hatte. Vác summte wie ein Bienenstock, überall flüsterte man sich beglückende Neuigkeiten zu. Manche glaubten zu wissen, daß sich Imre Nagy schon auf der Heimreise befand, denn Chruschtschow hatte ja die Invasion vom 4. November nur auf stalinistischen Druck angeordnet. Imre Nagy kommt also nach Hause – kann natürlich sein, daß er vorher nach Moskau reist, um über Einzelheiten des künftigen Status quo zu verhandeln –, und wir werden entlassen. Das hofften sogar diejenigen, die von den sowjetischen Veränderungen nicht den Sturz Kádárs erwarteten. So verrannen unsere Tage, ohne daß irgend etwas auf eine baldige Entlassung hinwies – aber dennoch in Hochspannung.

Ich begann schon am zweiten oder dritten Montag meines Aufenthalts in Vác, mich auf die Heimkehr vorzubereiten. Am Sonntag davor hatte mich Vera besuchen dürfen. Auf der einen Seite eines hohen Drahtnetzes standen die Gefangenen (und zwischen je zwei von ihnen ein Aufseher, der die Ohren spitzte), auf der anderen die Besucher. Alle redeten gleichzeitig, man mußte also schreien. Außer den lauschenden Aufsehern erschwerte auch dieses Geschrei ein vertrauliches Gespräch. Über Liebe schweigt man unter solchen Umständen aus Scham, über Politik durfte nicht gesprochen werden. Berührungen waren auch verboten, deshalb spielten bei solchen Begegnungen die Augen die wichtigste Rolle. Vera mußte über meine gestreifte Kluft lachen, aber ihre Augen («erschreckend gewachsen das Blau deiner Augen», schrieb ich später in einem Gedicht) verrieten, wie erschüttert sie war. Weil mir auf die Schnelle kein besseres Thema einfiel, sagte ich ungefähr, jetzt sieht sie mich zum letztenmal mit Lockenpracht, morgen lasse ich mir den Schädel glattrasieren, denn auch die letzten paar Haare wollen mich im Stich lassen, und nach der Verhandlung in zweiter Instanz werde ich mit gestärkten Haarwurzeln und üppigem Schopf in den Kreis der Familie zurückkehren. «Mach das nicht», bat sie, «kein einziges Haar, das du abrasieren läßt, wird nachwachsen.» Wer mich kennt, weiß, daß sie recht behielt (wie fast immer), weil ich nicht auf ihren Rat hörte (wie fast immer). Am nächsten Morgen rasierte mir der Barbier, also der Mitgefangene, der sich als Barbier ausgegeben und diese Vertrauensstellung ergattert hatte, für vier Zigaretten und entgegen der Vorschrift das Haar ab. Ich kam deshalb zu spät zum Hofgang, und als ich zu den anderen trat, fielen die schrägen Sonnenstrahlen genau auf meinen wie ein Scheinwerfer strahlenden Schädel. Die Hofgänger brachen in wieherndes Gelächter aus, ich verbarg die Lichtquelle schnell unter der obligatorischen Mütze.

2.

Im Markó durfte ich einige meiner Bücher benutzen, so Hegels Ästhetik, Heines Gedichte (ich wollte die 1955 begonnene Wintermärchen-Übersetzung abschließen) und die Heilige Familie von Marx und Engels. In Vác hatte man sie in Verwahrung genommen. Ich stellte den Antrag, mir die Benutzung meiner Bücher und der Gefängnisbibliothek sowie die Ausübung meines Berufs als Schriftsteller in der Zelle zu erlauben. Das wurde abgelehnt, ich meldete mich zum Rapport beim Gefängniskommandanten. Mit ungefähr fünf Kameraden wurde ich einem Unbekannten – ich vermute dem Erziehungsoffizier – vorgeführt. Alle trugen ihre Beschwerden vor. Als ich an die Reihe kam, sagte ich, ich möchte unter vier Augen mit ihm sprechen. Er stimmte zu. Ich teilte ihm mit, daß ich in drei Tagen in den Hungerstreik treten würde, wenn ich nicht meine Bücher bekäme und nicht schreiben und lesen dürfte. Der Offizier fragte mich, ob ich wüßte, daß die Ankündigung eines Hungerstreiks als Aufwiegelung ausgelegt werde. Da ich noch nicht in zweiter Instanz verurteilt sei, werde dieses Vergehen strafverschärfend wirken. Deshalb hätte ich ja ein Gespräch unter vier Augen gewünscht, entgegnete ich.

Zwei Tage später teilte man mir mit, der Gefängniskommandant habe mir die Benutzung meiner Bücher und der Bibliothek genehmigt, aber für die Benutzung von Schreibgerät sei er nicht zuständig, und die zuständige Stelle des Innenministeriums habe meinen Antrag abgelehnt. Erneut wies man mich darauf hin, daß ich mich mit einem Hungerstreik der Aufwiegelung und sogar der Hetze schuldig machen würde. Nach kurzem Zögern nahm ich den Kompromiß an, denn ich ahnte, mehr Zugeständnisse waren nicht zu erlangen. Mit der Hilfe eines Kalfaktors hatte ich mir ja außerdem schon einen Bleistiftstummel besorgt, den ich auch bei den Verhören bei mir trug, im Futter des Hosenschlitzes.

Ich bekam also meine Bücher, und ein paar Tage später führte mich ein hünenhafter Unterleutnant, den alle Dickbauch nannten und der im Vácer Gefängnis die verantwortungsvolle Tätigkeit eines Briefzensors ausübte, in die Gefängnisbibliothek. Ich durfte mir fünf Bücher aussuchen. Von Dickbauch hatten mir schon im Markó Zellengefährten erzählt, die ihn in Nagykáta kennengelernt hatten. Einer von ihnen, ein dicker, schnurrbärtiger Bauer, der László László genannt wurde und sich beim Eintritt als Zweimal László vorstellte, kannte besonders deftige Geschichten über ihn. In Nagykáta war Dickbauch Vernehmungsoffizier gewesen, und als solcher hatte er Zweimal László in einen Panzerschrank gesperrt und mit der Pistole auf den Schrank geschossen. Ein andermal jagte er ihn auf den Schrank, wo er barfuß und in Unterhose strammstehen mußte. «Los, sag das Nationallied auf!» befahl Dickbauch. «‹Auf, die Heimat ruft, Magyaren!›» Zweimal László muckste sich nicht. Dickbauch zerrte ihn vom Schrank. «Was bist du für ein Ungar, wenn du das nicht kennst!» schrie er und schlug auf ihn ein, dann jagte er ihn wiederum auf den Schrank. Erneut dazu aufgefordert, begann Zweimal László zu rezitieren. Dickbauch zog ihn wieder herunter. «Mußt du auch hier noch hetzen, gemeiner Vaterlandsverräter», brüllte er und prügelte ihn halb ohnmächtig.

Dieser Dickbauch hatte die Angewohnheit, morgens, wenn er in sein Dienstzimmer trat, den auf das Verhör wartenden Gefangenen erst einmal mit voller Kraft wortlos ins Gesicht zu schlagen. Einmal sah er entrüstet, daß der fällige Delinquent nicht stehend wartete, sondern gemütlich auf einem Stuhl saß. Er bekam eine Ohrfeige, daß er unter den Tisch flog. Als er wieder auftauchte, stellte er sich vor: er sei der Kreisstaatsanwalt. Danach verschwand Dickbauch ziemlich schnell aus Nagykáta. Das hatte ich alles im Markó gehört, bevor ich ihn nun persönlich kennenlernen durfte. Er war nicht degradiert, sondern mit einer verantwortungsvollen Aufgabe betraut worden – das zeigt, daß unser System menschlichen Schwächen gegenüber geduldiger ist, als wir Gefangenen glauben.

Ich entschied mich für Galsworthys Forsyte Saga (drei Bände), Adys Gedichte und irgendein weiteres Buch. Auf dem Rückweg zur Zelle sagte Dickbauch: «Beeilen Sie sich mit dem Lesen, Eörsi, damit Sie fertig werden, bevor man Sie aufhängt.» Das ließ mich kalt, bis er mit einer Begründung aufwartete. «Ihre Freunde Obersovszky und Gáli haben den Strick schon bekommen, Sie sind der nächste.» Der Schreck fuhr mir in die Glieder. «Den Strick? Wieso? Obersovszky hat drei, Gáli ein Jahr bekommen.» «Das war beim erstenmal», sagte Dickbauch, «beim zweitenmal hat man sich für beide auf den Strick geeinigt.» Ich versuchte mir einzureden, er wolle mich nur hochnehmen, aber dann sagte ich mir, einer wie Dickbauch könne so etwas nicht erfinden. «Hat man sie schon hingerichtet?» fragte ich. Dickbauch sah grienend auf mich herab. Er genoß die Wirkung seiner Worte, aber eine Antwort gab er mir nicht.

Da mich – völlig grundlos – noch nie, auch 1944 nicht, mein blinder Glaube verlassen hat, ich sei in einem Schutzpanzer auf die Welt gekommen, nahm ich Dickbauchs Worte, soweit sie sich auf mich bezogen, nicht ernst. Aber ich hielt es durchaus für möglich, daß man meinen Freunden mit schäbigen juristischen Machenschaften die Verantwortung für den Mord in die Schuhe geschoben hatte, der in ihrem Prozeß eine so wichtige Rolle spielte. Nicht im Traum hätte ich daran gedacht, man könnte ihnen statt Hetze nun Rädelsführerschaft in einem Komplott zur Beseitigung der volksdemokratischen Ordnung vorwerfen, ohne den Tatbestand zu ändern, und sie deshalb zum Tode verurteilen. Noch heut läuft es mir kalt über den Rücken, wenn ich die Urteilsbegründung lese: «...waren sie die geistigen Hintermänner und Anführer des Komplotts und sind sie als solche in erster Linie für die genannten Straftaten beziehungsweise deren schwerwiegende Folgen verantwortlich.» Zwar gibt das Gericht zu, daß beide den Mord mit scharfen Worten verurteilten, aber weil sie (und andere) es gewesen waren, die die zur Vervielfältigung und Verbreitung vorgesehenen Texte geschrieben hatten, sollten vor allem sie an dem schuld sein, was die Vervielfältiger und Verbreiter begangen hatten.

Einige Tage lang war ich aufs höchste erregt, in der Forsyte Saga kam ich nicht recht vorwärts. Das Traumbild von der Entlassung verzog sich hinter Nebelschwaden, nicht nur, weil die Todesurteile den sonnigen Perspektiven widersprachen, auch, weil die Nähe des Todes alle kleinen Entlassungs- und sonstigen Wünsche ihres Werts beraubt. Dann erfuhr ich von einem Neuankömmling, daß der Generalstaatsanwalt gegen das Todesurteil für meine beiden Freunde Einspruch erhoben hatte. In einer weiteren Verhandlung waren für Obersovszky lebenslänglich und für Gáli nur fünfzehn Jahre herausgekommen. Die nächste Neuigkeit war, daß Gáli in der Todeszelle die vor der Entbindung stehende Vera Káldor geheiratet hatte. Dem frischgebackenen Ehemann wurden bei dieser romantischen Hochzeit sogar sinnliche Genüsse gewährt: Man erlaubte ihm, eine Zigarette zu rauchen.

Heut wissen wir, daß meine Freunde am Leben blieben, weil linke – auch kommunistische – Intellektuelle im Westen protestierten. Ich verstehe zwar nicht, warum ein Aragon oder Sartre oder Picasso sich über die bevorstehende Hinrichtung von Schriftstellern mehr empörten, als wenn es sich um Arbeiter gehandelt hätte, doch steht fest, daß sogar die stets mit der Sowjetunion solidarischen westlichen Intellektuellen erstmals eine Maßnahme des angeblich existierenden Sozialismus kritisierten. Nach Gális Meinung hätte das allein aber nicht genügt. Das Leben habe ihnen eigentlich erst Bertrand Russell gerettet, der an Kádár telegrafierte, er werde den Vorsitz im Weltfriedensrat niederlegen, wenn die beiden Schriftsteller hingerichtet würden. Und so schwer wogen meine Freunde nicht auf der Waage des Friedenslagers. Ein Kassationsantrag wurde gestellt, in einem heut unsäglich komisch wirkenden Prozeß voller juristischer Haarspalterei wurde ihm stattgegeben. Obersovszky und Gáli jedenfalls saßen vom 20. Juni bis zum 4. Juli 1957 in der Todeszelle, und keinerlei Hokuspokus konnte das rückgängig machen. Gáli wurde 1962 amnestiert, ein paar Tage später strich man auch seine Vorstrafe, ohne daß er es beantragt hätte. Doch Gerüchte und von oben gesteuerte Verdächtigungen sorgten dafür, daß er bis zu seinem Tode, 1981, im Schatten des absurden Vorwurfes leben mußte, er sei ein Mörder. Er fand keine Stellung, seine Stücke durften nicht gespielt werden; ein postumer Erzählungsband bezeugt, daß er gelebt hat. Obersovszky kam 1963 durch eine allgemeine Amnestie frei und durfte wieder als Journalist arbeiten, weil er auf politische Aktivitäten verzichtete. Er wurde Chefredakteur der Zeitung «Sportwette», ich erwähnte es schon. Unter dem Namen Gyula Oby veröffentlicht er Gedichte.

Die geistige Wirkung der Wochen in Vác hält bis heute an. Die Dichtung Endre Adys war es, die mir damals Kehle und Herz abschnürte, ganz mein Denken ausfüllte. Ich hatte ihn immer gemocht und gern zitiert, ich hatte die ungewöhnlichen Dimensionen seiner Persönlichkeit erahnt, aber stets hatten mich sein ungarischer Hochmut, seine Manieriertheit und sein hemmungsloser Ich-Kult gestört. Ich mußte ins Gefängnis, um zu verstehen, daß ein Herkules des «Muß», der er wahrhaftig war, ohne Selbststilisierung, ja Selbstanbetung keine Chance hat, den konzentrierten Angriff der zähnefletschend in den verschiedenen Feldern lauernden «Kürbiskern-Hänschen» zurückzuschlagen. Im Gefängnis nämlich kann man nur zwischen zwei Möglichkeiten wählen: Entweder wird man zu einem kleineren oder größeren Muß-Herkules – oder man bricht zusammen. Für die dauerhafte Übung mit gemäßigten Niederträchtigkeiten vermischter kleiner Tugenden ist das Gefängnis kein geeignetes Terrain. Meine an Heine geschulte Ironie konnte deshalb widerstandslos Adys die Hölle bestürmendes Pathos in sich aufnehmen. Es bereitete mir ein unglaubliches Glück, immer und immer wieder in seiner unerreichbar harten Formulierung meine psychische Situation zu entdecken, die aktuelle Legierung der Verzweiflung und des «Nun erst recht!».

Oft habe ich seit meiner Entlassung von feinhörigen Ästheten und zartbesaiteten Aristokraten der «machtgeschützten Innerlichkeit» gehört, über Adys exhibitionistische prophetische Dichtung sei die Zeit hinweggegangen. Geratet nur erst mal ins Gefängnis, ihr Lieben, denke ich, dann werdet ihr schon merken, wo der Herrgott wohnt! Jener Herrgott, mit dem Ady sein Leben lang mit ziemlichem Erfolg gerungen hat. Das ist natürlich ein Witz, die Ästheten, die – um einen Ausdruck Adys zu benutzen –

«literarischen Schriftsteller» geraten sowieso nur selten in den Knast. Aber hätte unsere Welt mit ihren Zwangsorganisationen, ihrer von oben gelenkten und kontrollierten Struktur, bis zum Kinn bewaffnet, unterminiert, in jedem Augenblick vernichtbar, mit ihren durch Erziehung, Presse, Fernsehen, Kirchen- und Staatsraison uniformierten Milliarden Menschen, verblendet von ihren direkten Interessen, blind für Zukünftiges, unter der Zwillingsherrschaft von Geld und Macht – hätte diese Welt das zunichte machende Pathos souveräner Wesen von der Dimension eines Ady nicht nötig? Gedichte schreiben, selbst auf künstlerisch bewertbarem Niveau, können heutzutage viele; aber seltener als ein weißer Rabe ist die durch die vielfältige Substanz der Gedichte hindurchschimmernde Persönlichkeit, die dieser Welt den Handschuh ins Gesicht schleudert.

Unerwartet und häßlich endeten die schönen Tage in Vác. Einer von uns fand bei den Ladearbeiten an der Donau eine Zeitung. Häftlinge durften damals nicht einmal das Parteiblatt lesen, auch von den offiziellen Informationen wollte man uns hermetisch ausschließen. Diese Zeitung wurde in zwei Zellen, also von sechs Mann, gelesen. Ich saß damals mit Cserbakői zusammen (an den dritten erinnere ich mich nicht), nebenan waren der Schriftsteller Ferenc Kúnszabó und der Journalist András Petőcz mit ebenfalls einem dritten. Plötzlich wurde Cserbakői geholt, er ließ seine Sachen zurück, und ich habe ihn bis zur vergangenen Woche nicht wiedergesehen: bis ich ihn, neunundzwanzig Jahre und zwei Monate danach, besuchte. Auch der dritte wurde geholt, und ich war mit meinen Hoffnungen allein. Sie werden mich also doch entlassen, dachte ich, der Himmel segne Molotow und seine Gruppe, noch heute werde ich Vera in die Augen sehen, in den paar Monaten bin ich gereift, ich habe gelernt, daß die Minuten nicht austauschbar und unersetzlich sind, daß ich in der Liebe, der Dichtung und der Politik nur weiterkomme, wenn ich unablässig meine gesellschaftlichen und persönlichen Schranken niederbreche. Keinen Augenblick lang darf ich draußen die vielen Schicksale vergessen, die ich hier kennenlernte, sie sollen mir Anregung und Herausforderung sein. Dann wurde auch ich geholt. In einem Zimmer Offiziere und gewöhnliche Aufseher. Ich machte Meldung, niemand beachtete mich. Nach einer Weile konnte ich meine Ungeduld nicht mehr zügeln, ich fragte, und zwar grinsend: «Werde ich entlassen?» Ein Wachtmeister namens Kucsera, der einige Jahre später einen Häftling mit seinem Hammer, der dazu diente, die Stabilität der Fenstergitter zu prüfen, von hinten so auf den Kopf schlug, daß er für alle Zeiten sein Gleichgewichtsgefühl und seine Männlichkeit verlor – dieser Kucsera also brüllte mich an, er werde mir gleich sagen, wohin man mich entlasse: wegen illegalen Zeitungslesens in eine Sonderstrafeinrichtung. Ich stürzte aus dem Himmel meiner Hoffnungen in die Tiefe. Verbitterung ergriff mich, verdiente Strafe der Optimisten. Immerhin bestand ich darauf, daß man mir meine Bücher aus der Zelle holte. «Wo Sie hinkommen, brauchen Sie keine Bücher mehr», sagte Kucsera grinsend. Ich merkte plötzlich, wie sich meine Hände um seinen Hals legten. Sie zogen mich von ihm weg und fesselten meine rechte Hand ans linke Bein, so straff, daß ich nur gekrümmt stehen konnte. Doch meine Bücher holten sie, nicht alle, denn einige hatte ich verborgt. Ich sagte, ich würde keinen Schritt gehen, wenn man mir nicht alle brächte. Kucsera drohte mir tobend ein weiteres Disziplinarverfahren an, weil ich meine Bücher weitergegeben hätte, aber dann wurden auch die fehlenden Bände herbeigeschafft. Man schubste mich in einen Gefangenenwagen, die Ladung bestand aus Petőcz und mir. Ich hockte, immer noch gefesselt, auf dem Boden, die Gelenke und der Rücken schmerzten, und ich hatte Mühe, beim Bremsen nicht umzufallen. Nach einstündiger Holperfahrt kamen wir in Márianosztra an, einem ehemaligen Kloster, das zu einem Gefängnis umgebaut worden war. Wir stiegen aus. Hinter der Einfriedung fraulich gerundete Hügel, Baumgruppen und Weiden, im Dorf wurde geläutet, die Sonne schien. «Warum ist der gefesselt?» fragte ein zu kurz geratener Mann in Zivil. Die Begleiter murmelten irgend etwas. Er trat zu uns, musterte uns. «Hier werdet ihr krepieren, ohne daß wir einen Finger krumm machen», sagte er. Er war in Nosztra der Erziehungsoffizier.

VIERTES KAPITEL

1.

Es ist jetzt fünf Monate her, daß mein Gedächtnis im Nosztraer Gefängnis ankam. Dann fuhr ich nach Westdeutschland, in Hamburg inszenierte ich mein Gefängnisstück «Das Verhör», zwei Monate trieb ich mich in Westberlin herum, plagte mich mit meinen Gedichten ab, hielt Vorträge und Lesungen, schrieb vergängliche Artikel in deutscher Sprache – erstmals in meinem Leben! – und schwitzte mir, da bereitete ich mich schon auf die Heimfahrt vor, eine Erzählung aus; ihr Thema – die Nacht vom 4. zum 5. November 1956 – läßt mir seit dreißig Jahren keine Ruhe, ich wollte es auch in dieses Buch einbauen, aber im letzten Augenblick konnte ich der Versuchung immer widerstehen. Die erste Nacht unserer neuen Zeit – eine Nacht voller Blut, Tod, Betrug, Selbstbetrug, unnötiger und schöner Opfer; nicht nur mit zeitlichem, sondern auch mit räumlichem Abstand begann ich auf einmal zu schreiben, gewissermaßen dafür büßend, daß ich mich (und Pető̋cz) so lange im haßerfüllten Blickfeld des kleinen Erziehungsoffiziers hatte stehen lassen.

Meine Erzählung ist ein Rückblick auf jene Zeit, von der ich mich trotz fieberhafter Geschäftigkeit keinen Tag lang lösen konnte. Das Grunderlebnis meines Gefängnisstückes stammt allerdings aus Nosztra, und wenn ich den arglosen deutschen Schauspielern die Situationen und die Menschen analysierte, mußte ich immer wieder von mir sprechen, davon, wie ich mich mit der Haltung eines Švejk, eines Don Quijote oder eines Robin Hood durch den Nosztraer Alltag schlängelte. Aber meine Erklärungen waren von praktischer und anekdotischer Art, und sie dämpften nicht mein Unbehagen, daß ich mich vor etwas drückte. Jetzt schnappe ich mich, den Schulschwänzer, beim Ohr und führe mich an den Schauplatz meiner Lehrjahre zurück.

Wir schreiben bereits den 3. Dezember 1987. Während der vergangenen Tage habe ich noch einmal meine Nosztraer Gedichte und die Korrespondenz mit Vera und meiner Mutter gelesen. Gegen meine elegischen Gefühle habe ich mich gar nicht gewehrt. Ich habe mich, von Toten begleitet, in das Gefängnis zurückgestohlen, ganz und gar angefüllt mit der dreisten Erhabenheit und dem schlechten Gewissen der Überlebenden. Bevor sich die erste Zellentür hinter mir schließt, muß ich aber von einem weiteren Toten sprechen.

Im Mai saß ich mit geschlossenen Augen vor der Schreibmaschine und versetzte mich zurück auf den grünen Vácer Hof, wo der Rundgang auch mit der Mütze auf dem Kopf und den Händen auf dem Rücken ein beglükkendes Erlebnis gewesen war. Auf einmal war mir, als spräche mich von hinten eine heisere Stimme an. «Bist du der Eörsi?» Ich sah mich nicken. «Ich bin Endre Cserbaköi.» Ich stoppte den Film. Ich fühlte mich verwirrt, unbehaglich. An den Besitzer der heiseren Stimme hatte ich seit mindestens zehn Jahren nicht mehr gedacht. Mit dem schlechten Gewissen des durch Begnadigung Freigekommenen hatte ich Erde auf die Erinnerung an ihn geworfen; er mußte seine fünfzehn Jahre bis zur letzten Minute absitzen (das ist die Mindestzeit für Lebenslängliche, wenn sie nicht eher begnadigt werden), dazu noch die zwei Wochen, die er nach der allgemeinen Amnestie 1963 «versehentlich» auf freiem Fuß verbracht hatte. Solange er saß, bedauerte ich ihn, aber ich habe keinen Finger für ihn gekrümmt. (Meines Wissens versuchte nur István Bibó für die in Haft gebliebenen Politischen zu intervenieren, aber der Adressat seines Briefes, János Kádár, würdigte ihn keiner Antwort.) Nach seiner Entlassung war die Angelegenheit für mich erledigt. Als er mich an der Schreibmaschine unerwartet ansprach, ermittelte ich seine Anschrift und besuchte ihn. Ich kann mir nicht damit schmeicheln, daß mich nur mein schlechtes Gewissen geleitet hätte. Ich wollte meinem festgefahrenen Gedächtnis auf die Sprünge helfen und dieses Buch weiterschreiben – zusätzliche Gefühle dienten mir nur als Dekoration.

Er wohnte in Pomáz, einem Dorf nördlich von Budapest, in einem Häuschen mit einem Garten davor. Er eilte mir entgegen und öffnete die Pforte, sein Gesichtsausdruck war der alte – als wollte er gleich etwas sagen, das eine lebenswichtige Diskussion entscheiden würde –, aber sein Gesicht war aschgrau, nie wieder habe ich ein lebendiges Gesicht von dieser Farbe gesehen. «Sag mal, als sie uns aus Vác weggebracht haben», begann er schon an der Gartentür, «war es da bei dir auch wegen Fluchtversuch, wie bei mir?» Dieses «Sag mal» nach fast dreißig Jahren wirkte unwiderstehlich komisch, als hätte ihn seitdem pausenlos diese Frage beschäftigt. Die Gefängnisverwaltung hatte uns getrennt, vermutlich mitten in einem Gespräch; nichts sprach dagegen, daß wir es fortsetzten, nun über all das, was sich inzwischen ereignet hatte. Er mußte nur warten, bis ich kam, nur ich konnte mich melden, ich spazierte ja nun auf der Sonnenseite der Straße.

«Sag mal», fragte er, immer noch im Garten, «wollten sie in Nosztra wirklich durch Prügel aus dir herauskriegen, daß du an dem von mir organisierten Fluchtversuch teilgenommen hast?» Das war ihm auf Umwegen zu Gehör gekommen. «Es stimmt also nicht?» Er schüttelte den Kopf. Drinnen, in einem hübsch und anspruchslos eingerichteten Zimmer, begann er dann mit heiserer Stimme zu erzählen. Ihm wurde vorgeworfen, er habe während der Entladearbeiten den Wachposten töten wollen. An dem bewaffneten Ausbruch hätten wir alle sechs teilnehmen wollen, deshalb brachte man uns in verschiedene Strafanstalten. Die Beweise seien eindeutig, die Vorbereitungen für den Prozeß im Gange, er könne seine Haut nur mit einem Geständnis retten. Die Verhöre häuften sich, der Ton wurde rauher, Schläge wurden ihm angedroht – aber urplötzlich schlief die Angelegenheit ein, offenbar aus der Einsicht heraus, daß konstruierte Prozesse dieser Art nicht mehr glaubwürdig erscheinen würden. Aber er mußte die Folgen der Beschuldigung tragen. Seine Mitgefangenen wurden zur Arbeit geführt, er durfte nicht arbeiten. Anderthalb Jahre später erfuhr er von seinem Staatsanwalt den Grund: Auf seiner Karteikarte stand «Verdacht auf Fluchtversuch». Wenig später wurde das Verbot aufgehoben.

Immer wieder unterbrachen Hustenanfälle seinen Bericht. «Ich bin ein Wrack», sagte er, «sie haben mich völlig kaputt gemacht.» Er lächelte geniert. «Na, wenn schon!» Dann erzählte er mir kurz von seiner früheren Karriere. Er hatte mit zwanzig geheiratet, das Direktstudium aufgegeben und im Staatlichen Planungsamt das Referat Militärwesen übernommen. Hier machte er den tragischen Fehler, der Gattin – wie sich später herausstellte: der Witwe – eines verhafteten Generals und ihren zwei Kindern eine andere, kleinere Wohnung zuzuweisen, nachdem die frühere Wohnung konfisziert wurde. Rákosi persönlich ließ ihn kommen und deckte ihn so wirkungsvoll mit Schmeicheleien und brutalen Drohungen ein, daß er ganz benommen aus dem Zimmer taumelte. «Ich war völlig konfus», sagte er mit heiserer und schläfriger Stimme, «er hat das unglaublich gut hingekriegt.» Wenig später verlor er seine Stellung und wurde festgenommen. Nach einem Jahr Nosztra durfte er weiterstudieren. Dann kam die Revolution, er gehörte dem Militärrat der Studenten an und übernahm später als Regierungsbeauftragter den Befehl über eine Offiziersschule.

Ehrlich gesagt, ich wußte schon damals nicht, ob das alles stimmte. Gelogen hat er bestimmt nicht, aber vielleicht ging manchmal die Phantasie mit ihm durch? Wer weiß, was sich ein Mensch in fünfzehn Jahren hinter Gittern alles zusammenreimt! Nach dem 4. November 1956 fand ein Prozeß statt, in dem viele Millionen angeklagt waren, die überwältigende Mehrheit der erwachsenen ungarischen Bevölkerung. Mehrere Hundert, vielleicht Tausend oder Zweitausend wurden hingerichtet, Zehntausende verschwanden in Internierungslagern und Gefängnissen. Einzeln anfangs, dann durch Amnestien in Mengen kamen sie frei – doch Cserbakői mußte als letzter Angeklagter in diesem Prozeß die volle Strafe absitzen, gleichsam stellvertretend für uns alle, und er konnte sich vor der Umwelt nur schützen, indem er seine Vorstellungskraft spielen ließ. Jetzt sitzen wir bei ihm zu Hause am Tisch, ich an seiner Linken, auf dem Kanapee, ihm gegenüber seine Frau, ein schlichtes Wesen um die Fünfzig in einer Kittelschürze, mit staunend geweiteten Augen lauscht sie, bestimmt nicht zum erstenmal, seinem Lebensbericht. Sie haben sich im Gefängnislazarett kennengelernt, wo sie als Operationsschwester arbeitete, ich weiß nicht, in welchem Rang, jedenfalls war sie Angestellte des Strafvollzugs gewesen. Sie verliebten sich ineinander und heirateten noch während seiner Haftzeit, sie mußte natürlich den Dienst quittieren. Auch das ist eine romantische Geschichte, noch dazu eine wahre, vielleicht ist alles wahr, was er sagt, ich habe keine Lust, den Worten auf den Grund zu gehen. «In meinem ganzen Leben hat bei mir nur eins geklappt», meint mein Gastgeber, «die Ehe.» «Na», sagt seine Frau, und sie hat Tränen in den Augen, «mach keine Witze.» «Über so etwas», höre ich mich sagen, «witzelt man nicht vor einem alten Freund, den man seit Jahrzehnten nicht gesehen hat.» Cserbakői spricht jetzt von seinem weniger romantischen Alltag, er arbeitet für einen Hungerlohn für das Staatliche Übersetzungsbüro und fühlt sich übervorteilt und ausgebeutet, aber den Mut, sich selbständig zu machen oder irgendeiner Übersetzergenossenschaft anzuschließen, hat er nicht, weil er krank ist. Ich habe ihm eine Nummer unserer Samisdat-Zeitschrift mitgebracht, er freut sich, aber: «Wo verstecke ich sie bloß?», er sieht sich um; hier in Pomáz wird er noch immer observiert, vor zwei Jahren hat jemand aus dem Ausland seinen Besuch angekündigt, zwei junge Männer haben ihn in seinem eigenen Garten so zusammengeschlagen, daß er ins Krankenhaus mußte und aus dem Besuch nichts wurde. Manchmal liest er unsere Zeitschrift, auch von mir hat er einige Artikel gelesen, sogar ein Buch, und er hat beschlossen, seine Erinnerungen auf Tonband zu sprechen, ich soll ihm jemand schicken, damit es bald losgehen kann, wer weiß, wieviel Zeit ihm noch bleibt. Seine Frau protestiert, er streichelt ihre Hand, er begleitet mich hinaus, inzwischen ist es dunkel, er faßt mich am Arm. «Du», sagt er, «ihr sollt wissen, ich habe immer zu euch gehalten.» Stumm stehen wir uns gegenüber, ich höre, wie röchelnd sein Atem geht.

Eine Woche später ruft er mich aus einem Budapester Krankenhaus an. Er hat eine Thrombose. Ich besuche ihn. In seinem Schlafanzug sieht er vertraut aus: ein Gefangener. Sein Atem geht noch schwerer, aber wenigstens hat er keine Hustenanfälle. Das Schlimmste hat er vermutlich hinter sich, doch vielleicht steht ihm noch eine Operation bevor. Jedenfalls soll ich ihm so schnell wie möglich jemand mit einem Tonbandgerät schicken. Er hat viel zu sagen, die Arbeit könnte schon im Krankenhaus beginnen. Ihm geht wohl auch durch den Kopf, daß er im Krankenhaus weniger beobachtet wird als zu Hause. In den nächsten Tagen kommt János Kis vorbei, sage ich, ein Philosoph, Redakteur unserer Zeitschrift, dann könnt ihr die Einzelheiten besprechen. Er lächelt aschgrau, wir geben uns die Hand, ich verspreche, daß ich ihn noch einmal besuchen werde, bevor ich nach Deutschland reise. Drei Tage später ruft mich Kis an, Cserbakői ist gestorben. Als er beerdigt wurde, war ich schon in Hamburg. So blieb er für mich unbeerdigt, um eine pathetische Metapher zu gebrauchen. Jetzt, heimgekehrt, drängte es mich, diese Pflicht nachzuholen, bevor ich mich in meinem neuen Asyl einrichte, in Márianosztra.

2.

Der ungarische König Ludwig der Große, lese ich im Pallas-Lexikon, gründete 1352 in Márianosztra ein Paulinerkloster. 1552 wurde es zerstört, 1711 errichteten die Pauliner an der gleichen Stelle ein neues Kloster. Joseph der Zweite ließ es schließen, 1854 öffneten sich seine schweren Tore wieder, um sich erneut zu schließen, hinter dem ersten Gefangenentransport. 1912 saßen hier 369 weibliche Strafgefangene ein, denen 72 Schlafräume, 5 Arbeitssäle und 183 Einzelzellen (darunter dunkle) zur Verfügung standen. Ich wünsche mir einen aktuelleren Wissensstand und schlage das Neue Ungarische Lexikon auf, 1961 herausgegeben. «Bis zur Befreiung Frauenhaftanstalt», lese ich, mehr nicht. Die braven Redakteure verschwiegen – womöglich vermuteten sie ein Staatsgeheimnis –, daß nach der Befreiung daraus eine Männerstrafanstalt und unter Rákosi ein berüchtigtes Lager für politische Häftlinge wurde. «Bewach sie nicht nur, hasse sie auch!» – eine solche Losung feuerte die Aufseher an, zu deren vielen schlechten Eigenschaften Ungehorsam nicht gehörte. Aufforderungen dieser Art machen in der stalinschen Abart des sozialistischen Humanismus Prügel und Folter zu alltäglicher Routine, wenn nicht gar zur Tugend. Die Begrüßungsworte des zu klein geratenen Erziehungsoffiziers verhüllten drohend das aufrichtige Bedauern, daß ihn das unbeholfene Verbot der neuen Regierung daran hinderte, uns auf dem Gefängnishof halbtotschlagen zu lassen.

Als wir am 8. August 1957 nach Nosztra kamen, waren die Zellen kaum belegt. Unter dem Druck der Massen, die mit der Erstürmung drohten, hatte man die Gefangenen während der Revolution laufenlassen. Oberstleutnant Tóth, der Kommandant, mußte sich deswegen später rechtfertigen, obwohl er mit seiner Kapitulation Menschenleben gerettet hatte und gegen die bewaffnete Menge sowieso nichts hätte ausrichten können. Nosztra als verschärfte Haftanstalt lebte wieder auf, als eine wachsende Zahl Verurteilter unterzubringen war. Nach wenigen Monaten litten wir nicht mehr unter Einsamkeitsgefühlen, und im Frühjahr '59 drängten sich in den Einzelzellen jeweils vier bis fünf Mann.

Die Mönche hatten gewußt, wo sie bauten; die zauberhafte Landschaft rührte mich schon bei der Ankunft an. Schön war aber auch das L-förmige Gebäude, das trotz der Gitter vor den Fenstern nicht wie ein Gefängnis wirkte. In dem einen Flügel waren die Diensträume untergebracht, im anderen die Häftlinge, dazwischen gab es eine ungenutzte Kirche. Mauern und Gitter bildeten die beiden anderen Seiten des Vierecks, an den Eckpunkten erhoben sich Wachttürme, oben standen Posten mit MP.

Wir wurden in den Flügel mit den Einzelzellen geführt und mußten uns ausziehen, nackt gingen wir bis zum Ende des Ganges, wo auf dem Fußboden in einem kleinen Haufen unsere neue Kleidung wartete. Wir stellten uns in einer Reihe auf – wir waren zu viert oder fünft, denn gleichzeitig mit mir waren noch andere Häftlinge angekommen –, die Aufseher fragten uns nach den Namen, der Straftat, dem Urteil und unserer Wohnanschrift. Ich sagte: «Budapest, fünfter Bezirk, Szemere-Straße neun.» Ein schwarzhaariger, dunkelhäutiger, untersetzter Wachtmeister namens Pikler reckte sich zu dem riesenhaften Oberwachtmeister Lőrincz auf und flüsterte ihm etwas zu, so, daß ich es hören konnte: «Du weißt, die Frau!» Sofort fragte Lőrincz: «Stockwerk?» «Erstes», antwortete ich in dumpfer Wut. Die beiden wechselten einen vielsagenden Blick, Pikler nickte, ich fühlte mich immer ohnmächtiger, wieso behaupteten diese beiden Sadisten, sie hätten Vera gesehen? Ich ahnte, daß sie nur blufften, daß sie mich verunsichern wollten, sie grinsten sich an, dann mich, aber ich ging ihnen doch in die Falle, was können sie über Vera wissen, fragte ich mich, nichts, natürlich gar nichts, antwortete ich mir sofort, aber ihre Anspielung und ihr Grinsen wirkten auf mich, als hätten sie mich in einen dreckigen Tümpel geworfen. (Diese beiden Aufseher sprachen übrigens stets leise und teilnahmslos, als geizten sie mit ihrem unübersehbaren Haß, doch allein ihre ungeheuren Körperkräfte waren schon eine Drohung. Lőrincz erschien zuweilen im blauen Turnhemd an der Zellentür, wenn sie verschlossen oder aufgeschlossen wurde, so daß wir uns gut vorstellen konnten, wie er seine Muskeln spielen ließ, als er sich noch nicht an Vorschriften halten mußte. Einmal aber – ich habe das im Sammelgefängnis gehört – verlor er angeblich die Nerven und erschlug mit einem Gitterprüfhammer einen Gefangenen, wofür er zu vier Jahren verurteilt wurde.)

Man quartierte mich im ersten Stock ein, meine ersten Zellengefährten waren Bergarbeiter aus Várpalota. Ich erinnere mich an einen hageren Alten mit grauem Schnurrbart und an einen jungen Mann, der ein wenig stotterte und braun wie ein Zigeuner war. Sie waren schweigsam, vielleicht aus Mißtrauen; wir wechselten kaum ein paar Worte. Ihre Namen sind längst durch das Sieb der Zeit gefallen – wie viele Namen, Gesichter und Vorfälle aus Márianosztra. Es fällt mir auch schwer, die Reihenfolge der Ereignisse zu rekonstruieren. Ich verbrachte dort mehr als zwanzig Monate, ohne arbeiten zu dürfen, und ich lernte gut ein Dutzend Zellen kennen, denn die Gefängnisleitung ordnete immer wieder Verlegungen an, vielleicht, damit wir uns nicht zu sehr aneinander gewöhnten, vielleicht, um den Wechsel der Spitzel zu decken. Alle diese Appartements waren gleich eingerichtet: über Eck aufgestellte Doppelstockbetten aus Eisen, darauf Strohsäcke und Decken, gegebenenfalls ein weiterer Strohsack für einen fünften Bewohner, ein Hocker, ein Tisch mit unseren Eßnäpfen darauf, unter dem Tisch die Schüssel und die Wasserkanne, in der Ecke neben der Tür der Kübel. Das vergitterte Fenster ging auf den leicht abgeschrägten, grasbewachsenen Hof, wir sahen die mit Wachttürmen und Stacheldraht gespickte Mauer, sanft abfallende Wiesen, wo vom Frühjahr bis zum Herbst Kühe weideten – da läuft einem ja das Wasser im Mund zusammen, sagte ich gerne – und den dunklen Streifen des Waldes, und wir beobachteten den Wechsel der Jahreszeiten, im Herbst wimmelte es in der Nähe des Kirchturms von Schwalben.

Nicht nur die Zelle und die Landschaft, auch die Tagesordnung war immer die gleiche: Wecken im Sommer um fünf, im Winter um sechs Uhr, beim Aufschließen mußten wir den Kübel hinausstellen, den wir bei der Frühstücksausgabe zurückbekamen, dann Hofgang, Mittagessen, Abendbrot, vor dem Einschluß nochmals Kübelleerung, Schlafengehen im Winter um acht, im Sommer um neun Uhr. Sonnabends und sonntags wurden die Zellen früher abgeschlossen, es gab dann kaltes Abendbrot, Speck und eine Art Blockmarmelade (im Volksmund seit dem Zweiten Weltkrieg Hitlerspeck genannt). Die Eintönigkeit bietet der Erinnerung wenig Festpunkte.

Oder ist das nur auf den ersten Blick so? Bei Joseph Brodsky (*In anderthalb Zimmern*, eine Erinnerung an seine Eltern) habe ich gelesen: «Eine Gemeinsamkeit der Erinnerung und der Kunst ist die List der Wahl, der Sinn für die Einzelheiten.» «Die Erinnerung beruft sich nicht auf das vollständige Bild, sondern auf die Details, wir könnten sagen: auf die Höhepunkte, nicht auf die ganze Show.» «Vermutlich dreht sich alles darum, daß Kontinuität nicht existieren kann: bei nichts und niemandem. Die Lücken der Erinnerung beweisen nur, daß der lebendige Organismus den Naturgesetzen unterworfen ist. Wenn wir nicht Pharaonen sind, bemühen wir uns nicht eifrig, Mumien zu werden... Der normale Mensch erinnert sich nicht, was er zum Frühstück gegessen hat. Repetetive Routineprozesse sind dazu da, daß wir sie vergessen. Das Frühstück ist eine Routineangelegenheit; unsere liebsten Menschen ebenfalls.» Die bewahrte Kontinuität bestätigt nach Brodsky alle Einzelheiten gleichermaßen, und das ist nach dem Geschmack des Staates. Nur das Detail, das Fragmentarische dient nicht den Interessen des Staates; deshalb beurteilt Brodsky das Fragmentarische nicht nur als natürlich, sondern auch als vorteilhaft, und nur in seinem Zeichen kann er weiterarbeiten.

Ich habe keinen Grund, mit Brodsky über seine Beobachtungen zu streiten. Die Erinnerung wählt aus, die Wiederholung schiebt die Gegenstände ineinander, als ob wir mit einem sich bewegenden Fotoapparat Momentaufnahmen machten. Daß die Zeit unbedingt die Höhepunkte der Show bewahrt, würde ich aber nicht beschwören wollen. Ich bin mir auch nicht sicher, daß das Fragmentarische für den Staat immer unangenehm ist. Das hängt von der Person ab, die sich erinnert. Denn die auswählende Erinnerung ist – jeder ist sich selbst der Nächste – bereit, uns selbst angenehme Dienste zu leisten und bei der Beseitigung unseres psychischen Defizits zu helfen. Zu diesem Zweck können wir uns sowohl an wesentliche wie auch an unwesentliche Bilder halten. Eins ist aber sicher: wenn Brodskys Erinnerung oder, sagen wir, meine Erinnerung die Auswahl vornimmt, dann ist das ohne Zweifel für den Staat oder, allgemeiner gesagt, für die bestehende Herrschaftsformation peinlich; denn bevor die kritische Betrachtungsweise ihre Weltanschauung auswählt oder, besser, herausbildet, nistet sie sich tief in den Instinkten ein und wirkt von dorther, auch ohne ideologische Anregungen, zersetzend, zerstörend, formend.

3.

In Nosztra ging ich von Anfang an regelmäßig zur zahnärztlichen Behandlung. Ich hatte nämlich etwas entdeckt: Wenn ich am Zahnfleisch sog, sickerte Blut heraus, vermutlich wegen der vitaminarmen Kost. Darüber freute ich mich sehr, denn so konnte ich zweimal wöchentlich die Zelle verlassen und mich auf dem weitläufigen Gang des Verwaltungsflügels umsehen, wobei ich natürlich auf neue Bekannte, Ereignisse und Nachrichten aus war. Der Gefängnisarzt, Major Dr. Stadler, ein sommersprossiger junger Mann mit kurzgeschnittenem Haar und gebückter Körperhaltung, kam zweimal in jeder Woche aus Vác zu uns, wo er gleichfalls als Gefängnisarzt arbeitete, als Zahnarzt ebenso wie als Internist und Chirurg. Es ist bezeichnend für seine menschlichen Qualitäten, daß ich nie eine abfällige Bemerkung über ihn gehört habe, obgleich seine jüdische Herkunft unverkennbar war. Besonders in Nosztra war er eine Ausnahmeerscheinung, weil sich dort der größte Teil des Wachpersonals wie tollwütige Schakale aufführte. «Wie geht's, Eörsi?» fragte er, während er mir das Zahnfleisch einpinselte. «Man muß so manches aushalten, wie?» Ein andermal sagte er: «In meiner Laufbahn bin ich nur einem Menschen begegnet, der im Gefängnis besser geworden ist», und ich hatte aus unerklärlichen Gründen das Gefühl, er meine mich. Als er ein Jahr später abgelöst oder versetzt wurde und eine Bestie mit den Trieben eines Mörders seine Aufgaben übernahm, fehlte uns seine Menschlichkeit sehr. Ich hörte auf, mir zweimal wöchentlich Blut aus dem Zahnfleisch zu saugen, allerdings blutete es inzwischen von selbst.

Ich sehe mich auf dem Gang vor der Zelle stehen, die als Arztzimmer diente – auch die Fenster der für das Wachpersonal bestimmten Räume waren vergittert, in der guten alten Zeit der Geistlichkeit waren sie ebenfalls Zellen gewesen, mit dickeren Wänden als die für die Häftlinge bestimmten Zellen im Seitenflügel – die Reihe der Wartenden wurde von Woche zu Woche länger. Mir machte das Warten Spaß, ich sammelte Informationen: «Woher bist du?», «Warum bist du hier?», «Wann haben sie dich geschnappt?», «Was gibt es draußen Neues?» – statt lebenswichtiger Nachrichten nahm ich Mitteilungen über immer härtere Urteile und immer wildere Entlassungsgerüchte in meine Zelle mit. Und immer öfter hörte ich, daß geprügelt wurde. Das empfand ich nicht als Neuigkeit. Die sogenannten Arbeitermilizen – ein Sammelbecken für frühere Sicherheitsleute, Lumpenproletarier, übergelaufene Ex-Revolutionäre, wiederholt übergelaufene Pfeilkreuzler und sonstige Banditen – hatten seit Dezember 1956 mit ihren aus der Tschechoslowakei importierten Gummiknüppeln (freundschaftliche Hilfe!) mehrmals mit Fleiß das halbe Land zusammengeschlagen. Vor dem Nationalfeiertag, dem 15. März, zum Beispiel griffen sie sich ihre Opfer fast blindlings und stopften sogar im Markó die Zellen mit ihnen voll. Ich erinnere mich an einen ehemaligen Fußballspieler aus Szentlőrinc, der sich beim Eintritt in Zelle achtzehn statt eines Grußes Pullover, Hemd, Hose und Unterhose vom Leib riß – vom Genick bis unter das Gesäß nichts als quer verlaufende violette Blutergüsse. Das war eine sehr gewissenhafte Arbeit, mit der Gründlichkeit kleiner Beamter hatten sie keinen Zentimenter unbearbeitet gelassen. Während ich auf die Behandlung warte, erfahre ich, daß inzwischen auch auf den Polizeiwachen in der Provinz systematisch geschlagen wird. Bevor die Polizisten jemanden der Staatsanwaltschaft übergeben, leisten sie auf ihre Weise Erziehungsarbeit. Wenn zum Beispiel einem die beiden oberen Schneidezähne fehlen, brauche ich nicht erst zu fragen, woher er kommt. Ein Mitarbeiter der Polizeiinspektion von Békéscsaba hatte nämlich die Angewohnheit, ähnlich wie die frommen mittelalterlichen Maler, statt des Namens nur ein Signum am vollendeten Werk zurückzulassen – zwei ausgeschlagene Zähne, vorn, in der Mitte. Aber ich hörte auch von anderen Motiven, rabiat vorzugehen. Einmal zum Beispiel sprach Kádárs beliebter Büttenredner Marosán vor Parteifunktionären und Sicherheitsleuten in Győr, und seine Hetzrede spornte das Personal des Bezirksgefängnisses an, noch in derselben Nacht von Zelle zu Zelle zu ziehen und die Häftlinge zusammenzuschlagen.

Gleich in den ersten Wochen wurde uns beim Warten vor dem Arztzimmer die Ehre zuteil, daß Oberstleutnant Tóth, der Gefängniskommandant, stehenblieb und ein paar Worte mit uns wechselte. Er war klein und breitschultrig, mit grauem Haar und leutseligem Lächeln, und er ging auf die Sechzig zu. Die Knastlegende besagte, unter Horthy sei er Schuster in Miskolc gewesen, und als illegaler Kommunist habe er sechs Jahre abgesessen. Sofort begann meine Phantasie zu arbeiten: Was für ein Gefühl mag es sein, als ehemaliger Gefangener ein Gefängnis zu leiten? Vermutlich muß er sich einreden, daß er seine einstigen Unterdrücker unterdrückt – aber zu meiner Zeit saßen ja hauptsächlich Arbeiter, Bauern und Studenten ein. Es hieß, man werde ihn demnächst in den Ruhestand schikken, weil er in einem menschlichen Ton mit den Häftlingen sprach, außerdem hatte er, ich erwähnte es, in den Oktobertagen die Gefangenen freigelassen.

Eines schönen Septembertags also blieb der Oberstleutnant bei uns stehen, musterte uns und fragte: «Was denn, Herrschaften, so schnell kippen Sie um? Was wird denn da in ein paar Jahren, wenn Sie jetzt schon zum Doktor rennen?» Danach erkundigte er sich, wie wir hießen und woher wir stammten. Von mir hatte er wohl schon gehört, denn lächelnd meinte er: «Sie sind also dieser Eörsi?» Er wiegte den Kopf. «Hier wird nicht gejammert.» Ich sagte, ich jammere nicht, mir blutet nur das Zahnfleisch. «Andere Beschwerden haben Sie nicht?» Doch, sagte ich, mir fehlen meine Bücher, ich möchte sie in der Zelle haben und einen Bleistift benutzen dürfen, um meinen Beruf auszuüben. «Reichen Sie ein Antragsformular ein», sagte er gnädig und stiefelte weiter.

Ein solches Antragsformular durfte jedes Wochenende abgegeben werden. Die meisten Gefangenen beantragten einen Sonderbesuch naher Angehöriger oder die Genehmigung zum Briefeschreiben, manche wollten ihren Anwalt sehen oder baten um bestimmte Medikamente. Anderen ging es um die Wiederaufnahme ihres Verfahrens, oder sie wollten sich scheiden lassen (beziehungsweise nicht scheiden lassen), wieder andere wollten arbeiten. Doch im allgemeinen wurde diese Antragsmöglichkeit verhältnismäßig selten genutzt, denn wer die Zelle aus solchen Gründen verließ, machte sich verdächtig, besonders, wenn sich die Zellengefährten gegenseitig noch nicht genügend kannten. Niemand stellte eine Frage, wenn jemand von einem solchen Ausgang zurückkam; es blieb ihm selbst überlassen, ob und wie er sich äußern wollte.

Mitte der folgenden Woche wurde ich zu Tóth bestellt. Der Oberstleutnant schickte den Aufseher, der mich begleitete, aus dem Büro und legte seine Tellermütze auf den Tisch. Sein ergrautes, seitlich gescheiteltes Haar kam mir wie ein Symbol der Ordnung und der Zuverlässigkeit vor. Er bot mir einen Stuhl auf der anderen Seite des Schreibtisches an. Ungläubig berührte mein gestreifter Hosenboden die Sitzfläche. Nach meiner Erinnerung langte er nach einem Aktenbündel und blätterte darin. Doch dessen bin ich mir nicht sicher. Die nun folgende Szene habe ich nämlich, mit den notwendigen Änderungen, in meinem Stück *Das Verhör* verarbeitet, und wenn ich irgendein Erlebnis in die Literatur hinübermogle, dann sind das echte Erlebnis und seine Bearbeitung schon am nächsten Tag für mich nicht mehr unterscheidbar. Im Theaterstück liest der Gefängniskommandant in den Akten; jetzt habe ich Zweifel; vielleicht habe ich das nur für die Bühne erfunden.

Deutlich erinnere ich mich aber, daß Oberstleutnant Tóth meinen Fall und meine Verbindungen zu Angyal, Gáli und Obersovszky kannte. Er wußte, daß ich mich vor Gericht als Kommunisten bekannt hatte. Ich hätte gerade als Schriftsteller gegen die Gesetze verstoßen, stellte er fest, aber er halte es nicht für ausgeschlossen, daß ich die Schuld auch mit meiner schriftstellerischen Arbeit wiedergutmachen könne. «Was würden Sie schreiben?» Ich antwortete, meine Arbeiten würden sich mit meiner marxistischen Weltanschauung vereinbaren, mehr könne ich dazu nicht sagen, denn ein Dichter wisse nie im voraus, zu was für Gedichten es ihn drängen werde. Diese Auskunft stellte ihn nicht zufrieden. «Fühlen Sie sich immer noch als Kommunist?» Ich bejahte. «Sind Sie im Gefängnis vielen Kommunisten begegnet?» Was ich darauf antwortete, weiß ich nicht mehr. Der Held meiner Tragikomödie umgeht die Falle, indem er sagt, er wisse nicht, was die anderen denken, da man ja im Gefängnis nicht politisieren dürfe. Als ich 1965 das Stück schrieb, wußte ich vielleicht noch, ob ich meine wirkliche Antwort verwendete. Wahrscheinlicher ist es aber, daß ich zugab, daß nicht viele Gefangene Kommunisten waren. Er setzte mir nun auseinander, daß uns beide – also ihn und mich – weniger voneinander trennte als mich und meine Mitgefangenen. Die seien

Konterrevolutionäre, die wollten die Restauration des Kapitalismus, ich aber sei Kommunist wie er. Und ob ich bereit sei, mich so zu verhalten, wie es sich für einen Kommunisten gehöre.

Während er redete, wandte er nicht den Blick von mir. Ich zerbrach mir verzweifelt den Kopf, wie ich sein bevorstehendes Angebot ausschlagen könnte. Eine offene Ablehnung hätte meine Situation weiter verschlechtert; andererseits wußte ich natürlich, wer den Sicherheitsorganen den kleinen Finger reicht, dem beißen sie den Arm ab. (Karesz, dem ich später im Sammelgefängnis von diesem Dilemma erzählte, schüttelte verständnislos den Kopf. Als er mit einem ähnlichen Angebot traktiert wurde, wollte er einen Stuhl nach dem Offizier schmeißen. Er wurde abgeführt und bekam nicht einmal eine Disziplinarstrafe.)

Ich sprang auf und fragte ihn, ob ich seine Frage wiederholen dürfe. Er schlug die Augen nieder – und das ist nicht die Erfindung eines Stückeschreibers; ich war verblüfft, daß in dem jetzigen Kommandanten der einstige Häftling durchbrach – und sagte: «Bitte.» Der Herr Oberstleutnant betrachte mich also, zu Recht, als Kommunisten und erwarte, daß ich mich auch im Gefängnis wie ein Kommunist verhalte. Er meine aber bestimmt nicht, daß ich mich wie ein Kommunist verhalte, wenn ich Zuträgerdienste leiste. Der Herr Oberstleutnant wünsche, wenn ich ihn richtig verstehe, daß ich in der Zelle bei Diskussionen die kommunistische Ideologie vertrete, auch auf die Gefahr hin, daß ich mich dadurch isoliere und sogar verdächtig mache. Ich könne ihm versprechen, daß ich mich auch künftig so verhalten werde. Er unterbrach mich nicht und sah mich nicht an. Erst nach meinem letzten Satz blickte er auf. «Sie haben mich genau verstanden, Eörsi», sagte er. «Auf Ihren Antrag bekommen Sie eine schriftliche Antwort.» Unser Gespräch sei ein Staatsgeheimnis, wenn ich irgendwem davon etwas mitteilte, werde man mich vor Gericht stellen und streng bestrafen.

Verwirrt und mißmutig kehrte ich in die Zelle zurück. Hinter meiner Intellektuellen-List steckte doch hoffentlich keine Feigheit? Und wenn Tóth aus meiner Pfiffigkeit schloß, so fest sei mein Vorsatz gar nicht, und einen neuen Versuch unternahm? Um meine innere Ruhe wiederherzustellen, pfiff ich auf das «Staatsgeheimnis» und erzählte den Bergarbeitern unverzüglich und ausführlich von dem Gespräch. «Du bist also Spitzel geworden», faßte der Jüngere zusammen, der offenbar überzeugt war, wer Kommunist sei, der müsse unvermeidlich auch ein V-Mann sein. «Er ist eben kein Spitzel geworden», wies ihn der Ältere zurecht, «er sagt doch, er hat sich nicht darauf eingelassen.» Von da an sprachen wir noch weniger miteinander als vorher. Ihre Zurückhaltung gaben sie auch nicht auf, als ich einige Tage später mein Antragsformular mit dem Vermerk «Abgelehnt» zurückbekam. Ich konnte froh sein: Oberstleutnant Tóth hatte meine Antwort richtig gedeutet. Danach wollte mich niemand mehr anwerben, und man steckte mich selten in eine Zelle, wo kein Spitzel war.

Nach den Bergarbeitern leisteten mir zwei katholische Pfarrer Gesellschaft. «Pfaffen und Schriftsteller, alle wollen sie das Volk verdummen, sie passen zueinander», sagte der Fette, der übrigens zu den sanfteren Bestien gehörte, wie auch die Schicht, zu der er gehörte, die erträglichere war. Aus rätselhaften Gründen gab es in jedem Knast eine bessere und eine schlechtere Schicht. Da das Wachpersonal vierundzwanzig Stunden im Dienst war, erwarteten die Häftlinge jeden zweiten Tag mit einer gewissen Erleichterung, wenn auch der bessere Trupp in Nosztra noch viel miserabler war als die bösartigsten Aufseher im Markó oder im Sammelgefängnis.

Seine Behauptung, das stellte sich schnell heraus, war von der Wahrheit weit entfernt. Wir paßten überhaupt nicht zueinander, die Pfarrer und ich. Damals vertrat ich noch die penetrante Spielart des kämpferischen Atheismus. Meine an Heine geschulte Ironie kannte keine Schonung für die beiden empfindlichen Gefährten. Woher sie denn wüßten, fragte ich unter Berufung auf Heine, daß Christus auferstanden sei, denn am dritten Tag sei das Corpus delicti doch verschwunden. Der ältere der beiden, ein dicklicher Mann um die Fünfundfünfzig, dessen Gesicht ein dichtes Netz rötlicher Äderchen überzog, lief rot an und gebot mir mit zornbebender Stimme, den Mund zu halten. Der andere, ein hagerer, langer, ungefähr fünfundvierzigjähriger Dorfgeistlicher, der zu Hause nebenbei Fußballschiedsrichter war und den seine Gemeinde im Oktober in den Revolutionsausschuß gewählt hatte, würdigte mich keiner Antwort, er hob nur den Kopf und sah über mich hinweg. Ich habe keine Ahnung, warum ich mich ihnen gegenüber so albern benahm – wollte ich dem gar nicht so tief in mir versteckten Teufel des Widerspruchs Zucker geben? Oder machte mich der Rotgesichtige mit seiner heuchlerischen Frömmigkeit nervös? Denn daß er heuchelte, steht außer Zweifel. Stundenlang stand er mit dem Gesicht zur Tür und murmelte mit gefalteten Händen Gebete vor sich hin, aber sobald irgendwo in der Ferne der Essenkessel klapperte, blickte er seinen Kollegen an und fragte, die Hände immer noch gefaltet: «Was gibt's zu Mittag?» Während er weiterbetete, lauschte er nach draußen. Ich fand das unerhört amüsant, und es zeugt von meiner lebensfremden Naivität, daß ich anfangs mit einem Zwinkern oder einer heiteren Kopfbewegung den Hageren für meine Haltung zu alledem gewinnen wollte, woraufhin er durch mich hindurchsah, als wäre ich Luft.

Nach kurzer Zeit bekamen wir einen neuen Zellenkameraden, Gazsi, einen Arbeiterjungen aus Miskolc. Man hatte ihm eine Disziplinarstrafe angehängt, weil er am Heizungsrohr entlang aus der Nachbarzelle mit Draht eine Zigarette einschmuggeln wollte. Die Gefängnisleitung neigte dazu, in der Aktion einen Fluchtversuch zu sehen, dann ließ sie es aber bei einer Tracht Prügel bewenden, weil er sich respektlos aufgeführt habe; als seine Strafe um war, blühte eines seiner beiden Augen immer noch in allen Farben des Regenbogens. Mit seiner Ankunft wurde klar, daß wir die riskanteste Zelle waren.

Gazsis Anwesenheit gab unseren Debatten einen neuen Sinn, nun wollte ich die Seele eines jungen Menschen für den alleinseligmachenden Atheismus gewinnen; aber auch mein rotgesichtiger Diskussionspartner wurde aggressiver. Er war Jesuit, hatte in Krakau und Amsterdam studiert und stand mir an missionarischem Eifer nicht nach. «Warum sitzen Sie hier, wenn Sie Materialist sind?» fragte er mich. «Eben deshalb», antwortete ich, «ich habe versucht, die Ereignisse nicht aus den Ideen zu begreifen, sondern die Ideen aus den Ereignissen.» «So. Und sind diese zu begreifenden Ideen aus Holz oder aus Eisen?» fragte er weiter. «Aus Kunststoff», antwortete ich nicht sonderlich geistreich. Gazsi lachte los, das brachte den Rotgesichtigen in Rage. «Wieso aus Kunststoff?» fragte er. «So, wie manche Frauenstrümpfe?» Darauf konnte ich nicht antworten. Ich hätte auch nicht die Zeit gehabt, denn schon kam seine nächste Frage. «Wenn Sie nicht an den Geist glauben, womit denken Sie dann?» Ich zuckte die Schultern. «Vielleicht wundern Sie sich jetzt, Hochwürden, aber ich gebe zu, ich denke mit dem Gehirn.» Gazsi brach wieder in Gelächter aus, der Rotgesichtige wurde wieder wütend. Der hagere Pfarrer – er hieß Pater Vince, soweit ich mich erinnere – nahm an diesen Streitgesprächen selten teil. Nur an eine Bemerkung von ihm entsinne ich mich, denn mit ihr brachte er mich in Verlegenheit. Er fragte, warum ich mich für klüger hielte als alle die großen Geister, die an die Existenz irgendeines Gottes glaubten. Mein Atheismus litt darunter nicht, aber da ich nicht klüger sein konnte als beispielsweise Hegel oder Ady, schnappte meine spöttische Dreistigkeit nach Luft. Eine Zeitlang fragte ich mich: Wahrhaftig, wieso bin ich meiner Sache so sicher? Doch dank meinen Gefängnispartnern gewannen meine Spitzen in den Monaten darauf ihre Schärfe zurück.

Einmal beim Hofgang wurde Gazsi aus der Reihe gerufen. Wieder in der Zelle, gab er ziemlich verlegen zu, der Schichtleiter hätte ihn in Gegenwart des Erziehungsoffiziers aufgefordert, regelmäßig zu berichten, worüber wir untereinander sprächen. Was er nun machen solle. Die Pfarrer sagten kein Wort, und ich war überrascht, daß dieser große Draufgänger nicht rundweg abgelehnt hatte. Hatten ihn die Prügel und die Disziplinarstrafe weich gemacht? Ich fragte ihn, ob er eine Verpflichtung in diesem Sinne habe unterschreiben müssen. Er verneinte. Ich riet ihm, jedesmal, wenn er gefragt werde, zu sagen, wir stritten uns über Gott, die Pfarrer behaupteten, es gebe ihn, das könne ihnen nicht schaden, und ich behaupte, es gebe ihn nicht, das könne mir nicht schaden. Gazsi wandte das empfohlene Rezept mehrere Male an.

Unser wochenlanges Idyll zu viert wurde eines schönen Vormittags von Unterwachtmeister Derwisch gestört. Diesen Spitznamen hatte er sich dadurch erworben, daß er – als Mitglied der schlechteren Schicht – zwölf Stunden am Tag in heulendem Ton und mit markerschütternder Lautstärke brüllte. Alle zwei Tage durchdrang seine Stimme spielend die knapp zweihundert Zellentüren, setzte sich in den dicken Mauern und den Ohren fest und sog sich sogar in die Poren der Gefangenen ein. Aus dem breiigen Text, den er von sich gab und den niemand verstand, hoben sich nur die Angehörigen der Heiligen Familie sowie verschiedene Organe und Akte heraus. Ein einziges Mal verriet der Derwisch, daß auch an ihn menschliche Maßstäbe angelegt werden konnten. «Kalfaktor», sagte er eines Abends mit so stark gedämpfter Stimme, daß ihn nur die nächsten Zellen hören konnten, «was mach ich bloß, abends bin ich immer so heiser.» «Vielleicht sollten Sie nicht so viel brüllen», antwortete der Befragte bescheiden. Der Derwisch dachte vermutlich nach, denn es verging eine ganze Weile, bis er sagte: «Schon möglich, Kalfaktor.»

«An die Wand!» grölte der Derwisch gleich in der Tür, und als er sah, wie wir hastig gehorchten, grinste er. Das Grinsen vollzog sich bei ihm auf die Weise, daß sich sein knochiges, tiefgefurchtes Gesicht ein wenig in die Breite zog und die farblosen, dünnen Lippen sich nach rechts unten krümmten. «Zu Hause trauert der Klingelbeutel, was? Ist keiner da, der ihn leerklaut, was, ihr Pfaffen?» Pater Vince schwieg natürlich, aber der andere lief sofort rot an. Er ließ den Derwisch wissen, sie schickten die Kollekte monatlich versiegelt an den Herrn Bischof. «Na, der nimmt doch nicht alles alleine, der läßt euch doch auch was», meinte der Derwisch. Der Rotgesichtige wollte protestieren, aber der Unterwachtmeister fiel ihm ins Wort, daß die Fensterscheiben klirrten. Er wandte sich jetzt dem wie ein Ausrufungszeichen aufragenden Pater Vince zu, dessen würdevolles Schweigen ihn wohl ärgerte, und fragte ihn: «Und, und, und was macht jetzt Ihre Wirtschafterin, wenn es ihr juckt?» Pater Vince schwieg wie eine Mauer, der Rotgesichtige machte den Mund auf, um die Tugend seines Kollegen zu verteidigen, aber der Derwisch wies ihn mit einem «Schnauze!» zurecht. Mit einer obszönen Bewegung wandte er sich wieder an den Hageren: «Was denn, haben Sie sie denn nicht gerne...» Auch darauf erhielt er keine Antwort. Mit wutverzerrtem Gesicht nannte er Pater Vince einen Befehlsverweigerer, weil er nicht antwortete. Mitten in einen saftigen Fluch hinein fiel ihm Vince zu unserer Verwunderung ins Wort: «Herr Unterwachtmeister, mit Verlaub, lassen Sie Gott aus dem Spiel, sonst muß ich mich beim Herrn Kommandanten beschweren.» Der Derwisch reagierte mit einem Schwall unbeschreiblicher Flüche, in den er eine Liste unserer Sünden einflocht. Seine letzte Beschuldigung besagte, die Pfarrer läsen sonntags illegal die Messe, und Gazsi und ich wären die Ministranten. Das konnte der Rotgesichtige nicht hinnehmen. «Schöne Ministranten wären das!» schnaubte er. «Die gehen nicht mal zu Hause in die Kirche!» Der Derwisch wollte wissen, warum wir nicht in die Kirche gingen. Der bewährten Logik meines Drehbuches folgend antwortete ich: «Ich gehe nicht in die Kirche, weil es meines Erachtens keinen Gott gibt.» Kaum hatte ich das gesagt, bereute ich es schon wieder. Der Derwisch heulte nämlich auf: «Was reden Sie da? Das sage nicht mal ich. Irgendwas muß es doch geben, oder?» Aus dem Erdgeschoß rief jemand nach ihm. Die Tür hatte sich noch nicht hinter ihm geschlossen, da meinte der Rotgesichtige triumphierend: «Sehen Sie, mit Ihnen verglichen ist diese jeder Menschlichkeit entbehrende Bestie moralisch geradezu hochwertig. Er glaubt an etwas!» Ich blieb ihm nichts schuldig: «Feine Gesinnungsfreunde haben Sie. Ich würde nicht damit prahlen.» Gazsi lachte los, und ich freute mich über meine Schlagfertigkeit. Später bemerkte ich, daß Pater Vince die Hände vors Gesicht hielt und lautlos weinte.

4.

Unter normalen Umständen wurden die Häftlinge zweimal wöchentlich einer Mißhandlung unterworfen, die sich Rasieren nannte. Die meisten «Barbiere» wußten nicht einmal, wie man ein Rasiermesser schärft. Wer sich zu dieser Arbeit meldete, war auf mehr Bewegung, auf Nachschlag, auf Zigaretten, bessere Kleidung und sonstige Vergünstigungen aus. Manche gingen so rücksichtslos mit uns um, daß wir nach der Tortur aus Dutzenden Wunden bluteten. Im Markó brachten wir den Zigeunermusiker um seine Karriere, indem wir uns weigerten, uns ein zweites Mal seinem Messer auszuliefern.

Eines frühen Morgens wurde ich außer der Reihe glatt gekratzt und in eine Zelle geführt, wo mich der Fette und Chefkalfaktor Sztruga mit einem sauberen Hemd und einem auffallend eleganten gestreiften Anzug erwarteten. Sztruga, so alt wie ich, hatte fünfzehn Jahre abzusitzen. Er hatte in seiner Militärzeit seine Schwiegermutter erschossen, weil sie seine Frau gegen ihn aufgehetzt und ihr das mit illegaler körperlicher Arbeit verdiente Geld abgeknöpft hatte. Sztruga galt als politischer Gefangener, weil er bei seiner Straftat ja eine Waffe benutzt hatte. Seine Vertrauensstellung verdankte er dem Umstand, daß er voll und ganz mit dem Geschmack und der Kultur der Aufseher und obendrein mit den ideologischen Grundlagen des Strafvollzugs harmonierte. In jedem Knast paukte man uns ein, wir seien schlimmer als Raubmörder, die wollten nur ein paar Leute umbringen, wir hingegen das ganze ungarische Volk.

«Wohin geht's, Herr Unterwachtmeister?» fragte ich, während ich mich umzog. «Blöde Frage. Zum Galgen», antwortete der Fette freundlich. Sztruga wieherte: «Zum

Galgen, Glatzkopf!» «Ich frage ganz im Ernst, Herr Unterwachtmeister.» Der Fette schüttelte den Kopf. «Haben Sie so etwas schon gehört, Sztruga? Der Mann glaubt mir nicht. Wie oft soll ich noch sagen, daß Sie morgen aufgehängt werden?» Sztruga wiederholte grinsend: «Zum Galgen!» «Warum ich, Herr Unterwachtmeister?» fragte ich. «Sztruga wird aufgehängt!» Der Chefkalfaktor wurde unruhig. «Ich, wieso? Ich, Glatzkopf, Glatzkopf, warum gerade ich? Ich hab keine Gedichte geschrieben, ich nicht!»

Im Erdgeschoß teilte mir der Schichtführer, der gleichfalls Tóth hieß und gleichfalls mit kräftigen Stimmbändern gesegnet war, mit, heut verhandle das Oberste Gericht in zweiter Instanz über mich. Meine rechte Hand wurde ans linke Bein gefesselt, ein Lastwagen brachte mich zur Bahnstation Szob. Ich nahm zwischen zwei unbekannten Aufsehern in einem Kupee Platz, das sich unterwegs mit Leuten füllte, die zur Arbeit fuhren. Mir gegenüber korrigierte eine ältere Lehrerin Hefte. «Und was sind Sie denn von Beruf, Eörsi?» fragte der eine Aufseher. «Ich bin Schriftsteller», antwortete ich laut und vernehmlich. Die Lehrerin blickte auf, ich glaube, jetzt erst bemerkte sie mein Geschmeide, als ich ihr bestürztes Gesicht sah, war ich selbst bestürzt. Dann vertiefte sie sich wieder in die Hefte, aber ab und zu musterte sie mich verstohlen. Nach einer Weile begann ich mit meiner Kette zu rasseln; ich genoß die allgemeine Aufmerksamkeit, die ich damit erregte. Die Aufseher fauchten mich an, ich solle mich still verhalten, doch ich behauptete, ich müsse meine Hand schütteln, sonst schlafe sie mir ein. Auf einem Bahnhof vor Budapest stiegen wir in einen Gefangenenwagen um.

Grinsend und mit rasselnder Kette betrat ich das prachtvolle Gebäude des Obersten Gerichts. Auf dem Gang erblickte ich unter den Wartenden meine Mutter und Vera, ich winkte ihnen heiter zu. Dieser Augenblick machte wieder einmal deutlich, wie wenig Person und Rolle voneinander zu unterscheiden sind. Ich *spielte*, daß mich meine Fesselung amüsierte, so erschreckend sie für den Zivilisten auch sein mochte. Da ich das aber spielen konnte, amüsierte ich mich auch *wirklich*. Andererseits konnte das Spiel nur gelingen, weil der Anblick objektiv nicht ohne Humor war, der im allgemeinen von etwas Irrationalem herrührt, das unerwartet und anschaulich in Erscheinung tritt. (Andere Haftanstalten begnügten sich mit diskreten Handschellen; die langen Ketten, die Arm und Bein diagonal verbanden, waren eine Spezialität aus Márianosztra.)

Die Verhandlung selbst war noch abstoßender als die erstinstanzliche Posse. Am liebsten würde ich sagen, ich erinnere mich nur an die riesigen Schinken- und Käsesandwiches, die ich mit Erlaubnis der Staatsanwältin in der Pause verzehren durfte. Die Staatsanwältin selbst hole ich mit Unlust aus der Versenkung hervor: eine kleine, gepuderte und geschminkte Dame mittleren Alters, die das blondierte, hüftlange Haar beim Reden mit einer schwungvollen Kopfbewegung hinter sich verwies. Mit schriller Stimme forderte sie im Namen des Proletariats harte Strafen. Ihr verwittertes, schwammiges Wesen bildete einen schreienden Kontrast zur grausamen Härte des Kampfes, dem sie sich als Prophetin verdingt hatte. Ich müßte mit Sanftmut an sie zurückdenken: sie verstieß nur gegen die Regeln der ungarischen Sprache und des guten Geschmacks, denn unser Urteil wurde von höheren Stellen festgelegt. Ihr hatte ich immerhin das lukullische Sandwichvergnügen zu verdanken. (Als ich einige Monate später erneut nach Budapest gebracht wurde, diesmal ins Markó, um als Zeuge im Prozeß gegen den Groß-Budapester Arbeiterrat aufzutreten, verboten mir meine Bewacher solche gastronomischen Genüsse, wobei sie sich sogar mit dem Staatsanwalt anlegten. Sie ließen auch nicht zu, daß ich mit Vera sprach. Sie beriefen sich darauf, die Nosztraer Gefängnisleitung hätte es ihnen überlassen, welche Vergünstigungen sie mir genehmigten.)

An Dr. Molnár, den Vorsitzenden des sogenannten Volksgerichtsrates, konnte ich mich vermutlich schon zwei Monate nach unserem Zusammentreffen nicht mehr erinnern. Seinen Namen bringt mein Gedächtnis mit einem Herrn mittleren Alters in Verbindung, der korrekt gekleidet war und ebenso korrekt die juristische Sprache gebrauchte. Anders als die Staatsanwältin, verzichtete er auf persönliche Kränkungen und Emotionen. Anwesend waren außerdem noch drei sogenannte «Volks»-Schöffen, die zu allem, was er sagte, schweigend und gleichzeitig nickten. Diese Kopfbewegungen machten die Verhandlung einer Marionettenkomödie ähnlich. Sie selbst enthielten sich jeder selbständigen Stellungnahme; wenn der Vorsitzende fragte, ob sie etwas anzumerken oder einen Vorschlag hätten, schüttelten sie meistens stumm die Köpfe. Ich hatte erfahren, daß dieser Rat – wenigstens teilweise in der gleichen Zusammensetzung – Obersovszky und Gáli zum Tode verurteilt hatte, so daß ich ihre sonst löbliche Passivität als ein ominöses Vorzeichen betrachtete. Nur an einen Schöffen erinnere ich mich deutlich, an einen spindeldürren alten Mann. Von der linken Seite des Richtertisches her fragte er mich, ob ich als Dichter Attila József kenne. Ich nickte grinsend, gewiß, die meisten seiner Gedichte kenne ich auswendig, über ihn habe ich meine Examensarbeit geschrieben. Der Alte war unzufrieden; wenn ich den betreffenden Dichter kennen würde, hätte ich mich nicht gegen das Proletariat wenden können, denn József sei bis zu seinem Tod ein treuer Sohn der Partei gewesen. Dr. Zalán unterbrach mich verzweifelt, als ich zu der Erklärung ansetzte, für seine Treue sei er immer wieder verleumdet und gedemütigt worden. Der Schöffe geriet in Zorn über meinen unausstehlichen intellektuellen Hochmut. Im Gegensatz zur Staatsanwältin war er Arbeiter, ein kommunistischer Veteran, lebendes Fossil der Räterepublik, und er war der festen Überzeugung, wir alle müßten aufgehängt werden. Mit ihm begegnete mir zum erstenmal die heilige Einfalt: ein Mensch, dessen Haß nicht vom Karrierismus oder Sadismus gespeist wurde, sondern von einer aus Ideen entspringenden Überzeugung.

Die Tätigkeit des Vorsitzenden beschränkte sich auf die Verhandlungsführung und die Urteilsbegründung. Um diese Aufgabe beneidete ich ihn nicht. Er mußte mehrmals zugeben, daß das Gericht in erster Instanz gesetzeswidrig geurteilt hatte, aber dann rechtfertigte er dessen Vorgehen mit der uralten ungarischen Formel «Und dennoch», die schon in unserer klassischen Dichtung eine so große Rolle gespielt hat. Das erstinstanzliche Urteil und das ihm als Grundlage dienende Verfahren waren zwar unrechtmäßig gewesen, aber im wesentlichen dennoch richtig – solche juristischen Gipfel mußte ein qualifizierter Richter erstürmen, wenn er es in den ersten Jahren der Kádár-Ära zu etwas bringen wollte.

Die ganze glorreiche Prozedur führte dazu, daß meine Strafe von fünf auf acht Jahre erhöht wurde, während die Strafen der anderen, von den Nebenstrafen abgesehen, unverändert blieben. Die Strafverschärfung überraschte mich nicht; nach dem juristischen Krimi mit Obersovszky und Gáli in den Hauptrollen hatte ich mich auf noch mehr Jahre eingestellt. Außerdem hatte ich ja meinen unerschütterlichen biologischen Optimismus, der sich um Situationskenntnis und Logik wenig kümmerte. Wer weiß, sagte ich mir, möglich ist alles, vielleicht setze ich mich noch heut, am 23. September 1957, zu Hause an den Abendbrottisch. Nach der Bekanntgabe des Urteils konnte ich nicht einmal mehr mit Vera sprechen, in hysterischer Eile führten mich die Aufseher zum Gefangenenwagen, der mich zurück nach Márianosztra brachte.

Im Mai hatte ich noch über die fünf Jahre gelächelt, ich konnte mir nicht vorstellen, daß ich auch nur zweieinhalb davon absitzen würde. Jetzt aber, neuneinhalb Monate nach meiner Verhaftung und mit weiteren acht Jahren vor mir, zog ich allmählich düsterere Möglichkeiten in Erwägung. Das System konsolidierte sich zwar, aber seine Rachsucht war nicht gelöscht. Ich mußte mich also einrichten und meine Zeit nutzbringend ausfüllen. Im Oktober schrieb in ein längeres Gedicht, *Erdachtes Angebot*, in dem mir ein gütiger Gott helfen will, die Haftzeit «bequem, wie ein Toter» zu durchschlafen, doch ich lehne sein gutgemeintes Angebot in wohlgesetzten Worten ab: auch im Knast lebt man, und ich will leben, woraufhin mich der Gott «mitleidig, unter Tränen» anblickt. Er sieht mich mit meinen eigenen Augen an und mit Selbstmitleid, füge ich heut, dreißig Jahre später, ergänzend hinzu, um meine echten Gefühle hinter Ironie zu verstecken. Doch ich gestehe, daß ich dieses Gedicht mag, genauer, ich mag es, daß ich es geschrieben habe, auch wenn es nicht viel taugt. «Vielleicht nur bis Montag, bis Dienstag, vielleicht auch lange acht Jahre» muß ich in Márianosztra «sitzen und rasten», was aber ohne Belang ist neben der Tatsache, daß ich auch hier lebe. Für diejenigen, die ich in einem anderen Gedicht «ihr armen Einsperrbaren draußen» nenne, ist die Haftzeit ein Zwischenspiel des Todes, und diese Einstellung werden viele auch hinter Gittern nicht los. Sie sitzen dann düster und wortlos den lieben langen Tag auf dem Bettrand oder stehen in der Ecke und sehen in allem, was zum Leben gehört, einen Beweis der Dummheit und brutalen Taktlosigkeit. Beispielhaft verkörperte diesen Typ mein Schriftstellerkollege Gergely Rákosy. Wenn nach optimistischen politischen Nachrichten oder vor staatlichen und kirchlichen Feiertagen Amnestie-Enten durch den Knast schwirrten, drehte er ihnen auf der Stelle den Hals um: «Warum freust du dich? Wir werden hier vor die Hunde gehen.» Ich machte ihn besonders nervös. «Was lachst du?» fragte er mich während der wenigen Wochen, die wir in derselben Zelle saßen, fünfmal am Tag. «In diesem Augenblick vögelt einer deine Frau.» Oder: «Wieso freust du dich? Lebend kommst du hier nicht raus.» «Wieso denn nicht», entgegnete ich, «schlimmstenfalls in acht Jahren.» «Hör doch auf», so er wütend, «glaubst du denen etwa? Wenn deine Zeit um ist, wirst du erneut verurteilt.» Als wir später im Sammelgefängnis eine Kulturgruppe gründen durften, schrieb ich auch ihn auf die Liste.«Ich mache nicht mit», sagte er mit unterdrückter Wut zum Aufseher, «solange ich sitze, spiele ich nicht Kultur.» Der Aufseher sah mich mißtrauisch an – wir standen in der Tür zu seiner Zelle –, ich zuckte die Schultern, mein Kollege starrte zornig auf den Fußboden.

Die Kontinuität meines Lebens versuchte ich nach dem zweitinstanzlichen Urteil vor allem dadurch zu fördern, daß ich jede Menge Gedichte schrieb. Bekümmert betrachte ich meine Bleistiftzeilen auf den vielen hinausgeschmuggelten Toilettenpapierzettelchen – denn auf krummen Wegen gelangten sie in unregelmäßigen Zeitabständen auch aus Nosztra hinaus –, und ich kann die alberne Frage nicht verscheuchen, ob ich mein damaliges Ich nicht beneiden sollte. Ich wußte, daß ich jederzeit und immer willkommen sein würde, daß ich mich richtig verhielt, daß meine Dichtkunst blühte, ich glaubte, ich stände vor entscheidenden Jahren, und es hänge nur von mir ab, wie weit ich es brächte. Die Gedichte schrieb ich im Kopf, und wenn abends das Licht gelöscht war, murmelte ich sie vor mich hin, mir auch die Reihenfolge einpaukend – manchmal mußte ich dreißig, vierzig solche Texte aufsagen, darunter drei epische Dichtungen! In der einen oder anderen Zelle meinte man, ich betete; denn daß ich dichtete, hielt ich wegen der Spitzel geheim. Wenn sich eine Gelegenheit bot, hinauszuschicken, was sich angesammelt hatte, kritzelte ich die fertige Ware mit winzigen Buchstaben – arme Vera! – auf Toilettenpapier, und was einmal draußen war, vergaß ich blitzschnell, ich brauchte Platz für die nächste Lieferung. Die Bleistiftstummel, die ich benötigte, besorgte ich mir bei den Kalfaktoren. Den ersten spielte mir Endre Atzél zu, ein Draufgänger, der noch jünger war als ich, den zweiten bekam ich, als Atzél aufgeflogen war, von einem anderen Kalfaktor unter der Bedingung, daß ich in seinem Namen für eine gewisse Márta oder Klára Liebesgedichte schrieb.

Ich setze mich über meine Eitelkeit als Dichter hinweg und zitiere eines meiner Gedichte als Beweis, daß sich meine ideologische Grundhaltung unter dem Eindruck der Knasterlebnisse noch nicht geändert hatte. Auf einem Stück Toilettenpapier steht unter «Sept. 1957 – Nach dem Urteil» dieses polemische, «Meine Farbe» überschriebene Geständnis: «Und dennoch trage ich / die durch den Schmutz gezerrte Fahne / denn Rot ist meine Farbe / ja, Rot ist meine Farbe.» Die letzte Strophe beginnt mit den Worten «Große Wäsche ist vonnöten / und noch erstrahlst du» – ich beneide mich noch heute, daß ich mit gutem Gewissen daran glauben konnte. (Gern würde ich immer noch daran glauben, aber vergebens lungere ich durch die Läden, von den großen Kaufhäusern ganz zu schweigen: nirgends finde ich das Waschpulver, das für die programmatische Aktion nötig wäre. Aber wie man – um aus der unerschöpflichen ungarischen Volksweisheit zu zitieren – mit Fürzen keine Eier anmalen kann, so lassen sich besudelte Fahnen nicht mit frommen Wünschen reinwaschen.)

5.

«Allmählich weicht die schreckliche Stimmung der ersten Tage, statt dessen haben wir hier die Liebe, große Hoffnung, ein bißchen Stolz, die Kinder und so manches, woran wir uns festhalten können», schrieb meine Mutter nach der Verhandlung. «Auch jetzt sehe ich Dich so, wie ich Dich beim letzten Mal gesehen habe, zuversichtlich und mit leuchtenden Augen, so, wie man sich die Jugend vorzustellen hat.» Das Wort «Stolz» erfüllt mich heut noch mit Freude. Meine Mutter mag sehr darunter gelitten haben, daß sie ihren Sohn in gestreifter Kleidung und in Ketten wiedersehen mußte. Nach den herrschenden Normen, mit denen sie erzogen wurde und die sie, der Mittelklasse entstammend, mit einem Anwalt verheiratet und gläubig, naturgemäß akzeptiert hatte, waren diese Requisiten Symbole der Schuld und der gesellschaftlichen Ausgestoßenheit. «In der letzten Woche bin ich nicht viel Leuten begegnet, sogar meine Cousinen fürchten sich», schrieb sie, ein Beweis dafür, daß die erwähnten Symbole trotz der historischen und politischen Serpentinen der letzten Jahrzehnte ihre Kraft nicht verloren hatten. Der Ausdruck «Stolz» signalisierte mir, daß meine Mutter die «Schande» nicht nur ertrug, sondern auch trug, daß sie mir also das Geschenk ihrer moralischen Zustimmung machte. Diese Botschaft unterstrich sie noch mit der Wendung: «Auch jetzt sehe ich Dich so, wie ich Dich beim letztenmal gesehen habe.» Ich hätte diesen Brief allerdings nicht benötigt, um zu spüren, wie sehr mein Anblick sie aufgewühlt hatte. «Mutter, sei nicht traurig, hier muß ich nicht den ganzen Tag angekettet herumrennen, die Kette lege ich immer nur Dir zu Ehren an», lese ich auf einem Zettel, der zwischen den hinausgeschmuggelten Gedichten liegt.

«Mein gefangener Spatz, nun haben wir auch das hinter uns», schrieb Vera im selben Brief. «Jetzt ist uns wenigstens unmißverständlich zur Kenntnis gelangt, was wir sowieso ahnten: daß sehr schwere Zeiten vor uns liegen. Wie schwer sie auch sein werden, ich weiß, daß wir beide uns nie ineinander täuschen werden.» Mich bedrücken ihre Zeilen. Nach meiner Entlassung habe ich mich nicht an Veras Worte gehalten. Ich wurde ein Gefangener unstillbarer Begierden, und sie glaubte nach vier angespannten Jahren, endlich kämen gelöstere, entspanntere Zeiten. Ich verliebte mich verhältnismäßig schnell in eine andere, meine polygame Veranlagung brach durch. Sie konnte nicht – zumindest nicht mit mir – im Kompromiß leben. Obgleich sie wieder heiratete und zu ihrem größten Glück einer Tochter das Leben schenkte, werde ich den quälenden Gedanken nicht los, daß ihre rätselhafte Krankheit und ihr früher Tod wenigstens teilweise von der jahrelangen seelischen Erschütterung verursacht wurden, die unsere gescheiterte Verbindung auslöste. Asche streue ich mir nicht aufs Haupt, auch ich hätte nicht im Kompromiß mit ihr leben können. Ich lebte, wie ich konnte, mich an meine eigenen Gesetze haltend, wie sie auch immer gewesen sein mögen. Nichtsdestoweniger werde ich nie so frei werden können wie Shelleys Heldin Beatrice Cenci, die sagte, mit den Folgen ihrer aus innerem Zwang begangenen Tat habe sie nichts zu tun.

Von alledem ahnte ich in Márianosztra zum Glück noch nichts. Die Umstände unseres Lebens ziehen wir erst nachträglich auf den Faden der Zwangsläufigkeit, die alles erklärt und bestätigt. Auch ich war überzeugt, daß wir einander nie enttäuschen würden, und wer etwas anderes voraussagte, den hätte ich ausgelacht. Auch meiner verlängerten Strafe kam vor allem wegen Vera Bedeutung zu. Ich konnte nicht auf einen Schlag Sinne entwickeln, die den Unterschied zwischen fünf und acht Jahren wahrgenommen hätten. Beide Zeitmengen kamen mir abstrakt und unendlich vor. Was ich aber genau wahrnahm, das war, daß ich meinen fälligen Brief nicht bekam, nämlich den, aus dem ich Mutters und Veras Zeilen zitiere. Ich reklamierte, wahrscheinlich schickte ich auch einen Kassiber hinaus, denn Vera verlangte von der Gefängnisleitung Auskunft. Vor mir liegt die Antwort, unleserlich unterschrieben von einem Stellvertreter des Kommandanten: Veras Brief wurde mir nicht zugestellt, weil nach dem neuen Urteil neue, ungünstigere Vergünstigungen galten: ich durfte nur noch alle drei Monate einen Brief schreiben und erhalten.

In dem anonymen, aber korrekten Text bezaubert mich vor allem das Wort «Vergünstigungen». Der Normalzustand sah nach der damaligen Gefängnislogik so aus, daß der Gefangene – ob nun zu einem Jahr oder zu lebenslänglicher Haft verurteilt – bis zur Entlassung seinen Angehörigen nicht schreiben, keine Post – auch keine Päckchen – von ihnen empfangen und sie nicht sehen durfte. Briefe, Besuche, Pakete waren «Vergünstigungen» und Ausdruck des sozialistischen Humanismus. Wenn die noch abzusitzende Strafe fünf Jahre nicht überstieg, durften die Vergünstigungen einmal im Monat die Form eines Briefes annehmen und sich alle zwei oder drei Monate zu einem Wiedersehen steigern; als Pakete konnten sie sich unabhängig von der Haftdauer zweimal jährlich, Ende Juni und Ende Dezember, darstellen. Die Paketvergünstigung unterschied nicht zwischen Kurzzeit- und Langzeithäftlingen, weil sie sowieso gemeinsam in den Zellen saßen und die Häftlinge mit den schwereren Urteilen deshalb aus den Schinken- und Kuchensendungen für die weniger verstockten Sünder nicht ausgeschlossen werden konnten. Bei Strafen über fünf Jahren wurden die Vergünstigungen spärlicher. Alle drei Monate durften wir 32 Zeilen schreiben und empfangen, und alle sechs Monate durften wir mit unseren Angehörigen sprechen, je nach unserer mehr oder weniger guten Führung zehn, fünfzehn, zwanzig, fünfundzwanzig oder gar, die größte Gnade, dreißig Minuten lang. Hinter diesem freundlichen Vergünstigungssystem grinste uns unverhüllt die sinnlose Rache an. Einerseits behauptete man, nach Abbüßung ihrer Haftzeit könnten sich die Verurteilten nahtlos in die Gesellschaft einfügen, andererseits tat man alles, sie der Außenwelt zu entfremden. Die gefühlsmäßigen Bindungen wurden auf eine nicht begründbare und nicht rechtfertigbare Weise belastet, Familien zerrüttet, die Nachrichtensperre kappte unsere Kontakte nach draußen. Der eigentliche Sinn solcher Maßnahmen lag natürlich in der Erpressung. Der geringste Ungehorsam, schon der bloße Verdacht konnte mit dem «Entzug der Vergünstigungen» belegt werden, was nicht selten bedeutete, daß die Verbindung des Häftlings zu den Seinen für ein oder anderthalb Jahre völlig unterbrochen war. «Sondervergünstigungen» in der anderen Waagschale dienten der Anwerbung von Spitzeln. Aus

Briefen oder von Zuträgern erfuhr die Gefängnisleitung beispielsweise, wer von uns – mit oder ohne Grund – auf seine Frau eifersüchtig war. Dann versprach man Besuche außer der Reihe, auch unter vier Augen, unbeobachtet, damit das Familienleben in Ordnung gebracht werden könne. Gelegentlich deutete man mit einem Augenzwinkern oder einer Anspielung an, der Verurteilte dürfe bei dieser Gelegenheit alle Argumente ins Feld führen, natürlich nur für Gegenleistungen.

Das System der Vergünstigungen erstreckte sich auf das gesamte Leben im Gefängnis. Manchmal durften einzelne oder mehrere Gefangene rauchen, arbeiten, lesen oder schreiben, aber das waren Vergünstigungen, die jederzeit wieder entzogen werden konnten. Vera wandte sich am 27. August 1958 an die Kommandantur Strafvollzug im Innenministerium und bat, mir die Benutzung eines Bleistifts zu erlauben. Die Antwort ließ nur eine Woche auf sich warten: die Bleistiftbenutzung könne von Fall zu Fall die Gefängnisleitung in eigener Kompetenz genehmigen. In der rechten oberen Ecke dieses Briefes steht: «Betr.: Vergünstigung.» Weitere zwei Wochen später bekam sie eine lakonische Mitteilung vom neuen Nosztraer Kommandanten, Major Juhász: «In Beantwortung Ihres Schreibens teile ich Ihnen mit, daß ich Ihr Gesuch geprüft und für nicht erfüllbar befunden habe.» Juhász, fünfzigjährig, fett und mit dem Gesicht eines Schweinchens, hatte in den besten Jahren des Stalinismus angeblich im Todeslager Recsk gedient. Als er nach Nosztra kam, glaubten alle zu wissen, daß er den humaner wirkenden Oberstleutnant Tóth ablösen sollte. Die Gefangenen dachten sich allerlei Geschichten aus, wie die beiden mittels Anzeigen, Intrigen und Beziehungen gegeneinander kämpften. Wir drückten allesamt Tóth die Daumen, und natürlich siegte

Juhász. Der Gerechtigkeit halber muß ich aber sagen, daß es in bezug auf meine Vergünstigungen zwischen den beiden keinen Unterschied gab. Im nachhinein scheint mir, der Gegensatz zwischen ihnen beschränkte sich auf die Denkungsart und die Manieren; in der Praxis machten sie beide das, was von ihnen erwartet wurde. Von dem etwas milderen Tóth war, weil er ja in der Klemme saß, Menschlichkeit ebensowenig zu erwarten wie von seinem brutaleren Nachfolger. (Da fällt mir ein, daß ich nach meiner Entlassung jahrzehntelang beobachten konnte, wie fast alle ungarischen Intellektuellen dem aufgeklärten Steuermann unserer Kultur, Aczél, die Daumen drückten, nachdem er mit gutem taktischem Gespür das Gerücht verbreitet hatte, er werde seinen Posten einem Vertreter des härteren Kurses überlassen müssen; wenn Leute seines Schlags dann aus irgendwelchen Gründen tatsächlich gingen, stellte sich rasch heraus, daß sie absolut entbehrlich waren. Der Kurs wurde in keiner Weise «härter», einige erstarrte Verbote, die Aczél und seinesgleichen erlassen hatten, wurden im Handumdrehen aufgehoben und wirkten nachträglich nur noch komisch. Die hinters Licht geführten Intellektuellen schämen sich nur deshalb nicht, weil ihre gemeinsame Einfalt in einen gemeinsamen Schleier gehüllt ist.)

6.

Es ist, als wollte ich aus einem riesigen Kessel dampfender, dünner Suppe mit meiner Kelle die wenigen Fleischstückchen herausfischen, die ich anbieten kann. Ich durchforsche, geneigter Leser, die unsägliche Eintönigkeit des Knastes nach saftigen Happen. Doch dabei habe ich das

Gefühl, ich sollte dir gerade diese Eintönigkeit einlöffeln, das dahin sich schleppende Rasen der Tageszeiten und Tage, der Jahreszeiten und Jahre – aber wie? Wenn ich beispielsweise sage, daß wir dreimal im Jahr – falls ich mich richtig erinnere zu Weihnachten, am 1. Mai und am 20. August – für vierundzwanzig Stunden aus unseren Sachen die Fotos unserer Kinder und Frauen zur Ansicht ausgeliefert bekamen, dann ist das so ein Happen. Aber was mache ich mit den dreihundertzweiundsechzig Tagen, deren Eigenart es war, daß wir uns diese Bilder nicht ansehen durften? (Einmal wollte ich mich weigern, die Fotos entgegenzunehmen, ich sagte, niemand könne mir befehlen, wann ich meine Familie zweidimensional zu besichtigen habe. Es stellte sich heraus, daß das Bilderangucken zwar eine Vergünstigung, aber eine pflichtgemäße Vergünstigung war. Die Bilder nicht anzunehmen war Meuterei gegen die Gefängnisordnung. Auch das wäre ein Häppchen; an ihm gemessen sind die Anlässe, als ich die Bilder widerstandslos nahm, aber trotzig nicht ansah, eine dünne Brühe ohne Geschmack, des Salzes nicht wert, das man hineintun könnte.)

Oder: In Márianosztra legte man Wert auf Sauberkeit – es gab hier auch keine Wanzen! –, deshalb trieb man uns alle zwei Wochen in den Duschraum. An die dreißig Männer drängten sich unter acht Duschen, wallender Dampf, brüllende Aufseher: «Beeilung! Schnauze halten! Nicht quasseln da!» – auch das waren echte Ereignisse, verglichen mit den Tagen, an denen wir nicht duschen durften, und es waren doch keine Ereignisse, weil sich alles immer auf die gleiche Weise abspielte. Auch die Eintönigkeit hat Abstufungen. Ich erinnere mich, mir kamen das Zwielicht, der Dampf und das Gedränge jedesmal gelegen. Ich hoffte, sie würden das Zeichen des *Bundes* an meinem Körper verdecken, den meine Ahnen mit einem für mich seit jungen Jahren unerträglichen Gewaltherrscher geschlossen haben. Dieser Versuch, das Zeichen zu verstecken – ich komme darauf noch zurück –, konnte wegen seiner Stetigkeit die Herrschaft der Eintönigkeit gleichfalls nicht brechen.

Einer der vielen Duschtage ist mir im Gedächtnis geblieben. Ich höre, daß jemand hinter mir meinen Namen nennt, drehe mich um und erblicke einen über und über behaarten kleinen Mann, der sich gerade einseift. Er ist nichts als Schaum und Haare und zwei leuchtende Augen. «Ich bin Imre Sziklai», sagt er, «ich sitze wegen deiner Frau.» Verwirrung und Unsicherheit befallen mich, ein Gefühl, das jeder Gefangene kennt, das ich aber nicht Eifersucht nennen möchte, weil es keine Richtung hat – es erklärt sich aus dem Wissen, daß X oder Y oder überhaupt die Menschen draußen Informationen über die für uns wichtigen Menschen draußen besitzen, die wir nicht haben können. Wenn wir das freie Leben hinter uns lassen, treten wir aus dem Leben der anderen hinaus, aber dieses setzt sich fort, unsere Angehörigen und Freunde stehen vor neuen Entscheidungen, sie verwickeln sich in neue Beziehungen, und uns bleibt nichts als die allumfassende Ohnmacht, denn wir haben weder die Gelegenheit noch das Recht, auf die Ereignisse in ihrem Leben Einfluß zu nehmen. Das Gefühl der Ohnmächtigkeit kann den Gefangenen in den Wahnsinn treiben, besonders, wenn er erfährt oder ahnt, daß die Liebe des geliebten Menschen andere Wege zu gehen beginnt. Als ich die Erlaubnis bekam, Russisch zu lernen, fand ich in Tschernyschewskis Roman *Was tun?* (Vera hatte ihn mir, als Lesebuch getarnt, mit einem Wörter- und einem Sprachlehrbuch zusammen geschickt) meine Medizin, eine passende Variante der Theorie vom sinnvollen Egoismus. Ich bat Vera auf meinen Kassibern, meine Haft nicht als Zwang und Einschränkung zu empfinden, die mittels der aus den gesellschaftlichen Erwartungen resultierenden Verbote auch ihr Leben in ein moralisches Gefängnis sperren würde. Sie solle frei leben, also nicht aus meiner Situation, sondern aus ihren Neigungen, aus direkten und indirekten Interessen heraus entscheiden, wozu sie ja sagen und was sie ablehnen wolle. Das verlange der sinnvolle Egoismus; wenn sie bei mir bleibe, werde sie das im vollen Besitz ihrer Freiheit tun. Wenn sie aber aus einem selbstbefohlenen moralischen Zwang zu mir halte, werde sich ihre Selbstlosigkeit später als sinnlos erweisen und rächen. (Eine hübsche Theorie: Hinter ihrer Aufrichtigkeit grinst die Hypokrisie. «Sei völlig frei», schreibt der für seine Nation eingekerkerte politische Gefangene, und er schreibt es auch als liebender Ehemann, um mit seiner Großzügigkeit die Frau auf diese Weise noch enger an sich zu binden.)

Sziklais verblüffende Mitteilung löste bei mir keinerlei ausdrückbare schlechte Gedanken aus. Mir war einfach nur übel, wie bei einer leichten Seekrankheit. Er sitzt wegen Vera – sehr interessant. Ich sah ihn mir an, er stand jetzt klein und mager neben mir und spülte sich den Schaum vom Pelz. Dabei erzählte er. Vera hatte einer Freundin in London einen Brief geschrieben und ihr Vorwürfe gemacht, daß sie und ihr Mann als eifrige Parteifunktionäre, vor denen die halbe Universität gezittert hatte, so schnell wie möglich aus Ungarn weggegangen waren. Das ganze Volk leidet, in Gefängnissen, Internierungslagern, auch auf freiem Fuß, die Idee des Sozialismus ist in den Dreck gezogen, und gerade als richtige Kommunisten dringend gebraucht werden, gehen sie in den Westen und machen sich dort schöne Tage. Sziklai hatte das Ehepaar eines Tages besucht, den Brief gelesen und sich ans Herz gefaßt – er fühlte sich getroffen. Er, der Sohn des Pedells eines jüdischen Gymnasiums, hatte schon in jungen Jahren, Anfang der vierziger Jahre, Kontakt zur illegalen kommunistischen Bewegung gefunden. Nach 1945 studierte er Philosophie und diente als Dozent der Partei und ihrer Idee, bis ihn Anfang der fünfziger Jahre die allgemeine politische und moralische Krise der Kommunisten aus der Bahn warf. An der Revolution nahm er mit dem Wunsch nach Wiedergutmachung und Läuterung teil (wie ich auch), nach der zweiten sowjetischen Invasion floh er nach London, wahrscheinlich weniger aus Angst vor einer Bestrafung, als vielmehr aus grenzenloser Enttäuschung. Auf die Empfängerin hatte Veras Brief keinen Eindruck gemacht, aber Sziklai hatte auf der Stelle die Heimreise angetreten. Gleich an der Grenze wurde er verhaftet und blitzschnell zu sechs Jahren verurteilt. Bei unserem ersten Zusammentreffen erfuhr ich natürlich nur Bruchstücke dieser Geschichte, er sprach, immer noch unter der Dusche, mit klagender Stimme, und ich stellte fest, daß er sich gar nicht verstecken müßte, da er unter seinem Pelz sowieso kaum zu sehen war.

Zurück zum Alltag. Von der Tür zum Bett: fünf Schritte. Ich wäre am liebsten den ganzen Tag auf und ab spaziert, aber immer gab es einen Zellengefährten, den das wahnsinnig machte. Tapp-tapp-tapp-tapp-tapp, tapp-tapp-tapp-tapp-tapp, rechts, links, rechts, links – heute kann ich mir gut vorstellen, wie belastend das für die älteren Gefährten war, auch für die, die zu Depressionen neigten und, die Hände vorm Gesicht, auf dem Hocker oder dem Eisenrand des Bettes saßen (weil das Hinterteil auf dem sorgfälig geglätteten Strohsack keinen Eindruck hinterlassen durfte, denn jederzeit konnte ein Aufseher eintreten). Ich brauchte jedoch die Bewegung, besonders wenn ich Verse schmiedete oder über etwas nachgrübelte. Diese Unterschiedlichkeit der berechtigten Bedürfnisse führte immer wieder zu Konflikten wechselnder Intensität, die praktisch nicht zu lösen waren; nicht auf und ab zu gehen war ebenso unmöglich wie das ruhelose Gehen der anderen zu ertragen.

Außer dem Auf und Ab wirkte noch etwas anderes beruhigend auf mich: die Schönheit der Landschaft vor unseren Fenstern. Stundenlang konnte ich hinausschauen. Die sanft geneigten Weiden, der Streifen des Waldes, die wechselnden Farben der Natur und der darübergestülpte Himmel waren ein unaufhörliches und unwiderlegbares Argument gegen die im Knast bewußt gezüchtete Psychose, die Zelle samt Gitter, Guckloch und Kübel als die einzig mögliche Welt zu akzeptieren. Später, im August 1958, nahm man uns dieses Argument. Kalfaktoren kamen, nagelten das Fenster zu und strichen die unteren Partien mit Kalkfarbe weiß an, so daß es mit der schönen Aussicht vorbei war. Vom selben Tag an konnten wir für eine lange Zeit nicht mehr lüften, zumindest nicht am Tage, wir hockten zu viert oder fünft in brütender Hitze und ätzendem Kübelgestank, nun auch visuell von der Außenwelt abgesperrt. Obgleich sich keine meiner vielen Illusionen mit der Gefängnisleitung in Márianosztra in Verbindung bringen ließ, überraschte mich die zwecklose Bösartigkeit dieser unsinnigen Maßnahme.

Verbot hin, Verbot her, nachts wurde das obere Fenster immer geöffnet. Genauer gesagt, ich öffnete es, denn bei jeder Verlegung in eine andere Zelle nahm ich rücksichtslos das obere Bett am Fenster in Beschlag. Das Lüften war nämlich ebenso eine ständige Konfliktquelle wie das Gehen, besonders im Winter. Fast immer hatten wir einen – zumeist vom Lande – in der Zelle, der sich zu der Volksweisheit bekannte, daß man am Gestank nicht sterben kann, wohl aber an der Kälte. Wie soll ich die trostlose Langweiligkeit der tagtäglich ausbrechenden Streitereien veranschaulichen? Das Fluchen, das Gerangel, die immer gleichen Argumente und Gegenargumente? Papa Mihály hat Rheuma, ich eine Stadtnase, Onkel Sándor den Husten, die Lunge braucht saubere Luft. Der Aufseher donnert an die Tür, brüllt, daß wir endlich schlafen sollen. Ich gebe nicht nach, auch bei größter Kälte bleibt das Fenster wenigstens einen Spalt breit offen, aber ich weiß, für meinen Sieg werde ich morgen mit einem verkürzten Spaziergang durch die Zelle zahlen müssen. Dann marschiere ich wieder wie wild zwischen dem nun gekalkten Fenster und der Tür hin und her, sie schimpfen, wir streiten, wir rangeln, ich merke, ich bin unausstehlich, ich setze mich auf den eisernen Bettrand, fünf Minuten später springe ich auf und marschiere weiter, hin und her, hin und her.

Meine Gehwut legte sich nur vorübergehend, wenn uns, vermutlich auf ministerielle Anweisung, das Lesen erlaubt wurde. Von Zeit zu Zeit durften wir nämlich die Gefängnisbücherei benutzen, ich weiß bis heut nicht, aus welchen innenpolitischen, außenpolitischen, personellen oder zufälligen Gründen. Manchmal durften wir auch Zigaretten kaufen, ich denke, damit der mit Nikotin gesättigte Organismus mehr zu leiden hatte, wenn ihm, ebenfalls aus rätselhaften Gründen, wieder Abstinenz verordnet wurde.

Mit dem Lesen verhielt es sich anders. Gelegentlich entzog man uns zwar diese Vergünstigung, um zu zeigen, daß man uns auch damit erpressen konnte; aber der Nutzen des Lesens war uns nachträglich nicht zu nehmen. Doch die meisten Gefängnisbibliothekare versuchten, diesen Nutzen so gering wie möglich zu halten. Manche verheimlichten nicht, daß sie V-Leute der Knastleitung waren. Auf vergnügliche Weise verriet sich im Sammelgefängnis der Dichter K. K., als er mit dem Ruf «Dich melde ich!» den Gang entlang rannte, als er bei einer Kontrolle feststellte, daß ein Lebenslänglicher ein ausgeliehenes Buch zum Lesen in die Nachbarzelle weitergegeben hatte. Der Nosztraer Bibliothekar, ein Dorfschullehrer, verzichtete auf solch hysterischen Zirkus, aber er wandte ein sehr originelles Leihsystem an, um das Gefallen der Aufseher zu gewinnen. Er gab die Bücher in alphabetischer Reihenfolge aus, zwei Stück pro Woche. Beim Umtausch wanderten sie in die jeweilige Nachbarzelle weiter, wo man sie noch nicht gelesen hatte. Nun konnte seine Bücherei aber mit zehn Exemplaren von Alexei Tolstois *Brot* aufwarten. Zuerst bekamen wir zwei davon, dann kauten wir vier weitere Wochen lang am selben Brot. Unser Betteln war vergeblich, er ließ sich nicht erweichen: «Begreift doch, Leute, alles muß seine Ordnung haben, euretwegen will ich nicht hochgehen.»

Den Buchbestand bildeten überwiegend zwischen 1949 und 1956 erschienene Werke, besonders sowjetische. Aber es gab auch Ausnahmen. Auf meinen Toilettenpapierstreifen lobe ich Turgenjews *Aufzeichnungen eines Jägers*, Stendhal und den 1906 gestorbenen Ungarn Zoltán Thury. Auch etliche sowjetische Bücher – zum Beispiel Alexei Tolstois Emigrantennovellen oder *Der stille Don*, den ich mindestens zweimal nacheinander las, auch davon gab es viele Exemplare – bereiteten mir echte Freude. Aber unter den Bedingungen des Eingesperrtseins fand ich auch an weniger guten Büchern Vergnügen. Die Kümmerlichkeit der Aussage oder die Ungeschicklichkeit der künstlerischen Gestaltung erwiesen sich als verzeihliche Sünden, wenn ein Werk moralische Nahrung bot. In Nikolai Ostrowskis *Wie der Stahl gehärtet wurde* etwa las ich von trotzigem Widerstand: wir müssen uns für spätere Zeiten aufbewahren, auch ohnmächtig und in aussichtslosen Situationen. In Fadejews *Junger Garde* glüht der Haß gegen fremde Besetzer und Spitzel, so verlogen der Roman sonst sein mag. Im Gefängnis zeigte sich, daß ein großes pädagogisches Problem des Systems absolut unlösbar war: Die von ihm verkündeten, sogar zur Staatsreligion erhobenen humanistischen Prinzipien und Werte gefährdeten, wenn man sie ernst nahm, über kurz oder lang seine eigenen Wurzeln. Dieser unerwünschte Sieg des Realismus führte schließlich dazu, daß diese Prinzipien und Werte zwar Alibis der Machtausübung blieben, aber in stalinistischer, in poststalinistischer und selbst in antistalinistischer Form nicht mehr echt zu vertreten waren. Nach der Revolution erkannten die geistlosen geistigen Führer unseres Systems, daß jede irgendwie engagierte Literatur mehr Gefahren als Nutzen mit sich bringt. Das Publikum war natürlich dankbar, daß es nicht unablässig den Fraß wiederkäuen mußte, den es am 4. November 1956 endgültig überbekam.

Natürlich geriet auch eine Menge Werke in unsere Zelle, über die man sich nur amüsieren konnte. In Kerbabajews *Das Rad dreht sich* diskutieren drei Hirten in irgendeiner asiatischen Sowjetrepublik darüber, ob Stalin, wenn er aus dem Kremlfenster guckt, sie wirklich mit seinen irdischen Augen sieht oder ob er nur weiß, daß sie drei hier ihre Hammel weiden. Die beiden ältere Hirten – der eine, sagen wir, ist 155, der andere 140 Jahre alt – vertreten den erstgenannten Standpunkt. Aber der dritte, ein junger Bengel von, sagen wir, 115 Jahren, ist schon angehaucht von der liederlichen Luft des neuen Zeitalters, dem dekadenten Skeptizismus, er gibt zwar zu, daß Stalin von ihnen weiß und ihr ganzes Leben kennt, bleibt aber dabei, daß er sie nicht sehen kann, weil das Kremlfenster weit weg ist, das läßt er sich nicht ausreden. Der verstockte Jüngling wird schließlich vor die Kolchosversammlung zitiert, hier sieht er unter dem Eindruck der offenen und harten kommunistischen Kritik seinen Fehler ein und übt Selbstkritik. Dieses Buch genoß ich ungeheuer. Schau an, kein einziges Volk kann lebenswichtige Stadien der menschlichen Entwicklung überspringen: der alles sehende Stalin ist die nicht einmal modernisierte Abart des Monotheismus der Feudalgesellschaft. Von da kann man nur auf die Kerbabajewsche Weise ruck, zuck in den Kommunismus hinüberspringen. (Kerbabajews Namen begegnete ich noch einmal. Als der sowjetische Schriftstellerverband über die *Krebsstation* debattierte, forderte er Solshenizyn auf, sich von allen seinen Werken loszusagen, dann werde er ihn als seinen besten Freund an die Brust ziehen. Ich kam ins Grübeln. Er wollte einen Schriftsteller an die Brust ziehen, dessen alte Werke nicht mehr existieren und der neue noch nicht geschrieben hat.)

Ashajews mit dem Stalinpreis geehrter Roman *Fern von Moskau* mit seinem viel niederträchtigeren Zynismus löste bei mir jedoch nicht Heiterkeit, sondern Scham aus. Wie kann es sein, daß ich diesem Buch früher etwas Gutes abgewinnen wollte? Ich mußte ins Gefängnis kommen, um zu bemerken, hier hat ein zum Schriftsteller avancierter Ingenieur die Greuel eines Zwangsarbeitslagers zu einem Denkmal sozialistischer Einsatzbereitschaft, «bleibender als Erz», hochstilisiert. Geschildert wird, als Heldenepos, der Bau einer Erdölleitung im Fernen Osten, die meisten sogenannten positiven Figuren – und vermutlich auch der Autor selbst – sind Aufpasser, als Chefingenieur, Brigadier, Kraftfahrer und so weiter maskiert. Seit wir die Gulag-Literatur kennengelernt haben, ist es kein Geheimnis mehr, wie das Leben auf solchen militärisch wichtigen

Baustellen aussah. Das Wachtpersonal und die Natur standen im Arbeitswettbewerb, wer von den beiden grausamer ist. Der Wettstreit war grenzenlos, denn der Nachschub an Zwangsarbeitern war unerschöpflich. Ashajew verkörpert den einsamen Gipfel der Verdorbenheit der offiziellen Literatur, einen Gipfel allerdings, der aus einer riesigen Bergkette aufragt. Sogar der große Gorki schrieb es dem Humanismus des Sowjetsystems zu, daß die Straffälligen arbeiten und auf diese Weise ihre Fehler wiedergutmachen durften. Nichts zeigt deutlicher den stalinistischen Niedergang der russischen Kultur als die Tatsache, daß der am Geist Tolstois und Tschechows geschulte Gorki das Wirken eines Ashajew moralisch rechtfertigte.

Zu unserer Lektüre gehörte ferner die Gefängniszeitung. Sie erschien wöchentlich. Zum größeren Teil enthielt sie Nachdrucke aus der offiziellen Presse, zum kleineren Teil Beiträge kollaborationsbereiter Mitgefangener. Die Gefängnisleitung wollte mich für die Mitarbeit gewinnen, aber ich lehnte ab. Einer von uns, József Vekerdi, bekam wenig später durch Vermittlung eines Verlags die Erlaubnis, ein Buch aus dem Sanskrit zu übersetzen. Er wollte, daß ich die lyrischen Passagen nachdichtete. Die Leitung war durchaus damit einverstanden, daß er sich mit einem Dichter zusammentat, aber sie stellte eine Bedingung – der betreffende Dichter durfte nicht ich sein, weil ich trotz Aufforderung nicht für die Zeitung schreiben wollte und weil ich keine Reue zeigte.

Wenn Reue verlangt wurde, sollten die Seelen natürlich nicht bekehrt, sondern gebrochen werden. Wer bereute, schloß sich – besonders, wenn er es öffentlich tat – aus der Gesellschaft der politischen Häftlinge aus, verlor das für seine innere Haltung so wichtige Pathos und endete früher oder später als Spitzel. Die Gefängniszeitung verfolgte mit der Einbeziehung der Reuigen und der Nachrichtenauswahl das Ziel, ihre Leser zu brechen. Die politische Macht steht in Ungarn wie ein Fels. Chruschtschow wurde von den Arbeitern in Csepel mit überschäumender Begeisterung begrüßt. Das sowjetische System ist ideologisch, aber auch militärisch und technisch nicht einzuholen. Nach dem unrühmlichen Lamentieren einiger antikommunistischer Söldlinge hat die UNO-Vollversammlung auf Verlangen der ungarischen Öffentlichkeit die sogenannte Ungarnfrage endgültig von der Tagesordnung gestrichen. Die chinesischen Genossen, die indische und die jugoslawische Regierung, alle haben sie ihre frühere Zurückhaltung aufgegeben, alle zollen sie jetzt der historischen Leistung der Regierung Kádár höchste Wertschätzung. Der Leser in Sträflingskleidung fühlte sich, wenn er noch das Ungarn des Widerstands mit seinen vor Verachtung und Haß geballten Fäusten im Gedächtnis hatte, verlassen und verloren.

Ich weiß nicht, wann die erste Nummer der Gefängniszeitung erschien. Nach meiner Erinnerung berichtete sie über das zweite sowjetische Raumschiff, das am 3. November 1957 gestartet wurde. Ein niedliches Hündchen im Kosmos – die Sowjetunion hat auf dem Gebiet der Militärtechnik die Imperialisten überrundet! Manche bemühten sich, die Nachricht nicht zu glauben – die Gefängnisfolklore gab der Zeitung schon beim ersten Erscheinen den Spottnamen *Kiblische Nachrichten* und *Sputnik* –, andere schlossen aus ihr auf die Niedertracht des Sowjetsystems: Millionen Rubel werden auf den Mond geschossen, während der russische Bauer hungert. Möglich auch, daß die erste Nummer eine Retrospektive bot und später erschien. Doch ich entsinne mich deutlich, daß sie über Chruschtschows Besuch in Ungarn, der am 4. April 1958, dem 13. Jahrestag unserer Befreiung, stattfand, unerträglich detailliert berichtete. Meine Gedichte, die unter dem Eindruck der Kiblischen Nachrichten entstanden, bezeugen, daß ich verzweifelt und zornig glaubte, was man mich glauben machen wollte: daß sich das Volk sogar von der Erinnerung an die Revolution distanzierte und seinen Verrätern und Unterjochern demütig die Füße küßte. Heute bin ich der Meinung, nach der Unterdrückung des öffentlichen Aufstands wurde die Depression vom Lebenswillen abgelöst, und der regte die Bevölkerung zu einer unglaublichen Seelengymnastik an. Von dieser Demütigung konnte sich die Nation nur erholen, wenn sie an der Sprossenwand der überzeugungsmäßigen Anpassung immer höher klomm. So war die Begeisterung, von der unsere Gefängniszeitung triumphierend berichtete, wahr und doch nicht wahr, denn die verdrängten Gefühle und Gedanken brechen sich – das zu bemerken ist heut nicht mehr schwer – noch Jahrzehnte später bei den jüngeren Generationen, die nicht über unmittelbare Erfahrungen verfügen, Bahn, sobald die veränderten Umstände sie dazu anregen. Auf jeden Fall enthielten die Nachrichten genügend Wahrheiten, die Haß und Verzweiflung auslösen konnten. Zu jener Zeit war ich manchmal geradezu froh, im Knast zu sitzen. Dort nämlich sind die Alternativen schlicht und überschaubar, man kann nicht unbemerkt nach und nach verfaulen.

Der wachsende Haß, so begründet er auch war, ging allerdings mit schwerwiegenden moralischen Gefahren einher. Der Intellektuelle, dem der Staat freie Verpflegung garantiert, steigt auf die moralische Kanzel und verdammt diejenigen, die sich ihr Brot verdienen müssen. Vom Haß verblendet sieht er nicht die echten Lebensbedingungen und -möglichkeiten der Menschen und verlangt von ihnen, Helden zu sein, koste es, was es wolle. Auf Toilettenpapier teile ich Vera mit, ich hätte gehört, Angyal und zwei andere gute Bekannte, der Ingenieur Sándor Széll und der Rundfunkdramaturg Ottó Szirmai, seien zum Tode verurteilt worden. Mein knapper Kommentar: «‹Mittäter unter Mördern ist, wer stumm bleibt!› Ein einziges Kopfnicken, von wem auch immer und in welcher Beziehung auch immer, ist Mitschuld.» Ist also jeder einzelne aus den Massen, die bei Kádárs Reden klatschten und die Chruschtschow zujubelten, mitschuldig an den politischen Morden, die die Regierung beging? Auch wenn ich recht hatte, ich konnte mit meinem Rechthaben nichts anfangen. Und unbrauchbare Wahrheiten können, wenn man sie mit der richtigen Leidenschaft (und infolgedessen entsprechend erfolglos) vertritt, zur psychischen Verkrüppelung führen. Vera und meine Mutter warnten mich in ihren höchst selten eingeschmuggelten Zeilen immer wieder vor Haß. Ich jedoch meinte, gerade der Haß bewahre mich vor der schlimmsten Verkrüppelung, der Treulosigkeit. Zwischen dem 25. November 1957 und dem 10. Januar 1958 dachte ich mir ein vierteiliges episches Gedicht aus, in der Manier Byrons, über Kain, der nur dem inneren Gesetz der Freiheit folgte, als er Abel tötete, Papas und Mamas Liebling, den Lakai des despotischen Herrgotts. Im Februar 1958 verfaßte ich ein weiteres episches Gedicht, es hieß «Kabur» und war gewidmet «denen, die wegen des Hasses um mich bangen» – es konnte also eine Antwort auf die Befürchtungen meiner Angehörigen sein. Am Ende des Gedichtes bitte ich, auch als der Zauberer Kabur, die Götter um Erlaubnis, alle, die ein Herz besitzen, den Haß lehren zu dürfen: «Denn was taugt die Hoffnung und was taugt die Güte, / die zärtliche Neigung, der menschliche Glaube, / wenn wir nicht ausbrennen den eiternden Herd / all dessen, was uns erniedrigt?»

Den Höhepunkt erreichte der Haß, als ich Mitte Juni in der Gefängniszeitung von der Hinrichtung Imre Nagys und seiner Gefährten las. Ich erstarrte regelrecht, als ich die schreienden Schlagzeilen erblickte. Auf diese Sensation war ich nicht vorbereitet. Ich dachte, die Welt erinnere sich zu gut an Kádárs Versprechen, als daß sie einen solchen Schritt wagen würden. Obendrein mußte dieser Mord auch Titos Ehre und politischen Kredit ruinieren, hatte er Nagy und seinen Gefährten doch politisches Asyl angeboten und wie Kádár garantiert, beim Verlassen der jugoslawischen Botschaft würde ihnen kein Haar gekrümmt werden. Ich war noch nicht wieder bei Besinnung, als ein Mitgefangener meinte: «Gott sei Dank, ein paar Rote weniger.» Und ein anderer ergänzte, gleich danach oder später: «Die Revolution frißt ihre Kinder.» Ich war auf das höchste verbittert; sie machten mir sogar meine Trauer kaputt. In meinem Gedicht «Zum Tode Imre Nagys» schlägt mein verzweifelter Zorn in hilflose Rachgier um, die inzwischen freilich recht komisch wirkt.

Ich möchte lächeln – es gelingt mir nicht. Die Rachgier und den Haß haben längst Verachtung und Abscheu abgelöst, die mich auch zur Zeit der großen Verdrängungs- und Umschreiblehrgänge des kollektiven Gedächtnisses nicht im Stich gelassen haben. Aber immer noch meine ich, daß mich vor den zynischen und selbstbetrügerischen Formen der üblen Kompromisse der komische, aufgeblasene, gestaltlose Haß bewahrt hat, den die Todesurteile und Hinrichtungen wachriefen. Ich kann über die verrenkten Metaphern des Gedichtes nicht lächeln, weil sich vielleicht gerade damals endgültig entschied, welchen unbequemen Weg einzuschlagen ich gezwungen sein würde. Das grelle Nein ist still geworden, aber seine Härte habe ich mir samt meinen verdammt linken – wenngleich von den sinnlos gewordenen kommunistischen Prätentionen befreiten – Prinzipien bewahrt, und die Legierung beider ist so schreiend unzeitgemäß, daß ich lieber über sie lächele als über meine Zeilen aus der schönen alten Zeit.

Ich muß hier noch eine andere Nummer der Kiblischen Nachrichten erwähnen, die mir im Oktober 1959, im Sammelgefängnis, in die Hände kam. Am dritten Jahrestag der Revolution wartete László Németh, der einflußreichste Ideologe der populistischen Literatur, seinen Lesern mit einem Trinkspruch aus Moskau auf. Um meinem miserablen Gedächtnis auf die Sprünge zu helfen, habe ich mir eine Literaturzeitung vom 23. Oktober jenes Jahres aus der Bibliothek geholt, und in ihr lese ich diesen denkwürdigen Satz: «Daß meine in den kritischen Tagen geschriebenen Artikel die einzigen sind, die gegen die Restaurierung der bürgerlichen Demokratie kämpften und mit Respekt von den Völkern der Sowjetunion sprachen, habe ich damals nicht bemerkt, das haben andere festgestellt.» Ich habe mich also richtig erinnert: *die einzigen!* Diese denunziatorische Anbiederung empörte mich schon beim ersten Lesen. Außer ihm, erklärte ich unverzüglich meinen Mitgefangenen, wollten also *alle* Schriftsteller, die sich äußerten, den Kapitalismus, hetzten *alle* gegen die *Völker* der Sowjetunion. Wenn das stimmt, sagte ich, sitzen wir allesamt zu Recht im Knast und müßten sämtliche Schriftsteller, die noch auf freiem Fuß sind, auf der Stelle eingelocht werden.

Die Gefängniszeitung veröffentlichte Némeths kurze Rede, die er in Moskau gehalten hatte, damit den eingesperrten Intellektuellen klarwurde, wie sehr sie allein waren. Bestimmt fragten sich viele: Wenn die Großen klein beigeben, warum soll ich dann standhaft bleiben? Bei anderen – auch bei mir – erschöpfte sich der Wandel darin, daß sie in Abscheu und Verachtung die Person Némeths einbezogen. Inzwischen weiß ich, daß ich ihm gegenüber nicht ganz gerecht war; meine Erschütterung über seinen zitierten Satz veranlaßte mich, in alten Zeitungen zu blättern und nach Möglichkeit zu rekonstruieren, was draußen vor sich gegangen war, während ich saß. Németh war seinen meisten Schriftstellerkollegen nur insofern voraus, als er sich auf ihre Kosten reinwusch. Ein Beispiel: Die ungarischen Schriftsteller protestierten dagegen, daß die ungarische Frage in der UNO auf die Tagesordnung gesetzt wurde. Im Parteiblatt vom 5. September 1957 (!) lese ich: «Die unbefugte und feindselige imperialistische Einmischung hatte einen nicht geringen Anteil daran, daß der ganze Bodensatz des Faschismus aufgewirbelt wurde und für einige Tage Zustände schuf, die an den weißen Terror des Jahres 1920 erinnerten... Das Auftreten der Revolutionären Arbeiter-und-Bauern-Regierung und der Hilferuf an die sowjetischen Truppen wendeten die Gefahr einer immer stärker um sich greifenden, blutigen Konterrevolution von unserem Land ab.» Diesen Text unterschrieb nicht nur László Németh, unter ihm stehen insgesamt einhundertsiebzig Namen, darunter viele sehr angesehene. Zur gleichen Zeit wurde fleißig hingerichtet. Ich hatte meinen ersten Monat in Márianosztra hinter mir und noch keinen Imperialisten zu Gesicht bekommen, um so mehr junge Bergarbeiter, denen die Zähne ausgeschlagen waren. Ein Urteil zu fällen habe ich kein Recht, denn ich saß ja noch. Die Motive der Unterzeichner kann ich nicht ergründen, denn die noch am Leben sind, aber auch die in der Liste nicht Vertretenen erinnern sich an nichts. Über der Angelegenheit liegt der Schleier der kollektiven Amnesie. Manche wurden gar nicht aufgefordert, sich anzuschließen. Daß Unterschriften fehlen, beweist jedenfalls, daß man durchaus irgendwie darumherumkommen konnte.

Diesen Ausflug in die Welt der «armen Einsperrbaren da draußen» habe ich unternommen, um die wachsende Isolation der Gefangenen deutlich zu machen. In uns war '56 konserviert, denn die moralische Disziplin des Zusammengesperrtseins duldete keine Laxheiten. Doch außerhalb der Mauern lief alles in rasendem Tempo auf eine Konsolidierung hinaus. Dieser Prozeß wurde in der Gefängniszeitung tendenziös hochgespielt; aber wir hätten ihr auch nicht geglaubt, wenn sie nichts verzerrt hätte. Es lag in unserem elementaren Interesse, uns vorzustellen, Ungarn erwarte uns als das Land zurück, aus dem wir herausgerissen worden waren. Unsere Angehörigen balancierten unter Mühen zwischen den beiden Welten. Sie mußten sich im Alltag bewähren, die Familien durchbringen, die Heuchelei der stalinistischen Restauration an den Arbeitsplätzen ertragen und obendrein unsere Selbstachtung nähren. Viele Ehefrauen gingen an dieser schizoiden Aufgabe zugrunde. Wir wiederum wurden in eine von Grund auf veränderte Außenwelt entlassen, ohne jede Vorbereitung. Uns fehlten die Erlebnisse der Konsolidierung, deshalb konnten wir unsere vor der Verhaftung begonnenen Sätze, unsere Freundschaften, unsere Liebschaften nicht fortsetzen. Unser mißtrauischer Blick begegnete mißtrauischen Blicken. Vor 1956 hatte ich einen Stammplatz in der Versammlung der jungen Schriftsteller gehabt. Nach der Entlassung fand ich nicht zurück zu den Schriftstellern. Meine alten Freunde und Bekannten unterhielten sich mit mir, aber jeder für sich, zu ihren Zusammenkünften im Innenstädtischen Kaffeehaus lud mich keiner ein. Im Gefängnis sitzend hatte ich etwas versäumt. Symbolisch ausgedrückt, die Vertreter des Staates legten mir im September 1957 jenen scheußlichen Text nicht zur Unterschrift vor. Ich weiß, das ist kein Verdienst. Nichtsdestoweniger ist es schwer verzeihlich.

7.

Zurück nach Nosztra. Ich stehe im Dunklen und entwickle alte, fast vergessene Aufnahmen. Hier komme ich vom Arzt. Auf dem steinernen Fußboden wälzen sich zwei Gefangene, Aufseher treten sie. «Dreckiger Zigeuner!» «Stinkender Zigeuner!» «Du Schwein hast den Löffel verschluckt?!» Stöhnen, Schreie, die Wächter hören nicht auf, die beiden zu treten und zu schlagen. Ich sehe eine andere Variante des Bildes, diesmal nur einen Gefangenen; aber die gleichen Tritte, die gleichen Schreie. Ich erfahre, daß viele – hauptsächlich Zigeuner – den Stiel ihres Blechlöffels verschlucken, um ins Lazarett zu kommen. Aber auf die Aufseher wartet eine Disziplinarstrafe, wenn ein Häftling ohne Erlaubnis verschwindet, und sei es auf den Friedhof. Um den Selbstmordkandidaten ihren Wunsch auszutreiben, werden sie deshalb gründlich verprügelt und dann mit gekochten Kartoffeln vollgestopft, die Kartoffeln schützen die Magenwand vor der Perforation, der Löffelstiel geht klirrend auf natürlichem Weg ab, der Delinquent braucht nicht ins Lazarett gebracht zu werden, und der Spaß am Aluminiumfressen ist ihm bestimmt vergangen.

Eine andere Bildfolge. Beim Hofgang sehe ich, daß Wachtmeister Kurali, ein fescher Zigeuner, der seine Schildmütze immer tief ins Gesicht zieht, damit wir nicht sehen können, wohin er blickt, einen Zellenkameraden zu sich ruft, der bei uns als Spitzel gilt. Wieder in der Zelle, hole ich hastig drei mit Gedichten bekritzelte Toilettenpapierstreifen hinter der an die Tür geklebten Gefängnisordnung hervor, wo ich sie vor dem Hofgang versteckt habe, ich zerreiße sie, werfe die Fetzen in den halbvollen Kübel und pinkle darauf. Mit Gelärm kommen die Aufseher, Durchsuchung, wir müssen raustreten, sie stürmen die Zelle, und als erstes reißen sie die Gefängnisordnung ab. Daß sie nichts finden, erbost sie noch mehr, sie drehen die Strohsäcke um, durchwühlen alles, wir stehen in Unterhosen vor der Zelle, sie finden nichts und ziehen tobend ab. Wir bleiben zu viert, ziehen uns an. Bandi Vaskó tritt zu dem Spitzel, spuckt ihn an: «Du fieser Schnüffler!» Der Spitzel protestiert nicht. Wenig später wird er verlegt.

Eine Aufnahme von Bandi Vaskó. Lange nach meiner Entlassung habe ich gehört, er sei aus Ungarn geflüchtet, nach anderen Angaben wurde er an der Grenze erschossen. Ich habe im Knast wenige Menschen so gemocht wie ihn. Dabei weiß ich kaum etwas von ihm. Als Sohn des Volkes darf er die Offiziersschule besuchen. Zu deren geistigen Schutzherren gehört der 1949 hingerichtete kommunistische Politiker László Rajk, er verbringt viele Abende mit den Offiziersanwärtern, erzählt über den spanischen Bürgerkrieg, über die Illegalität, singt mit ihnen. Mit wenig mehr als zwanzig Jahren ist Vaskó Major. Nach dem Schauprozeß gegen Rajk werden alle Studenten und Absolventen der Schule verhaftet und grauenhaft gefoltert. Vaskó brechen sie die Knochen, sie drücken ihm Stecknadeln ins Fleisch, verschonen auch seinen Penis nicht. Brandwunden bleiben zurück. Man droht ihm den Tod an, er schweigt, dann bleibt er doch am Leben. Als die Urteile überprüft werden, entläßt man ihn, seine junge Frau ist inzwischen gestorben. An der Revolution nimmt er in seiner ländlichen Heimatstadt teil, er wird wieder verhaftet, kommt nach Nosztra. Ein magerer Bursche mit hervorstehenden Backenknochen, ein paar Zentimeter größer und ein paar Jahre älter als ich, das rostrote Haar trägt er gescheitelt. Ihn stört es nicht, wenn ich auf und ab gehe. Er ist für das Lüften. Natürlich ist er unser Zellenältester. Wenn ich blödle, lacht er gern, aber sein Gesicht bleibt traurig. Er war einmal überzeugter Kommunist, heut ist er ausgebrannt. Nicht moralisch – den Spitzel spuckt er ohne zu zögern an. Er weiß nur nicht, was draußen aus ihm werden soll. Leise erzählt er mir von seiner Frau: Sie hatten ein Kind gewollt, daraus ist auch nichts geworden. Draußen wartet niemand auf ihn.

Eine Aufnahme von D. Ein baumlanger Eisenbahner, blond, jung, ein wenig gebeugt, um den Mund ein spöttisches Lächeln. Er spuckt den Spitzel nicht an, er quält ihn. Der Spitzel ist neu bei uns, er hat keine Zigaretten, das treibt ihn in den Wahnsinn. Wir haben gerade eine Zeit, in der wir rauchen dürfen. D. zündet sich eine Zigarette an, raucht langsam und mit Genuß, inhaliert tief und bläst den Rauch dem Spitzel ins Gesicht. Der bettelt: Wenigstens einen Zug! D., die Lungen voll Rauch, die Lippen fest geschlossen, schüttelt den Kopf. Der Spitzel bettelt jetzt mich an. Ich zeige ihm meine Zigaretten, tue, als wollte ich ihm eine anbieten, überlege es mir anders: Nein, die braucht alle D., sage ich, wir kriegen ja nur drei oder vier Päckchen im Monat. D. grinst und pustet dem Spitzel Rauch ins Gesicht, Vaskó erhebt sich vom Bettrand, um einzugreifen, falls der Spitzel zuschlagen will.

Ich spinne vom wahren Sozialismus, wenn nicht mehr Verräter, sondern ehrliche Kommunisten die Partei lenken werden. D. unterbricht mich: «Was meinst du, werden auch mal die wahren Kommunisten an die Macht kommen?» «Darauf kannst du dich verlassen, alter Junge», antworte ich. «Das wär schrecklich», meint er, «denn die unwahren Kommunisten haben sich schon vollgefressen. Ihr seid noch hungrig und gefräßig.» Mich empört sein Zynismus, aber ich fühle mich getroffen. Aus D. spricht nicht seine reaktionäre Einstellung, sondern seine Erfahrung. Genauer, er drückte eine kollektive Erfahrung aus, nicht ein Vorurteil, sondern ein Urteil. Ich führe Beispiele und Argumente an, streite, D. zuckt die Schultern, für ihn ist die Frage erledigt.

Der Spitzel ist weg, wir bekommen einen Neuen – vielleicht Béla. Oder bin ich ihm in einer anderen Zelle begegnet? Er ist um die Vierzig, schwarzhaarig, mit ovalem Gesicht und einem sanften, empfindsamen, verlegenen Lächeln. Früher war er Doktor der Rechtswissenschaften, dann trat er in eine christliche Sekte ein. Weil er nicht länger lügen wollte, gab er seinen Beruf auf und landete nach einigen Zwischenstationen bei der Kanalisationsreinigung. Das ist eine so eklige Arbeit, daß ihn niemand beneidete; andererseits konnte er mit Überstunden so viel verdienen, daß es für seine Familie ausreichte. Er verbrachte zehn, vierzehn Stunden unter der Erde, in der Fäkalienjauche. Nach dem 23. Oktober wurde er in irgendeinen Revolutionsrat gewählt.

Mich interessierte sehr, wie er sich auf der Polizei verhalten, ob er auch dort die Gebote seines Glaubens eingehalten hatte. Béla antwortete verständnislos: «Denkst du etwa, ich hätte sie belogen? Mich vor denen so erniedrigt?» Ich meinte, wenn er ausgepackt hätte, dann hätte er seinen Mitangeklagten geschadet. Er schüttelte den Kopf, ach wo, er hat nicht alles ausgepackt, wenn er anderen geschadet hätte, hat er die Antwort verweigert. Seine Naivität ärgerte mich. Ich sagte ihm, als Zellengefährte sei er gemeingefährlich, angenommen, er werde gefragt, ob ich einen Bleistift habe – wenn er da die Antwort verweigere, verrate er mich ebenso wie ein Spitzel, der schlicht ja sagt. Er war tief gekränkt. Tagelang sprach er kein Wort, dann sagte er, wenn er aussagen müsse, zu welcher Sache auch immer, werde er künftig auf jede Frage die Antwort verweigern. Ich war überzeugt, daß er so handeln würde, sogar wenn man ihn fragte, ob er seine Frau sehen möchte. Meine Fragen und Folgerungen brachten ihn in eine schlimme Lage. Wenn ich mich heut frage, ob ich ihn oder auch die echten Spitzel, die ja auch Opfer waren, unmenschlich behandelt habe, dann muß ich mir antworten: Ja, wir waren grausam, aber wir richteten uns nur nach der Logik des Gefängnislebens.

Das Bild wechselt, wir sind wieder zu viert. Der Großbauer Mihály Zsuffa, der donauschwäbische Kleinbauer Johann, der Kraftfahrer Illés Godó und ich. Alle drei sind rund fünfzehn Jahre älter als ich. Zsuffa – dick und schnurrbärtig wie die Karikatur eines Kulaken aus einem systemtreuen Witzblatt – duzt den kahlköpfigen, mageren, demütigen Johann, der ihn seinerseits Herr Zsuffa nennt und siezt. Zsuffa räuspert sich unaufhörlich, am liebsten wollte er auch immerfort ausspucken, aber Godó und ich lassen es nicht zu. Die Weihnachtspäckchen kommen – vor mir liegt der Begleitzettel, ich bestellte jedesmal drei Kilo Speck und Schmalz, ich sagte mir, das hält am längsten vor und hat die meisten Kalorien –, aber für Zsuffa ist keins dabei. Natürlich bieten wir den anderen von unseren Schätzen an, auch Zsuffa. Aber das ist gar nicht nötig. «Wenn du erlaubst, ich schneid mir ein Stückel Speck ab», und schon schnippelt er mit dem geschärften Löffelstiel. Wir haben unsere Vorräte schon zur Hälfte aufgefuttert, da kommt am letzten Tag sein Paket. Hausgemachtes. Er schneidet jedem von uns eine dünne Scheibe ab und genehmigt sich selber einen Happen, dann packt er alles weg. Eine Woche später hat nur noch er etwas. Tags rührt er es nicht an, aber nachts, wenn er denkt, wir schlafen, langt er zu. Einmal wird er aus der Zelle geholt. Ich teile seinen Vorrat blitzschnell in vier Portionen, eine packe ich in sein Versteck zurück. Als er zurückkommt, haben wir unseren Mundraub schon verdrückt. Nachts lauern wir, wann er den Verlust bemerken wird. Tatsächlich, er steht auf, schlurft zu seinem Paket, atemlose Stille, er ächzt auf, wir sehen blinzelnd, wie er tastend sucht. Dann verputzt er seinen Anteil, legt sich wieder hin und sagt kein Wort.

Johann ist Analphabet. Ich will ihm das Schreiben beibringen. Mit dem Finger zeichne ich die Buchstaben an die Wand. Er macht es nach. Ein paar Tage später kennt er das Alphabet. Aber die Buchstaben kann er nicht zusammenfügen, weil seine ungarische Aussprache so miserabel ist, daß er kaum ein Wort richtig schreibt. Zsuffa und Godó lachen Tränen, ich leider auch. Johann vergeht die Lust am Schreiben.

Vier Wochen später ist Besuchstag. Die Besuchsdauer richtet sich angeblich danach, wie ordentlich die Zelle ist. Die Kameraden verbieten mir, mein Bett selbst zu machen, ich kann die Ecken und Kanten nicht richtig aufeinanderlegen. Dreimal lassen sie sich Wasser bringen, scheuern immer noch einmal. Wir haben einen matschreichen Winter und tragen vom Hofgang immer etwas Dreck herein. Mich ärgert diese militärische Form des staatsbürgerlichen Gehorsams. Einmal schnappe ich den Eimer voll Schmutzwasser und schwappe das Wasser an die Wand. Meine Zellengenossen kratzen noch mit den Löffelstielen den nassen Kalk von der Mauer, als ein Aufseher eintritt. Ich bekenne mich schuldig, ich sei über den Eimer gestolpert. Der Aufseher mustert ungläubig die Wasserflecken in Kopfhöhe und zieht unter Drohungen ab. Godó kündigt an, er wird mir den Hals umdrehen, wenn er meinetwegen nicht mehr als zehn Minuten Besuchszeit bekommt.

Godó ist ein kompliziertes Wesen. Alter Sozialdemokrat, unter Horthy war er ein paar Jahre Chauffeur eines Abgeordneten und Großgrundbesitzers. Er kutschierte die hübsche junge, scharfzüngige Frau des Abgeordneten hierher und dahin, unterwegs redeten sie über Politik, sie amüsierte sich über seine sozialistischen Ansichten. Das war gewissermaßen ihrer beider Geheimnis, denn vor dem Herrn Abgeordneten hielt er seine Zunge im Zaum. Das war während der großen Arbeitslosigkeit zu Beginn der dreißiger Jahre, er wollte seine Stelle nicht verlieren. Einmal holperten sie im Fiat über einen Feldweg, mitten im heißen Juli, die junge Frau wies Godó lachend auf die hakkenden Mädchen und Frauen hin, sie bückten sich bei der Arbeit tief hinab, und sie hatten keine Hosen unterm Rock. «Was würden Sie sagen, wenn ich eine Hacke nähme und mitmachte?» «Dann, gnädige Frau», sagte Godó, «würde ich eine Landschaft mehr kennen aus unserem gesegneten Vaterland.»

Später hatte er irgendeine politische Auseinandersetzung mit dem Abgeordneten, und er wurde doch gefeuert. Er nahm mit den früheren Genossen Kontakt auf, im Krieg war er illegal tätig, er versteckte, zum Beispiel, Juden. «So blöd war ich», sagte er, «für diese dreckigen Itzigs hab ich mein Leben riskiert.» Sein Antisemitismus war so hemmungslos, daß er mich pausenlos zum Widerspruch reizte. Später fragte er mich einmal unter vier Augen, ob ich Jude sei. Ich gab meine übliche Antwort: Mein Nationalbewußtsein und meine Religion seien nicht jüdisch – ich sei Ungar und Atheist, nach den Rassenschutzgesetzen könne ich aber als Jude gelten. Godó schüttelte den Kopf, das sei eine große Überraschung für ihn, ich sei doch ein prima Kerl, er hätte das nicht im Traum gedacht. Und der Teufel solle mich holen, er könne mich trotzdem gut leiden. «Paß mal auf», sagte er, «ich hab bis '45 die Itzigs versteckt und die Antisemiten gehaßt. Aber nach '45 war jeder Chef, den ich hatte, ein Itzig. Nicht bloß ganz oben, überall. Die haben den Ton angegeben. Uns ging es immer schlechter, denen immer besser. Sie schoben sich gegenseitig die Leiter rauf, während sie uns traten. Ich hab viele Arbeitsstellen gehabt, so war es überall.» Ich sagte, solche Typen solle er auch künftig zum Satan wünschen, aber nicht als Juden.

In der Revolution war Godó Vorsitzender des Revolutionsausschusses eines Transportbetriebs geworden. Er reorganisierte die Firma, führte die Selbstverwaltung und die Gewinnbeteiligung ein. Niemandem wurde gekündigt, nicht einmal den Leuten aus der Personalabteilung. Wer keine Fachausbildung als Schlosser oder Kraftfahrer hatte, durfte als Reinigungskraft bleiben, was die meisten natürlich ablehnten. Von der Bürokratie befreit, arbeiteten sie so effektiv, daß sich ihr Einkommen verdoppelte, obgleich sie zweimal mehr an den Staat abführen mußten. Noch im März 1957 leitete der Revolutionsausschuß den Betrieb, die offiziellen Anerkennungen blieben nicht aus, so gut und ordentlich, wie sie arbeiteten, könne ihnen nichts passieren, hieß es. Eines Tages wurde der gesamte Ausschuß verhaftet. Godó wurde im Szegeder Gefängnis von sechs oder acht Wächtern gleichzeitig verprügelt und getreten, bis er einem von ihnen an die Gurgel ging. «Laßt mich los, sonst erwürge ich ihn!» Sie ließen tatsächlich von ihm ab, und zu seiner größten Verwunderung schlugen sie ihn auch nicht mehr. Er hatte nachweislich nicht gegen die Gesetze verstoßen und kam mit ein paar Jahren davon.

Der ehemalige Großbauer Zsuffa lobte unaufhörlich die

Horthy-Zeit. Johann hörte ihm eifrig und aufmerksam zu und nickte beflissen, obgleich sein Stückchen Land nicht groß genug gewesen war, daß er sich draufsetzen konnte. Einmal behauptete Zsuffa zu seinem Unglück: «Wenn die Revolution gesiegt hätte, dann hätte ich meine Mühlen zurückbekommen.» Mehr konnte er nicht sagen, denn mit einem Satz war der sehnige, kräftige Godó bei ihm und drückte ihm die Kehle zu: «Haben wir die Revolution gemacht, damit du deine Mühlen zurückkriegst?» Der Dicke lief dunkelrot an, röchelte und schlug um sich, Godó hielt ihn am feisten Hals und schüttelte ihn. «Ich sitz also wegen deiner Mühlen? Ich kann wegen deiner Mühlen nicht bei meinen Kindern sein?» Johann und ich sahen stumm zu, wir mischten uns nicht ein. Ich sagte mir, wenn Godó ihn jetzt erwürgt, dann muß er es einfach tun, dann kann er nicht anders. Schließlich ließ er den halb ohnmächtigen Zsuffa los, auch er war in Schweiß gebadet und zitterte am ganzen Leib.

Irgendwann im Sommer 1958 wurde uns eine große Freude zuteil. Es sickerte durch, Nosztra solle demnächst eine Verwahrungsanstalt für klassenfremde Elemente und für gesellschaftlich besonders gefährliche Gefangene sein. In der Tat verfrachtete man uns eines Tages in mehrere Transportwagen, die uns nach Vác brachten. Ich hätte nie geglaubt, daß man so froh sein kann, ein Gefängnis wiederzusehen. Wir waren ungefähr hundert Häftlinge, die sich im unteren Gang aufstellten, man hätte Pferde mit uns stehlen können. Plötzlich taucht Oberwachtmeister Kucsera auf, dem ich an die Gurgel gegangen war, bevor man uns wegbrachte. Er nimmt die Parade ab und erblickt mich. Ich muß vortreten und werde in eine Zelle gesperrt. Bis zum Abend kümmert sich niemand um mich. Dann fahren einige Transportwagen nach Nosztra zurück, ich bin der einzige Fahrgast. Im leeren Gefängnis muß ich mich wieder ausziehen, ich trotte nackt den langen Gang entlang, wo das Häufchen meiner neuen Klamotten liegt, da steht auf einmal der kleine, rote Schichtleiter Tóth vor mir. Ich merke, er ist völlig ahnungslos, er stiert mich an und donnert: «Eörsi! Was suchen Sie hier, gottverflucht-nochmal?» Ich nehme stramm – und nackt – Haltung an: «Melde, Vác hat mich nicht gewollt, könnte das hier nicht auch passieren?» Tóth stößt ein Wutgeheul aus, dann preßt er hervor: «Ich werde Sie schon erwischen! Mit Ihnen wird hier noch einiges passieren, Eörsi!» Ich lande im Dunkelarrest und warte, daß die Schläger kommen – manchmal wurden die Gefangenen im Dunkeln durchgewalkt –, aber alles bleibt ruhig, am Morgen schicken sie mich in eine der oberen Zellen, ich bin allein, außer mir ist kaum ein Häftling hier.

8.

Einer nach dem anderen trafen die Neuen ein. Morgens waren wir immer ein paar mehr, die durch den grünen Hof trotteten. Im kleinen Kreis die Kranken, im großen die Gesunden und die für gesund Erklärten. Viele Alte: seit 1945 einsitzende Kriegsverbrecher, Militäroffiziere des Horthy-Regimes, Gendarmen, Überlebende des alten Verwaltungsapparats. Mir fiel ein tappriger Greis auf, der mit geöffnetem Hosenschlitz im kleinen Kreis tappte. Das war István Antal, erfuhr ich, ein rechtsradikaler Politiker unter Horthy, Minister auch noch nach der deutschen Besetzung im März 1944. Den Hosenschlitz ließ er nicht aus Vergeßlichkeit offen; er konnte den Harn nicht zurückhalten. Ich schlage das Lexikon auf. Geboren 1896. Damals war er also gerade erst zweiundsechzig. Auf mich wirkte er wie ein Methusalem. Ich wußte nicht, ob ich auch ihn bedauern sollte. Wo verlaufen die Grenzen der pflichtgemäßen Solidarität? Einerseits wäre ich gern mit ihm in einer Zelle gewesen, er hätte mir authentische Geschichten von einer versunkenen Welt erzählen können. Andererseits war ich froh, daß er meine Toleranz nicht auf die Probe stellte. – Etliche Wochen lang ging ein vierschrötiger älterer Mann vor mir her, immer wieder laut einen fahren lassend. Einmal fragte ich ihn: «Verkehrst du nach dem Raketenprinzip?» Gáli, der die Zelle mit ihm teilte, rügte mich wegen dieser Pointe: Bei dem Mann funktioniere der Schließmuskel nicht. Dieses Gebrechen hatte sein ganzes Leben ruiniert, er konnte nicht mehr als Anwalt arbeiten und nicht mehr in Gesellschaft gehen, obendrein lief ihm seine Frau davon; er verpestete regelrecht die Luft um sich herum. Letzten Endes landete er im Gefängnis, war ausschließlich mit Männern zusammen, und da kam ich ihm mit dem Raketenprinzip...

Wenn ich schon verraten habe, daß Gáli mich rügte, dann muß ich nun – wenigstens nachträglich – auch noch mitteilen, daß er zusammen mit Obersovszky nach Nosztra gekommen war. Wie alle, die nach dem Todesurteil begnadigt wurden, galten sie als gesellschaftlich besonders gefährliche Individuen. Im Knast nannte man sie die gnädigen Herren, auch wenn sie nicht durch Begnadigung, sondern wegen Kassation des Urteils dem Strick entgangen waren. Ein reiner Zufall, daß Gáli eine Zeitlang mein Zellennachbar war. Über das Heizungsrohr konnten wir regelmäßig telefonieren. Ich erfuhr: Er ist Vater eines Sohnes geworden, Vera Káldor, die Mutter, muß nicht mehr ins Gefängnis, und István Angyals Gnadengesuch wird von ausländischen Organisationen – jüdischen Vereinigungen, Verfolgten des Nazismus – unterstützt, er hat also eine Chance, am Leben zu bleiben, aber er selbst (also Gáli) hat kaum noch Hoffnung. Als sein Todesurteil vom Obersten Gericht auf fünfzehn Jahre abgeändert wurde, hat ein Offizier das so kommentiert: Für Sie, Gáli, ist das scheißegal, Sie kratzen in ein, zwei Jahren sowieso ab.

Diese alberne Prophezeiung war leider nicht ganz unberechtigt, wie ich erkennen mußte. Zu meinen erschütterndsten Erlebnissen gehören die Hofgänge, bei denen er hinter mir schritt. Dort, wo der Hof leicht anstieg, hörte ich ihn mit jedem Schritt heftiger keuchen. Immer wieder blickte ich mich um, ich wußte nie, ob er es lebend überstehen würde. Auf der abschüssigen Seite verschnaufte er sich ein wenig, er versuchte sogar zu sprechen, aber dann folgte schon wieder der Anstieg, der ihn ungeheuer erschöpfte. Ich richtete es so ein, daß ich hinter ihm ging. Nun sprach ich zu ihm und hörte ihn weniger deutlich röcheln und keuchen. Später wurde er ins Lazarett eingeliefert. Dort fand man bei einer Durchsuchung ein Foto seines Söhnchens unter dem Kopfkissen, für den neuen Arzt Grund genug, ihn hinauszuwerfen. Er wurde wieder in den dritten Stock eingewiesen, aber in eine entferntere Zelle. Da er nicht mehr imstande war, die Treppen zu steigen – und an manchen Tagen führte man uns zweimal für je dreißig Minuten auf den Hof –, blieb er in der Zelle. Das galt als schweres Disziplinarvergehen, aber die Gefängnisleitung hatte ein Einsehen und verlegte ihn ins Erdgeschoß.

Jeder Hofgang bereitete ihm Qualen. Einmal trat er aus dem Kreis, als er nicht mehr konnte. Wachtmeister Kurali, die Mütze tief ins Gesicht gezogen, kommandierte: «In die Hocke!» Gáli rührte sich nicht. Wir standen im Kreis, Kurali in der Mitte, und warteten entsetzt. «Auf, nieder!» schrie Kurali. Gáli stand nur keuchend da. «Wird es bald!» schrie Kurali. «Nein», sagte Gáli, mehr nicht. Dieses Wort hatte Márianosztra aus dem Mund eines Gefangenen noch nie gehört. Drohend ging der durchtrainierte Kurali auf Gáli zu. Was mache ich, wenn er ihn schlägt? überlegte ich. Wenn ich mich einmische, werde ich zusammengedroschen, wenn ich nichts unternehme, kann ich mir nicht mehr in die Augen sehen. Gáli, die Hände an der Hosennaht, noch dünner und länger als sonst, sah dem Wachtmeister durch seine dicken Brillengläser entgegen. Ich merkte, lieber würde er sich totschlagen lassen, als diesem todbringenden Befehl zu gehorchen. Kurali mochte Gális Entschlossenheit spüren; als er dicht vor ihm stand, sagte er zu meiner Erleichterung nur: «Los, Meister, gehen Sie rein!» Dann hielt er sich an uns schadlos. Um sein Prestige wiederherzustellen, ließ er uns Kniebeugen machen, bis er sich wieder beruhigt hatte.

Noch schwerere Zeiten folgten. Mit einstigen Mühlenbesitzern brauchte ich mich nicht herumzuärgern, aber es gab in Nosztra immer weniger Häftlinge, die wegen 1956 verurteilt waren, dafür immer mehr Vertreter des Horthy-Regimes. Sie bekannten sich zu einer anderen Moral und Wertordnung, sie bildeten eine geschlossene Gemeinschaft, mit der ich nichts zu tun hatte. Ihr Zusammenhalt war außerordentlich stark. Gáli hatte zwei Mitgefangene in seiner Zelle, die sich gegenseitig als Herr Major anredeten. Als er fragte, wieso sie Majore seien, 1945 müßten sie doch noch blutjung gewesen sein, bekam er die verblüffende Antwort, daß sie den Krieg als Oberleutnants beendet hätten, aber seitdem wären sie zweimal befördert worden, wenn das möglich gewesen wäre – sie sagten auch, welcher von ihnen wann –, und da das seit 1945 bestehende System nicht legal sei, betrachteten sie die Beförderungen als nach den Regeln der alten Armee vollzogen.

Ich beobachtete in dem neuen Umfeld entsetzt, daß man mir nicht vertraute und daß das Gerücht aufkam, ich sei ein Spitzel. Den Grund dafür lieferte ich selbst, weil ich meine kommunistische Überzeugung nicht verheimlichte. Der Verdacht nahm noch zu, als ein Zellengefährte, ein Jurist, mich fragte, ob ich mit Dr. Gyula Eörsi verwandt sei. Ich bejahte, daraufhin verbreitete er blitzschnell, ich sei Jude. Kommunist und Jude in einer Person – das konnte nur ein Zuträger sein. Glücklicherweise sprang das Wachtpersonal so niederträchtig mit mir um, daß sich das Gerücht bald in Luft auflöste. Dennoch blieb ich von da an fremd in meinem eigenen Knast, solange ich mich in Nosztra aufhielt.

In Zelle 184 im dritten Stock wohnte ich ein halbes Jahr lang mit dem Juristen Dr. Cs. zusammen, der bis zum Herbst 1944, also bis zur Machtübernahme der Pfeilkreuzler, im Justizministerium gearbeitet hatte. Unsere Zellengefährten waren Jenő Soltész, der Präsident der Christlichen Front, die während der Revolution entstanden war, und zwei Offiziere, István Endrédy und Kálmán Csikor. Letzteren hatte die Volksarmee aus der Horthy-Armee übernommen, an der Pécser Universität hatte er den Lehrstuhl für Militärwesen geleitet, die Studenten hatten ihn in den Revolutionären Soldatenrat (oder zu dessen Vorsitzendem?) gewählt, in dieser Funktion hatte er in Pécs Übergriffe und Willkür verhindert und eine Menge Menschen gerettet – seine lange Haftstrafe war also berechtigt. Obgleich bäuerlicher Abstammung, war er als Horthy-Offizier als klassenfremdes Element eingestuft worden.

Die schillerndste Persönlichkeit in unserer Zelle war Soltész, etwa fünfzig Jahre alt, untersetzt, mit grauem Haar. Den lieben langen Tag stand er mit gefalteten Händen fast bewegungslos am Bettende, für nichts auf der Welt hätte er sich auf das Bett gesetzt und das Gebrüll der sadistischen Aufseher erduldet. Er stammte aus einer Landarbeiterfamilie. Einem aus Amerika zurückgekehrten Pfarrer war seine Gescheitheit aufgefallen, er sorgte für seine Ausbildung. Er studierte in Krakau Theologie, verzichtete aber auf die Priesterweihe, die Versuchungen des Fleisches plagten ihn zu sehr. Später wurde er Erzieher bei der Grafenfamilie Teleki und 1945 Parlamentsabgeordneter; soweit ich mich erinnere, auf der Liste der Bauernpartei, nach der kommunistischen Machtübernahme 1948 organisierte er eine illegale katholische Gruppe. Er hatte ein viele hundert Seiten langes christlich-sozialistisches Programm ausgearbeitet, die Gesellschaft wollte er, dem Beispiel Salazars folgend, nach Berufsständen einteilen, doch die Liquidierung des ungarischen Großkapitals sah er als unumstößliche historische Tatsache an. Die Macht wollte er nicht mit Gewalt, sondern mit göttlicher Hilfe ergreifen und ausüben. Unter den Berufsständen sollte – als primus inter pares – dem geistlichen eine besondere Rolle zufallen. Er wurde inhaftiert und erst im Sommer 1956 entlassen. Die Christliche Front, der er vorstand, war ein Zusammenschluß mehrerer katholischer Organisationen, und mit seiner Redlichkeit und Naivität, seinem Rednertalent und seiner bäuerlichen Herkunft brachte er große Massen hinter sich, genauer: hinter die mit allen Wassern gewaschenen klerikalen Politiker, die ihn – ich möchte wetten! – benutzen wollten, um eine militant konservative Restauration vorzubereiten.

Soltész' Religiosität glich mittelalterlichem Fanatismus. Was in der Bibel stand, nahm er wörtlich. Wenn sie behauptet, Gott habe die Welt in sieben Tagen erschaffen, dann müssen wir uns wirklich sieben Tage vorstellen. Gott hat sich nicht symbolisch, sondern exakt ausgedrückt. Auf

Dostojewskis Spuren wandelnd fragte ich ihn, wie es am ersten Tag hell werden konnte, wenn Gott die Sonne und die anderen leuchtenden Himmelskörper erst am vierten schuf; er antwortete, daß am ersten Tag der göttliche Geist leuchtete. Inzwischen weiß ich, daß Soltész im Recht war: Man glaubt entweder wortwörtlich an etwas, oder man wirft seinen Glauben klugerweise über Bord. Der modifizierte, Umständen angepaßte, immer wieder geflickte Glaube himmlischer wie irdischer Art kann zwar praktischen Zwecken dienen, aber in historischer Dimension rettet ihn nichts vor dem Untergang.

In dieser Zeit bekam ich die Bücher zurück, die mir in Vác Ärger eingebracht hatten, darunter Heines Gedichte; das *Wintermärchen* hatte ich ja schon 1955 zu übersetzen begonnen, in Nosztra legte ich mir im Kopf die ungarischen Zeilen der noch fehlenden Kapitel zurecht. Soltész ließ sich das Buch von mir geben, er las im Stehen, reglos, immer starrer, immer bleicher. Ich sah ihm über die Schulter, es war bei der *Disputation* aufgeschlagen: Ein Rabbi und ein Mönch machen 110 Strophen lang an einem mittelalterlichen spanischen Hof den Glauben des anderen schlecht, bis Donna Blanka, die Königin und Verkörperung der sensuellen Schönheit, die Heines wahrer Glaube war, das Urteil spricht:

«Welcher recht hat, weiß ich nicht –
Doch es will mich schier bedünken,
Daß der Rabbi und der Mönch,
Daß sie alle beide stinken.»

Soltész schlug das Buch zu. «Bisher habe ich geglaubt», rief er, «daß ihr beide, du und Heine, nur die Gesandten des Teufels seid. Jetzt sehe ich, ihr seid seine Inkarnation!» Und nochmals, noch lauter: «Ja, seine Inkarnation!» Ich fühlte mich geschmeichelt, daß er mich mit Heine in einen Topf warf und ich seine neueste Erkenntnis untermauern konnte.

Nach seiner Auffassung stand die Menschheitsgeschichte ständig im Zeichen eines gigantischen Kampfes zwischen den Christen und den Juden. «Jude» und «Christ» bedeuteten für ihn nicht eine Religion oder Konfession, sondern eine Geisteshaltung. Die Zyniker, die Skeptiker, die Sophisten, die verdorbenen Römer, Voltaire, die Freimaurer – allesamt waren sie Juden, Sokrates oder die Stoiker hingegen Christen. Einmal geriet eine deutschsprachige Monographie über die Geheimgesellschaft der Rosenkreuzer in unsere Zelle. Darin stand, um 1835 habe eine deutsche Freimaurerloge den ersten Juden in ihre Reihen aufgenommen, daraufhin habe die oberste Leitung diese Loge ausgeschlossen. Triumphierend fragte ich Soltész, was denn das für eine jüdische Bewegung sei, die keine Juden als Mitglieder dulde; er antwortete, er meine das nicht rassisch, er kenne gute Christen, die zur jüdischen Rasse gehörten, während die Freimaurer durch und durch eine jüdische Gemeinschaft seien, auch ohne Juden, denn ihr Ziel sei der Sturz des Christentums.

Sein Gott hatte ihn mit einem unerschöpflichen missionarischen Eifer geschlagen. Mich sah er mal als Inkarnation des Teufels, mal als verirrte junge Seele, durch Geburt, Erziehung und soziales Milieu dazu prädestiniert, sich vor der Stimme der Wahrheit die Ohren zu verstopfen. Ich faßte seine unablässigen Bekehrungsversuche als unerwünschte Bevormundung auf und reagierte mit Hohn. Einmal erklärte er mir, das schönste Buch der Welt sei die Bibel, vor allem das Neue Testament. Ich wollte wissen, ob beide der liebe Gott geschrieben habe. Natürlich, antwortete er. «Aber das Neue Testament ist schöner?» fragte ich. «Ja, noch schöner, falls das überhaupt möglich ist.» «Wie kann das sein? Ist der alte Herr noch besser in Form gewesen? Ist er einfach in Fahrt gekommen wie ein Köter beim Kläffen?» Soltész schwieg und sprach als Buße zwei Tage lang kein Wort. Dann setzte er seine Versuche fort. Mich ärgerte vor allem, daß er mich geistig für minderjährig hielt. «Gegen Gott kämpft nur einer so wild, der stark seine Gegenwart fühlt», sagte er einmal, «auch du wirst noch vor seinem Altar knien!» «Klar», sagte ich, «wenn du darauf scheißt!» Er stöhnte auf, schlug die Hände vors Gesicht und sprach mindestens fünf Tage lang kein Wort.

Solche Sticheleien kommen mir heute unreif, taktlos und grausam vor (auch wenn ich mit meinen gelungeneren Pointen ein wenig angebe). Aber immer noch meine ich, daß die Kirche, die die Religionsausübung als Menschenrecht und als Bestandteil der Gewissensfreiheit betrachtet, dem Atheismus und dem Materialismus in ihren verschiedenen Varianten genau dieses Recht und diese Freiheit absprechen möchte. Wenn sie behauptet, die atheistische Agitation verletze die Gefühle der Gläubigen, dann muß sie hinnehmen, daß die Verkündigung des Wortes Gottes die Gefühle der Atheisten verletzt. Der optimale Standpunkt, daß jeder seine Meinung sagen kann, ohne staatliche oder kirchliche Sanktionen oder die Rache einer gesteuerten öffentlichen Meinung befürchten zu müssen, hat sich in Ungarn, in Polen und überhaupt im mittel- und osteuropäischen politischen Raum noch nie behaupten können.

Die beiden Offiziere in unserer Zelle mischten sich in diese Debatten nie ein; mal beschwichtigten sie uns, mal hielten sie sich die Ohren zu. Dr. Cs. jedoch genoß unsere

Wortgefechte, als bürgerlicher Liberaler verachtete er jeglichen Fanatismus, die theokratische ebenso wie die marxistische Besessenheit, und ihm machte es nichts aus, wenn wir uns unsere Meinungen um die Ohren hauten. Soltész ärgerte ihn insofern, als er sich als christlichen Sozialisten ausgab. «Dir wünsche ich eher, daß du hier ins Gras beißt, als daß du an die Macht kommst! Zehn Jahre habe ich für ein Experiment schon geopfert, und da willst du mir mit dem nächsten kommen!» Soltész, übrigens ein Lebenslänglicher, entgegnete: «Merke dir, Gott hat mich so tief erniedrigt, um mich später um so höher hinaufzuheben.» Cs. winkte ab; ein hoffnungsloser Fall.

Natürlich war auch ich für ihn ein hoffnungsloser Fall. Erstens hielt er mich für einen Grünschnabel, und zwar nicht nur wegen meiner politischen Schwärmerei, sondern auch wegen der gelegentlichen Bemerkung, es sei unmoralisch, nach der Verflüchtigung der Liebe eine Ehe und ein Eheleben weiterzuführen. Cs. und die beiden Offiziere starrten mich an, als hätte ich den Verstand verloren. Der grauhaarige Soltész stand wie erstarrt am Bett, er äußerte sich nicht – aber er war ja auch nicht verheiratet, er war erst verlobt. Die drei wollten mir klarmachen, daß nach der Liebe immer noch die Zuneigung bleibt, die Gewöhnung und die Bedürfnisse. Sie waren für mich Mummelgreise – allesamt über vierzig –, ich begriff einfach nicht, warum sie soviel über Sex und Frauen redeten, ich blieb dabei, das routinemäßige Ausleben sexueller Bedürfnisse sei ein spießbürgerlicher Zeitvertreib, ein Privatkompromiß, durch den die Gefühle abstumpfen.

Dr. Cs. teilte meine Spießbürgerfeindlichkeit nicht. Seine ganze Verachtung galt dem Pöbel. In diese Kategorie ordnete er alle ein, die auf irgendwelche Hetze hereinfielen und gegen die gesetzliche Ordnung verstießen. Ich bin in einer Juristenfamilie aufgewachsen, deshalb ist mir von Kind an jeder übertriebene Respekt vor dem Gesetz verdächtig. Und bis heute meine ich, das Gesetz hat kein größeres Anrecht auf Respekt als alles andere, was Menschen geschaffen haben. Ich fragte Cs. also, ob auch gegen schlechte, unmenschliche Gesetze nicht verstoßen werden darf. Natürlich nicht, antwortete er, man muß mit gesetzlichen Mitteln darauf hinwirken, daß bessere zustande kommen. Die nächste Frage ergab sich von selbst: ob er denn auf bessere Gesetze hingewirkt habe, als er in den vierziger Jahren und noch nach der deutschen Besetzung im Justizministerium Gesetze für den Schutz der Rasse und der Nation fabrizierte. Cs. protestierte, er hat diese Gesetze nicht fabriziert, er hat sie nur formuliert, und zwar in der liberalsten Form, die möglich war. Als zum Beispiel ein Gesetz verlangt wurde, daß ein aufgrund der Rassentheorie zum Juden erklärter Mann nicht mit einer christlichen Frau den Beischlaf vollziehen darf, hat er im Einverständnis mit seinem Chef eine Klausel in das Gesetz geschmuggelt, nach der Prostituierte eine Ausnahme bilden. Diese Klausel brachte natürlich die Schwierigkeit mit sich, daß definiert werden mußte, wer eine Prostituierte war. Und da half wieder die liberale Einstellung, die sein Chef so formulierte: «Eine Frau, die ein außereheliches sexuelles Verhältnis eingeht, ist als eine zu betrachten, die den Beruf einer Hure ausübt.» Damit fiel eigentlich nur das Eheleben einer Christin mit einem Juden unter das Verbot. Ich protestierte heftig: Erstens konnte diese Definition der Hurerei nicht in die juristische Praxis übergehen, zweitens ist jede Reglementierung der privaten Beziehungen auf rassischer Grundlage empörend unmenschlich; so ein Gesetz verlangt nicht Respekt, es verlangt, daß man es mißachtet. Wer zum Beispiel gegen die Rassengesetze demonstriert oder gegen seine Vertreter Gewalt proklamiert, dem kann man keine Pöbel-Mentalität vorwerfen.

Cs.s Formulierung «in der liberalsten Form, die möglich war», stellte das kleinere Übel als das einzig Gute hin. Sie ermöglichte zum einen, daß er seinen Posten behielt, und sie verhinderte zum anderen, daß üblere Typen als er die erwähnten Gesetze formulierten. Zugleich lüftete sie den Schleier über dem zeitlosesten Geheimnis unseres Gemeinwesens. Bei uns hat, von kurzen Episoden abgesehen, seit dem dualistischen Ausgleich mit der Habsburg-Monarchie 1867 jede politische Führung versucht, mit dem Aufschrei «Ich bin das kleinere Übel!» die Massen hinter sich zu bringen, meistens erfolgreich.

Deáks Ausgleich war ein kleineres Übel als der Habsburg-Absolutismus. Horthy rief 1919 schon vom weißen Pferd herab der zu seinen Ehren angetretenen Menge in Budapest zu, er sei ein kleineres Übel als Béla Kun. In den dreißiger Jahren stieg er dann noch einmal auf seinen inzwischen ziemlich gealterten Schimmel und flüsterte – denn laut zu werden war nicht mehr ratsam –, er sei ein kleineres Übel als Hitler. Auf ihn folgten zwei absolut herausragende Herrscher, Ferenc Szálasi und Mátyás Rákosi, bis nach der Revolution von 1956 Kádár in Budapest Einzug hielt, nicht auf einem weißen Pferd, sondern in einem roten Panzer, und sobald er den Mut aufbrachte, den Kopf herauszustecken, rief er, er sei ein kleineres Übel als Rákosi. Diese Mentalität verkörperte Cs.; wie man sieht, habe ich heute mehr Verständnis für ihn als damals in Nosztra.

Wenn ich die Augen schließe, sehe ich ihn vor mir: mittelgroß, weichlich, das spärliche Haar auf dem runden Kopf zur Seite gestrichen, hinter der Brille aufgeregte, unstete Augen. Interessant, daß ich ihn frisch rasiert sehe, stoppelig kann ich ihn mir einfach nicht vorstellen, dabei wurde er doch auch nur einmal pro Woche vom Barbier geschunden. An unseren Bedingungen gemessen war er peinlich sauber; er litt darunter, daß er leicht schwitzte. Immerfort spitzte er die Ohren, er fiel auf die wildesten Gerüchte herein, wenn sie ihm günstig erschienen. Er hatte Humor, und er war klug. Ich bewunderte, daß er von jedem einigermaßen bekannten Menschen wußte, ob er Jude war; wenn er den Namen eines gewöhnlichen Sterblichen hörte, fragte er, woher er stammte, und wußte sofort, welcher Konfession er angehörte. Mir erklärte er diese Fähigkeit so: Ich bin kein Antisemit, ich bin nie einer gewesen, aber wenn man über einen Menschen mehr erfahren will, muß man wissen, was charakteristisch für ihn ist, und dazu gehört zweifellos die Abstammung, die ja determinierend ist. Ich besorge mir also Informationen über bekannte Leute. Was die unbekannten betrifft, gibt es allgemeine Regeln. Wenn sie Kardos oder Földes heißen, sind sie fast ausnahmslos Juden. Ruf mich nach deiner Entlassung an, wenn du Gegenbeispiele findest. Ferner muß man einen Überblick haben, welche historischen Familiennamen für welche Gegend typisch sind. Drittens haben die Nazis in der Provinz fast alle Juden ausgerottet, jüdische Namen fallen dort auf, auch wenn sie in ungarische abgeändert sind.

Während er mir seine Theorie erklärte, ging mir durch den Kopf, wie hilflos doch mein Versteckspiel unter der Dusche war. Ich bin der, der ich bin, und ich werde auch kein anderer, wenn ich es hinausposaune oder verschweige. Ohnehin habe ich in den letzten Jahren erkannt, daß Cs. recht hatte; die Abstammung – oder, wenn man so will, das von ihr determinierte Schicksal – wirkt sich auf den Charakter aus. Einer verfolgten Minderheit anzugehören ist ein schwerer Schlag, aber auch ein großes Glück, es bietet die Chance, eine überdurchschnittliche soziale Sensibilität zu entwickeln. In Westdeutschland ist mir der Türkenhaß zuwider, in Ungarn der Zigeunerhaß, und ich verachte den jüdischen Staat, weil er dem rassistischen Regime in Südafrika Waffen liefert und weil er Palästinenser deportiert, ich verachte den Antisemitismus, wo er auch auftritt, ich verachte die Unterdrückung nationaler Minderheiten und kleiner Nationen, mich widern Vorurteile gegenüber Homosexuellen an – kurz, ich ergreife instinktiv für die verfolgten Minderheiten Partei, weil ich 1944 in brutalster Form die Schrecken der Verfolgung erleiden mußte. Natürlich ist das keine speziell jüdische Frage. Ich bin überzeugt, daß zum Beispiel Allen Ginsbergs ausgeprägtes soziales Gewissen und sein Gerechtigkeitssinn zu einem großen Teil seiner Homosexualität zuzuschreiben ist, genauer gesagt: dem Umstand, daß er in jungen Jahren und unschuldig – denn niemand kann etwas für seine Neigungen – der dummen Verachtung und den Ausgrenzungsbestrebungen der Mehrheit ausgesetzt war.

Endrédys Hauptthema war der Zweite Weltkrieg. Meistens richtete er das Wort an seinen Kameraden, den schweigsamen, muskulösen Csikor, der entweder nickte oder den Kopf schüttelte und sich nur selten einen knappen Satz abrang. Csikor war verschlossen und melancholisch, beherrscht verheimlichte und zügelte er seine Gefühle, während der schmächtige, nervöse und herzkranke Endrédy in ständiger zorniger Erregung lebte. Ein ungewöhnlich bösartiger Wachtmeister mit einem Milchgesicht brachte ihn besonders leicht in Wut. «Diese räudige Katze», sagte er, «wagt es, mich anzubrüllen!» Von ihm hörte ich zum erstenmal etwas über die Stalin-Tasche: Die ukrainischen und russischen Partisanen schnitten Gefangenen den Mund bis zu den Ohren auf und stopften die den lebenden Opfern abgeschnittenen Geschlechtsorgane hinein. Wenn die Partisanen Soldaten der Besatzungsstreitkräfte angriffen, mußten diese sich unbedingt zur Wehr setzen, wenn sie am Leben bleiben wollten. Endrédy zufolge wurden deshalb nach dem Krieg viele als Partisanenkiller hingerichtet. Ein Teil der Kriegsverbrecher sei mit Recht zur Verantwortung gezogen worden – aber was sollte ein Soldat machen, wenn er bewaffnet angegriffen wurde und sich nicht einmal ergeben konnte, weil ihn dann ein grausamer Tod erwartete? Diese Geschichten wirkten um so authentischer, als Endrédy beim Erzählen vor Wut geradezu kochte, sobald er auf die Aktionen des deutschen Heeres am Don zu sprechen kam. An ein Bild erinnere ich mich heut noch deutlich. Ausgemergelte ungarische Infanteristen wollen zu den fliehenden Deutschen auf Lastautos steigen. Die Deutschen schlagen ihnen mit Gewehrkolben auf die Hände, sie stürzen in den Schnee. Die deutsche Führung war bereit, hundert Ungarn zu opfern, wenn sie damit einen Deutschen retten konnte. Er erzählte auch, er habe in Újvidék (Novi Sad) gesehen, wie die Deutschen eine serbische Lehrerin exekutierten, weil sie aus einem Fenster auf sie geschossen habe. Sie banden die Beine der Frau an zwei Panzerwagen, die dann ganz langsam im Rückwärtsgang fahrend die junge Frau entzweirissen.

Literatur interessierte ihn herzlich wenig, aber es gab einen Schriftsteller, der ihm noch verhaßter war als die räudige Katze: der berühmte Bauernschriftsteller Pál Szabó. In einem seiner Bücher schildert Szabó in idyllischen Tönen die Befreiung seines Heimatdorfes Biharugra, der Verbrüderung der Bauern mit den Russen. In Wirklichkeit, erzählte Endrédy, der als Hauptmann den Rückzug in Siebenbürgen mitgemacht hatte, hat das Dorf achtmal den Besitzer gewechselt. Als die Ungarn es zum erstenmal zurückeroberten, rannten die wegen ihrer Schamhaftigkeit bekannten Bäuerinnen mit hochgehobenen Röcken und blutendem Unterleib die Dorfstraße entlang und schrien nach ärztlicher Hilfe. «Was ist das denn für ein Schriftsteller?» fragte Endrédy heftig gestikulierend. «Schämt der sich nicht, sein Dorf zu besuchen? Dort kennt doch jeder die Wahrheit!» Er schleuderte einen Schwall vernichtender Urteile auf Szabó und überhaupt auf solche kriecherischen Schreiberlinge wie ihn herab, bis eine Herzattacke den Wutanfall beendete.

Einmal ereilte ihn eine solche gerade, als die Zellentür zur abendlichen Kübelleerung geöffnet wurde. Wir mußten dabei, wenn der Aufseher kam, antreten, der Zellenälteste nannte seinen Namen, seine Registriernummer, die Zellennummer und die Zahl der Anwesenden, dann stellte er den Kübel hinaus. Diesmal machte nicht Endrédy Meldung, sondern ich, und zwar abweichend vom vorgeschriebenen Text: «Herr Wachtmeister, Strafgefangener Endrédy ist ohnmächtig.» Der Wachtmeister, ein ruhiger, bedächtig sprechender Bauernjunge – einmal sah ich, wie er sich am Tisch sitzend bekreuzigte, bevor er das Brot anschnitt –, fragte ohne jedes Interesse, warum nicht ich den Kübel rausstellte. «Weil ich den Strafgefangenen Endrédy halte, der ohnmächtig ist!» Er wandte sich an Csikor. «Warum stellen Sie ihn dann nicht raus?» Während Csikor den Kübel vor die Tür trug, wies ich den Wachtmeister nochmals auf Endrédys Zustand hin. «Maul halten», antwortete er gleichgültig und schloß die Tür. Zu der Geschichte gehört noch, daß Endrédy ein paar Tage später ins Lazarett aufgenommen wurde. Doch der Arzt nahm ihm irgend etwas übel, und zur Strafe entließ er ihn nicht nur – wie Gáli –, er erklärte ihn auch für arbeitsfähig.

Endrédy wurde der Küche zugeteilt, vielleicht freute er sich darüber, denn nun konnte er sich freier bewegen, und er konnte sich aus den Abfällen das Beste heraussuchen. Einmal hob er einen schweren Kessel und brach tot zusammen.

Wir blieben zu viert in Zelle 184. Csikor schwieg meistens, Cs., Soltész und ich, wir beharkten uns weiter, abwechslungsreich und doch immer auf die gleiche Weise. Wenn vier Menschen ein halbes Jahr lang zusammengesperrt sind, vierundzwanzig Stunden am Tag, wenn sie nach ihrer Natur, ihrer Weltanschauung und ihren Erfahrungen so unterschiedlich und wenn ihre Ziele so unvereinbar sind, dann reißen die Konflikte zwar nicht ab, aber sie sind schon im Augenblick des heftigsten Streits stinklangweilig. Jeder wußte alles vom anderen, wie er schnaufte, wie er rülpste, wie sein Furz stank, welche Redewendungen er bevorzugte, wir wußten, was Csikor verbarg, wenn er hüstelte, wir wußten, daß Cs. in Gesellschaft nur schwer pinkeln konnte, er stand endlos lange am Kübel, den Deckel in der Hand; wenn wir nicht den Anschein wecken konnten, wir wären nicht da, machte sich ein penetranter Gestank breit. Diese unerträglichen Wiederholungen führten mir den Bleistift, als ich das Gedicht «Opfer» schrieb – für eine Stunde Alleinsein wollte ich meine Wintermütze, die betonharten Erbsen und die in Gasöl gekochten Bohnen opfern, und ich hätte die weisen Sprüche und die Verdauungsschwierigkeiten meiner Zellengefährten noch dazugegeben, sogar das Leben von X. Unter das Gedicht setzte ich die folgende Anmerkung: «Der Verfasser bittet den Leser, den fehlenden Namen nach Belieben einzutragen. Er wünscht aus formalen Gründen nur, daß es sich um ein zweisilbiges Wort handelt.» Ich dachte natürlich an Chruschtschow und Kádár, und die anderen verstanden das auch sofort, aber sie verstanden natürlich noch einiges mehr, als ich ihnen mein Werk vortrug. «Wir reden also immer bloß Quatsch», klagte Soltész, «nur du bist gescheit, einzig und allein du.» Dann bezog er auch die Verdauungsschwierigkeiten auf sich. In diesem Punkt stimmten ihm die übrigen zu, aber nicht nur in diesem. «Du kannst also unsere Gesellschaft nicht ertragen», sagte Csikor, «darüber läßt du dir ein Gedicht einfallen und erwartest, daß wir Beifall klatschen.»

Dieses Gedicht habe ich im Oktober 1958 geschrieben, wir trugen ja schon Wintermützen, also Zwillichzeug. Mitte Oktober warf uns der Kalfaktor die Zwillichsachen in die Zelle, die gestreiften mußten wir abgeben. Wir teilten die Kleidungsstücke unter uns auf, tauschten und tauschten zurück; nur im äußersten Notfall bekamen wir für einen unbrauchbaren Anzug einen neuen. Ich erinnere mich, mir fiel eine Jacke zu, an der alle Knöpfe fehlten. Auf mein Drängen brachte der Kalfaktor Zwirn und Nadel und eine große Büchse Knöpfe. Ich gab meinem Hang zur Clownerie nach und wählte drei überdimensionale Knöpfe aus, jeder hatte eine andere Farbe. Das war am 22. Oktober. Der 23. war der Jahrestag der Revolution, alle Aufseher, also beide Schichten, hatten Dienst, die Stimmung war gepfeffert, und als Wachtmeister Kurali uns auf den Hof führte, empfing uns schon im Treppenhaus allgemeines Gebrüll. Wir gingen im Kreis, da brüllte Kurali – die Mütze tief im Gesicht – plötzlich meinen Namen und schickte mich in die Wachstube. Nach dem Hofgang stellte mich Schichtleiter Tóth in Anwesenheit Kuralis und drei weiterer drohend bereitstehender Wärter zur Rede, wie ich dazu käme, beim Gehen zu nicken. Bevor ich antworten konnte, fragte Kurali, was ich mir da für Knöpfe an die Jacke genäht hätte. Ich sagte, ich hätte mir aus den vorhandenen Beständen die gefälligsten ausgesucht. «Was ist heut für ein Tag?» fragte er weiter. «Sonnabend», antwortete ich. Sie wurden wütend. Heut sei der 23. Oktober, und ich sei mit Knöpfen in den Nationalfarben zum Hofgang erschienen. Das sei Hetze, das sei Aufruhr, diesmal komme ich nicht davon, dafür würden sie mir einen neuen Prozeß anhängen. Überrascht wandte ich ein, bei der Auswahl der Knöpfe hätte ich mich wirklich nicht von patriotischen Gefühlen leiten lassen, außerdem seien sie nicht rot, weiß und grün, sondern rot, gelb und grün, ferner seien sie von oben nach unten in dieser Reihenfolge angenäht: grün, gelb, rot. Ich sei also nicht nationalfarbig gekleidet, ausschlaggebend sei nur mein Schönheitsgefühl gewesen. «So! Und was bedeuten die Farben rot, gelb, grün?» fragte der Schichtleiter. «Das sind die Farben von Groß-Budapest», antwortete ich, was mir alle nur denkbaren Drohungen und die Dunkelzelle einbrachten.

Einige Tage später wurde ich zu Major Juhász geführt. Er drohte mir den Entzug der Vergünstigungen und einen Prozeß an und ließ durchblicken, er könne mich im Knast verfaulen lassen, wenn er wolle: «Über Sie sind wir keine Rechenschaft schuldig!» (Manchmal drückte er sich anschaulicher aus. Endre Atzél beispielsweise kündigte er an, er werde ihn im dritten Stock aus dem Fenster schmeißen lassen und dabei Zeugen haben, daß Atzél freiwillig gesprungen sei.) Dann brachte man mich in die Zelle zurück. Einen Prozeß hängte man mir nicht an, und die Vergünstigungen wurden mir auch nicht wegen der Knöpfe entzogen, wie ich bisher glaubte. Denn der Brief, den Juhász deswegen an Vera schrieb, ist vom 26. Januar 1959 datiert, und er besagt, daß ich «wegen eines Disziplinarverstoßes bis auf weiteres weder Post noch Besuch empfangen» durfte. Ich entsinne mich, daß der Entzug für ein halbes Jahr galt; ich konnte Vera also ein Jahr lang nicht sehen, und vom Dezember bis zum September durften wir uns auch nicht schreiben. Aber was hatte ich ausgefressen? Habe ich noch einmal den Hofgang gestört? Oder einem Aufseher widersprochen? Das ist gut möglich, denn nach der Sache mit den Knöpfen stänkerten sie andauernd mit mir, ich stieg zum Feind Nummer eins in Márianosztra auf. Ich aber grinste weiterhin. Das ärgerte Kurali ungemein. Einmal, auf dem Hof, schnauzte er mich an: «Was gibt's zu lachen, Meister, gottverdammich?» Nach dem Hofgang wiederholte er die Frage. Ich stand stramm: «Herr Wachtmeister, ich grinse, weil ich gute Laune habe. Das Essen umsonst, arbeiten muß ich nicht, meine Familie kommt über die Runden, ich habe keine Sorgen – warum soll ich mich da nicht freuen?» Kurali meldete den Vorfall, aber ich glaube nicht, daß sie mir deswegen die Vergünstigungen weggenommen haben.

Noch ein anderer Zwischenfall ist mir im Gedächtnis geblieben. Eines Vormittags begleitete Major Juhász den stellvertretenden Innenminister László Földes, einen für seine Aggressivität berüchtigten, cholerischen Stalinisten, in unsere Zelle. Vor mir sehe ich einen zur Fülligkeit neigenden, breitschultrigen, kräftigen Mann, vielleicht mit einem Schnurrbart. Der Zellenälteste machte Meldung, da schrie mich Juhász auch schon an: «Wie stehen Sie denn da, Eörsi, wenn der Genosse Minister anwesend ist!» Auch Földes wandte sich an mich. «Ich höre, Sie wollen schreiben.» «Jawohl.» «Und was wollen Sie schreiben? Gegen uns oder für uns?» Gedichte, antwortete ich, was sowieso nicht zu verhindern sei, da ich ja mit dem Kopf arbeite. Mit dieser Antwort wollte ich ihm suggerieren, wenn man meine Schriftstellerei legalisiere, dann sei sie auch kontrollierbar. Doch Földes ging mir nicht auf den Leim, nach einigen ausgewählten Beschimpfungen forderte er mich auf, eines meiner Gedichte aufzusagen. Ich überraschte ihn mit einem Meisterwerk aus meiner Markó-Zeit, in dem es heißt, daß der Schnee, der Frühling, die ganze Außenwelt nichts als Betrug und nur das Gefängnis wahr ist, das soviel taugt, wie es lauthals verspricht. Földes hörte sich das lange Gedicht bis zum Ende an, drehte sich um und stiefelte wortlos aus der Zelle. Juhász folgte ihm auf dem Fuße.

Wie ich später hörte, besuchten sie auch die Pfarrer, von denen wir inzwischen so viele hatten, daß sie eine eigene Zelle belegen konnten. Die Pfarrer baten um eine Bibel. Földes stellte ihnen die stereotype Frage, für wen sie beten wollten, für die Revolutionäre oder die Konterrevolutionäre. Einer antwortete: «Für alle, Herr Minister», und auch dort drehte sich Földes wortlos um und stiefelte hinaus. Vor 1945 war in Márianosztra der Kirchbesuch sogar für die kommunistischen Strafgefangenen obligatorisch gewesen. Als ich mich dort aufhielt, war jede Form der Religionsausübung verboten. Einmal verursachten die geistlichen Herren einen großen Wirbel: Aus den Weintrauben, die sie in ihren Weihnachtspaketen bekamen, stellten sie Meßwein her. Womit sie sich natürlich eine Disziplinarstrafe einhandelten.

Alle diese nichtigen und wichtigen Konflikte mögen dazu beigetragen haben, daß man immer wieder einen Vorwand fand, mir eins auszuwischen. Meine Verbitterung wuchs noch, als man mir meine russisch- und deutschsprachigen Bücher und Wörterbücher wieder wegnahm. Ihre Benutzung hatte mir das Ministerium unter Umgehung der Gefängnisleitung gestattet, deshalb war ich der Meinung, der Leiter des Gefängnisses habe seine

Kompetenzen überschritten. Ich verlangte, vom Staatsanwalt gehört zu werden. Außer meiner eigenen Sache wollte ich den immer niederträchtigeren Umgangston und die zunehmende Brutalität der Aufseher in unserem Bereich zur Sprache bringen. Zuerst führte man mich zu einer jungen, schwarzhaarigen Frau, unserem neuen Erziehungsoffizier im Rang eines Leutnants. Sie saß in oben aufgeknöpfter Uniformbluse hinter ihrem Schreibtisch. Noch heute beschämt mich das höhnische Lächeln, mit dem sie meinen Blick erwiderte, denn ich richtete die Augen dorthin, wo sich ihre Brüste – noch unbedeckt – zu runden begannen. Ich wandte den Kopf ab und sagte, daß ich meine Beschwerde nur dem Herrn Staatsanwalt vortragen könne. Sie wollte wissen, warum sie ausgerechnet mit mir soviel Ärger hätten. Ich antwortete, auch, um meinen Blick auf ihren Busen zu rechtfertigen, ich sei noch jung und reagiere deshalb heftiger auf Ungerechtigkeiten als meine kaltblütigeren Mitgefangenen. «So jung sind Sie gar nicht», meinte sie, «wir haben noch Jüngere hier.» Das mußte ich zugeben, immerhin war ich schon achtundzwanzig.

Einige Wochen später begleitete mich der kräftige, ein wenig gebückte Wachtmeister Pikler – dessen Gewisper mich bei der Ankunft in Márianosztra so aufgebracht hatte – zur Anhörung durch den Staatsanwalt. Im Büro der Gefängnisleitung erwarteten mich Juhász, zwei fremde Offiziere und ein Zivilist mit glattgekämmtem Haar. «Bleiben Sie, Genosse Wachtmeister», sagte Juhász zu Pikler, der, wie es üblich war, das Büro verlassen wollte. Dann wandte er sich mir zu: «Reden Sie.» Pikler stand einen Schritt hinter mir, die vier anderen Männer in abwartender Haltung hinter dem Schreibtisch. Ich sagte, ich wolle mit dem Herrn Staatsanwalt unter vier Augen sprechen. «Lassen

Sie sich durch uns nicht stören», entgegnete Juhász und wandte sich zu dem Zivilisten hin. «Hältst du eine Anhörung unter vier Augen für nötig?» Der Zivilist schüttelte den Kopf. «Also raus mit der Sprache!» sagte Juhász. Ich erklärte, unter diesen Umständen verzichte ich auf die Anhörung. Ich konnte mir ja nicht einmal sicher sein, daß der Zivilist tatsächlich Staatsanwalt war. Juhász beschimpfte und bedrohte mich, ich wurde in meine Zelle geschickt. Er heilt seinen persönlichen Haß beherrscht in einem legalen Rahmen, teils wegen meines Berufs – wenn ein Schriftsteller behelligt wird, kann das mehr Scherereien einbringen, als wenn ein Arbeiter, Bauer oder Student verprügelt wird –, teils vermutlich, weil ich Fürsprecher im Machtapparat hatte. Warum sonst war das Ministerium damit einverstanden, daß ich Bücher benutzen durfte? Man brummte mir eine Disziplinarstrafe auf, wenig später setzte mein Bruder ein Gespräch mit mir unter vier Augen durch. Das war eine beispiellose Vergünstigung, die Juhász nicht verhindern konnte. Vorher hatte mich schon Dr. Zalán besucht, sein Vorwand war ein mögliches Wiederaufnahmeverfahren.

Für meinen Bruder, der neun Jahre älter ist als ich, muß der Ausflug nach Márianosztra eine harte Nuß gewesen sein. Er trat 1945 der ungarischen Kommunistischen Partei bei, und in den Jahren der großen Ernüchterung wollte er sich – aus Gründen des Geschmacks oder weil er sich hartnäckig einer Selbsttäuschung hingab – nicht den modischen Deserteuren anschließen, deshalb hing der lächelnde Rákosi noch im Sommer 1956 in seinem Arbeitszimmer an der Wand. Im Justizministerium machte er schnell Karriere, halb gegen seinen Willen, denn er fühlte sich als Rechtswissenschaftler – noch lieber wäre er Schriftsteller gewesen. Mit seinem an den Höchstleistungen der bürgerlichen Kultur geschulten Geschmack, seiner ironischen Grundhaltung und seiner Intelligenz mußte er sich außerordentlich anstrengen, um seinen Glauben nicht zu verlieren, in den er über die grundlegenden philosophischen Prinzipien des Kommunismus auch die kriminelle Alltagspraxis des Stalinismus und seiner maßgeblichen Repräsentanten einbezog. Wir fühlten uns zwar immer noch zueinander hingezogen, aber zwischen 1953 und 1956 waren unsere Beziehungen ärmer und schlechter geworden. Dem endgültigen Bruch – den wir schon unserer Mutter wegen nicht wollten – entgingen wir, indem wir politische Themen fortan mieden.

Am Abend des 25. Oktober 1956 hatten mich ungarische Offiziere und ein einfacher Sowjetsoldat unter den Augen meiner Mutter an die Wand gestellt und unter der unsinnigen Beschuldigung, ich hätte aus dem Fenster unseres Eckzimmers auf sowjetische Soldaten geschossen, mitgenommen. Im Gerichtsgebäude in der Markóstraße hatte ich mich wieder an die Wand stellen müssen, und ich hörte, daß sie mich erschießen würden. Mit der Nase zur Wand und mit hochgehobenen Armen antwortete ich, ich sei ihnen für dieses Abenteuer sehr dankbar, jetzt hätte ich wenigstens ein Thema für unsere allbekannte Literaturzeitung. Hinter mir tuschelte man, dann brachten sie mich ins Verteidigungsministerium und steckten mich für einen Tag in den Keller. Ungefähr zur selben Zeit erfuhr mein Bruder, daß er bei einer rechten Aufstandsgruppe auf der Todesliste stand. Als irgendwer unsere Mutter später fragte, mit welchem Lager sie denn solidarisch gewesen sei zur Zeit der Revolution, antwortete sie: mit der Partei der Mütter.

Nach meiner Verhaftung weigerte sich mein Bruder, sich von mir loszusagen. Er mußte seine Stellung im Ministerium aufgeben, aber als Universitätsprofessor konnte er sich nun voll und ganz der Rechtswissenschaft widmen. Er unterstützte meine Familie, und menschlich hielt er ohne zu zögern zu mir. Als ich aus der Zelle geholt und ohne jede Erklärung in eine leere Zelle gesperrt wurde, als die Tür aufging und mein Bruder eintrat, verschlug es mir vor Freude und Überraschung die Sprache. Er brachte beruhigende Nachrichten von zu Hause, er sagte, alles werde getan, damit sie mich entließen oder wenigstens aus Nosztra in eine andere Vollzugsanstalt verlegten. Ich solle Geduld haben und mit meinem Verhalten nicht die Rettungsaktionen erschweren. Dann kam er auf die politische Lage zu sprechen. «Ich gebe ja zu, bis '56 hast du recht gehabt, aber jetzt habe ich recht.» Ich war empört und setzte zu einer polemischen Entgegnung an, aber er beschwichtigte mich: laß uns das ausmachen, wenn du wieder frei bist.

9.

«Was den Essay von Ágnes Heller betrifft, so war für mich der Vergleich der Geschichtsauffassungen Hegels und Tschernyschewskis am spannendsten. Ich – unnötig, es zu sagen – stehe mit Herz und Seele zu letzterem. In unserer Geschichtsauffassung begehen wir am häufigsten den Fehler, daß wir die Kausalität mit der Notwendigkeit verwechseln. Da alles (auch der Zufall) seine Ursache hat, wird die Notwendigkeit zum Schicksalhaften, und die von den subjektiven Faktoren ausgelösten Fehler setzen die Maske dieser finsteren Notwendigkeit auf. – Es kann auch die Vergangenheit nicht zu etwas absolut Notwendigem machen, daß wir an ihr nichts mehr ändern können. Der Untergang Pompejis war unvermeidlich, aus historischer Sicht jedoch ein Zufall. Notwendigkeit und Zufall könnten also gemeinsam haben, daß der einzelne sie nicht verhindern kann. Wenn die Geschichte nur in großen Zügen von der Notwendigkeit determiniert wird, dann gilt das auch für die Vergangenheit, die irgendwann Gegenwart war.»

Das Zitat entnehme ich einem Brief, den ich am 2. März 1958 geschrieben habe und der sich auf eine Auswahl von Essays über Hegel bezieht, die mir Vera mit den russischsprachigen Büchern schicken konnte. Im selben Brief äußere ich mich auch zur Definition des Unterschieds zwischen dem Unterschied und dem Gegensatz und gebe eine kurze Bewertung von Hegels «Ästhetik»: «Ich bin hingerissen von Marx, er war wahrhaftig kein Vulgärmarxist», lese ich, und gemeint war der erste Band der Gesammelten Werke; auch den hatte mir Vera geschickt. Damit das alles Platz hatte, schrieb ich die 32 Zeilen quer auf aufgefaltete Toilettenpapierbögen. Als ich mich auf dieses Kapitel vorbereitete und meine Dokumente durchsah, traute ich meinen Augen nicht. Wie konnte ich so einfältig sein, warum habe ich die seltene Gelegenheit, Kontakt zu den Meinen zu halten, für abstrakte und unpersönliche geschichtsphilosophische Spitzfindigkeiten vergeudet? Veras Antwort bestätigt mein damaliges Ich: «Über Deinen Brief haben wir uns sehr gefreut, zumal er ganz typisch für Dich war.» Ich hatte sie beruhigt, indem ich ihnen ungewollt mitteilte, daß mich die Haft nicht verändert hatte. Oder steckte meine Absicht dahinter? In einem älteren Brief, vom 30. November 1957, notierte ich: «Ich schreibe viel, natürlich nur im Kopf – obgleich mir Kritik völlig fehlt, glaube ich, daß ich mich gewaltig entwickelt habe. Nur das Schulgeld ist ein bißchen viel und der Lehrgang zu lang... Aber ich weiß, daß ich alles aushalte – ich bin wie ein ordentliches Schwein, ich werde von allem fett, glücklicherweise nur in übertragenem Sinn. Ich wünsche mir, daß Du Dir mich nicht viel anders vorstellst, als Du mich kennst.»

Jetzt, wo ich eher im konkreten Sinn Fett ansetze, zitiere ich mein einstiges Ich mit Neid: Ich glaubte tatsächlich, daß mir alles nur nutzen würde. Mit dieser Eigenschaft sicherte ich mir vermutlich auch Veras Anerkennung, denn nach ihrem Satz, daß der Brief typisch für mich war, steht dieser: «Ich meinerseits bin sehr stolz.» Aber vielleicht hatte sie auch am Inhalt meiner Polemik Freude. Die vulgärmarxistische Diktatur der Kategorie der Notwendigkeit entbindet von jeglicher moralischen Verantwortung. Wenn alles notwendig ist, was eine Ursache hat (und eine Ursache gibt es für alles), dann ist der einzelne lediglich Vollstrecker des auf ihn entfallenden Stückchens Notwendigkeit. Wenn die Geschichte nur in großen Zügen von der Notwendigkeit determiniert wird, dann sind für ihren konkreten Ablauf die einzelnen verantwortlich. Vera erlebte wahrscheinlich schmerzlicher als ich, daß die Personen, die sich selbstbetrügerisch oder zynisch der Konsolidierung beugten, ihr Verhalten mit irgendeinem vulgärmarxistischen Notwendigkeitsbegriff begründeten. Wenn die sowjetische Okkupation und der anschließende Konsolidierungsprozeß *eine* Notwendigkeit *sind*, dann können sich nur Idioten und Größenwahnsinnige gegen sie stellen. Und was meine antihegelianische Feststellung betrifft, daß «die Vergangenheit nicht dadurch absolut notwendig werden kann, daß wir nichts mehr an ihr ändern können», wird Vera zweifellos begriffen haben, daß ich auf 1956 anspielte. Das Scheitern der Revolution können wir nicht nachträglich für ungültig erklären, aber das bedeutet nicht, daß das Scheitern notwendig war. Wäre es das gewesen, hätten alle, die den Volksaufstand unterstützten, a priori einen Fehler begangen. Und in diesem Fall wäre die

Wiedergutmachung der Fehler – im Klartext: die reibungslose Anpassung das einzig richtige Verhalten.

Vera mag diese Stellungnahme wie eine Botschaft erschienen sein, denn inzwischen hatten nicht nur meine Schriftstellerfreunde, sondern auch die meisten Lukács-Schüler ihre Anfälligkeit mit Unterschriften dokumentiert. Die wenigen jungen Philosophen und Ästheten wie István Hermann, Miklós Almási und Ágnes Heller, die dem Meister nach der Lukács-Diskussion von 1949 (die der Partei dazu diente, den Philosophen Lukács zu isolieren) die Treue gehalten hatten, grenzten sich Ende 1957 oder Anfang 1958 in einem unverlangten Brief von ihm ab – Hermann und Almási in denunziatorischem Ton, Heller in milderer Form; Vera war mit den Hellers befreundet, und sie besuchte regelmäßig Lukács, sie war also Augenzeugin dieses freiwilligen Verrats. Aus meinem Brief mag sie herausgelesen haben, was sie selbst fühlte und was auch sie zu solchen nüchternen Entwicklungstendenzen sagte: Nein!

Bevor ich das unvergeßliche Márianosztra verlasse, muß ich noch über einen anderen Brief berichten. Es gibt nicht nur Dokumente des Verrats aus jener Zeit. Im Dezember 1958 war mein Mitgefangener Győző Gép Zeuge in einem Budapester Prozeß, in dem auch Angyal aussagen sollte, ebenfalls als Zeuge. Als Angyals Fall von unserem abgetrennt worden war, warf man ihn im neuen Prozeß mit einer Menge anderer Leute zusammen, unter ihnen Gép; sie kannten sich also. Während sie auf ihre Anhörung warteten, kritzelte mein Freund Angyal einen Brief für mich auf Toilettenpapier. Als ich ihn bekam, paukte ich ihn mir Wort für Wort ein, zerriß ihn und warf die Schnipsel in den Kübel. Hier der Wortlaut:

«Pista, noch lebe ich, obgleich mir im vierten Monat der Transsubstantiation die Geistesträgheit zu schaffen macht. Ungewollt beschäftige ich mich zuviel mit mir selbst, und für einen praktischen Menschen ist das widerwärtig. Ich möchte aktiv, möchte nützlich sein – das fehlt mir sehr. Győző fragt, was er Dir ausrichten soll. Ich könnte gar nichts ausrichten lassen, das wäre das beste. Aber ich bin noch schwach, noch fühle ich mich der Welt und auch Dir, Pista, stark verbunden, deshalb dieser Brief. Man wartet heut auf diese letzten Botschaften wie früher auf das todbringende Stückchen Strick vom Henker. Man möchte, daß wir uns der Welt erklären, aber ich wäre gekränkt, falls man uns noch irgendwie kränken kann, wenn die ‹dankbare Nachwelt› zur eigenen Folter Märtyrer oder Helden aus uns machen würde. Wenn es dazu kommt, protestiere, protestiere! Wir wollen das nicht; sie sollen nicht in ihrem Schmutz, ihrer Vergangenheit wühlen, die vielleicht wir sind. Ein großer, grober Stein soll das Denkmal des namenlosen Gesindels sein, aus dem wir gekommen sind, mit dem wir eins waren und mit dem wir dahinscheiden. Aber auch das ist Dummheit, wie jedes Wiederkäuen der Vergangenheit. Vergeßt uns, vergeßt uns, das ist nützlich. Das Erinnern fesselt die tätige Hand oder stimuliert zu dummen, überspannten Taten. Ihr sollt leben, ihr sollt von Herzen lachen, denn so wollten auch wir leben. Laßt nicht zu, daß das Erinnern Herr über Euch wird.

Jeder Tag ist lang bis zum Tode, und kurz ist jeder Tag, den wir leben. Es ist sehr schwer – aber ich habe mich nicht verändert, und so ist es erträglich. Ich bin mehr Mensch geworden, vielleicht so sehr, daß ich nun gehen kann. Wenn es schmerzt, schmerzt es, weil es denen Schmerz bereitet, die mich geliebt haben. Ich umarme Dich, Pista, leb wohl.»

FÜNFTES KAPITEL

1.

«Gegenwärtig halte ich mich in Budapest, X. Bezirk, Kozma-Straße 13, auf. Besuche und Lebensmittelsendungen sind nur möglich, wenn ich hierfür eine besondere Erlaubnis schicke. Post kann ich erstmals am... (Tag, Monat) empfangen. Meine Nummer: 48-698. Budapest, den 17. April 1959. István Eörsi.» Über diesem Vordruck gerate ich ins Träumen. Wie glücklich habe ich ihn damals adressiert! Das Gefängnis in der Kozma-Straße – ein sogenanntes Sammelgefängnis – schien mir nach dem von Márianosztra die halbe Entlassung. In diesem Haus gab es keine Spur der abstoßenden Reinlichkeit, die die unter strenger militärischer Disziplin stehenden Anstalten schon im ersten Augenblick als unerträglich ausweist. Auf den eisernen Außengängen prangten Fußspuren und Ölflecke, also Zeichen menschlichen Lebens, gelegentlich tauchten Gefangene ohne Bewachung auf, die unterwegs zum Arbeitsplatz oder zur Bibliothek waren, und selbst wenn sie einen Aufseher an der Seite hatten, mußte man nicht unbedingt fürchten, er werde ihnen im nächsten Moment in die Waden beißen. Und wenn die Wärter schrien – denn ohne Geschrei war das Leben auch im Sammelgefängnis nicht denkbar –, hatten sie seltener Schaum vor dem Mund; die Art, wie sie schrien, ließ weniger auf die Triebe von Mördern schließen, als vielmehr auf Berufsroutine. Typisch für das Sammelgefängnis war der baumlange Unterwachtmeister, der sich die Nummern der Zellentüren notierte, an die drinnen die Häftlinge klopften, weil sie irgendein Anliegen hatten. Hatte er fünf Nummern beisammen, schrieb er sie auf einen Lottoschein, und da er natürlich nicht gewann, schikanierte er in der Woche darauf die Insassen dieser fünf Zellen, weil sie ihn an der Nase herumgeführt hätten. (Mich fragte er einmal unter vier Augen, ob die Sklavenhalter im alten Rom wirklich Sklavinnen hatten, ob sie viele hatten und ob sie mit ihnen machen konnten, was sie wollten. Ich bejahte, er seufzte wehmütig: «In Rom hätte ich zur Welt kommen müssen!» «Und was hätten Sie gemacht, Herr Unterwachtmeister, wenn Sie als Sklave zur Welt gekommen wären?» «Das ist unmöglich, Eörsi!» schrie er und brüllte ein paar Minuten mit mir herum, während ich in vorschriftsmäßiger Haltung vor ihm stand. Aber selbst dieses Gebrüll war Kindernörgeln im Vergleich zu den gemäßigten Anfällen des Derwischs oder dem leisen, drohenden «In die Zelle, Meister!» Kuralis.)

Anders wäre mir freilich zumute gewesen, wenn man mich in dem Nebengebäude untergebracht hätte, das Kleines Gefängnis genannt wurde. Dorthin kamen die zum Tode Verurteilten. Dreimal in der Woche hörten sie das Hämmern, wenn der Galgen vorbereitet wurde, im Morgengrauen dann die Schritte und Rufe der zur Hinrichtung gehenden Gefangenen – meistens riefen sie ihren Namen, damit die Überlebenden ihr Schicksal bezeugen konnten, sie ermutigten zu Mut und Standhaftigkeit, sie brachten Hochrufe aus, auf das Vaterland, das Volk und die Revolution; sie bedienten sich also der heiligen gemeinsamen Phrasen, bevor sich die Schlinge um ihren Hals legte.

Oft drückten die pathetischen letzten Botschaften auch die Persönlichkeit derer aus, die in den Tod gingen. Als groteskes Beispiel möchte ich den Fall der Gitarren-Manci anführen, einer Prostituierten, die während der Revolution angeblich in mehrere Morde verwickelt war, und zwar, wenn man der Fama glauben darf, ausgerechnet auf dem Platz der Republik. S., erst Arbeiter, dann Offizier, schließlich Kalfaktor im Kleinen Gefängnis, erzählte mir, daß er eines Abends, vor dem Einschluß, aus Mancis Zelle einen leisen Ruf hörte. Er schlich zu ihrer Tür, drehte an der Metallplatte, die das Guckloch verdeckte, und blickte hinein. Manci lag auf der Pritsche, bis zum Bauch entblößt, die hochgestreckten Beine mit beiden Händen auseinanderdrückend, und flüsterte: «Sieh's dir ein letztes Mal an, Kalfaktor, morgen hängen sie mich auf.» S. unterhielt Geschäftsverbindungen zu mir. Er fürchtete, daß er nach der Entlassung wieder als Arbeiter gehen müßte und dann seine Braut verlieren würde, eine Medizinstudentin, mit der er sich noch als Hauptmann verlobt hatte. Seine Deklassierung wollte er mit Liebesgedichten kompensieren, die ich in seinem Namen schrieb. Er zahlte für die Gedichte mit sauberer Kleidung, Medikamenten und Nachschlag. Als er mir von Manci erzählte, schnalzte er mit der Zunge und lachte wiehernd; er war sich seiner männlichen Überlegenheit voll bewußt. Ich mußte daran denken, daß Manci noch im Schatten des Todes etwas hatte geben können, weil sie einen Beruf hatte.

Nach der Entlassung hörte ich von den Begnadigten, daß in den Todeszellen eine gelassene Heiterkeit geherrscht habe, gute Laune, eine selbstbewußte und ausgeglichene Kameradschaftlichkeit. Ein Außenstehender kann sich das nur schwer vorstellen. Als Vera 1982 gelähmt im Krankenhaus lag, sagte ich ihr stotternd, wie sehr ich ihre Tapferkeit bewunderte. Sie antwortete: «Was soll ich machen? Jetzt bin ich drinnen.» Ich glaube, so eine Einsicht hat auch den Todeskandidaten geholfen. Mein Freund Sándor Széll, der ebenfalls für den Galgen vorgesehen war und eine längere

Zeit mit Angyal und dem Funkdramaturgen Ottó Szirmai zusammen war, erzählte, wieviel sie gelacht, wie sie einander aufgezogen hatten, wie sie sich beim Hofgang – den jeweils nur eine Zellenbelegung allein unternahm – über jeden Sonnenstrahl freuten. Jenő Fónay, Ingenieur wie mein Freund Széll – er wurde unter den Galgen geführt, wo man ihm in Anwesenheit von vier Henkern seine beiden Todesurteile und dann erst die Begnadigung verlas, die er aber nicht mehr begriff – berichtet, in vier Monaten habe er Angyal nur einmal weinen sehen: als Imre Nagy und seine Mitarbeiter hingerichtet wurden. Angyal hatte gesagt, für ihn sei Auschwitz nicht so schwer zu ertragen gewesen wie das Kleine Gefängnis. 1944 wurden alle Juden gejagt, nur weil sie Juden waren. Nach dem 4. November 1956 aber waren die Richter und die Henker Leute, mit denen er sich im Oktober noch verbunden fühlte. Das machte Angyal – ich zitiere Fónay – am meisten zu schaffen. Von Fónay weiß ich auch, daß Angyal in Auschwitz hatte zusehen müssen, wie seine Schwester wegen versuchter Flucht gehenkt wurde. Mich schaudert. Ich mußte mir nur ansehen – denn die Häftlinge wurden zu den Fenstern getrieben, Häftlingsköpfe an allen Fenstern der vier Stockwerke –, wie auf dem Hof des Sammelgefängnisses zwei Kameraden halbtot geschlagen wurden, die ebenfalls hatten flüchten wollen.

Noch einmal erlaube man mir aus diesen humaneren Bereichen des Sammelgefängnisses einen Blick auf die Todeszellen. Ein weiterer Überlebender, der Student und spätere Ingenieur Imre Mécs, hat seine Erlebnisse und Eindrücke auf Tonband gesprochen. Als er ins Kleine Gefängnis kam, war er überzeugt, ihn werde man nicht hinrichten können, was man ihm vorwerfe, laufe nicht darauf hinaus. Angyal ging mit seinen Hoffnungen schon am ersten Tag ins Gericht: «Es steht neun zu eins, daß sie dich aufhängen werden, sagte er. Da wurde ich sehr wütend auf ihn, und hinterher habe ich ziemlich unruhig geschlafen, aber am nächsten Tag habe ich mich interessanterweise absolut beruhigt. Er hat mir dann logisch und einleuchtend erklärt, daß dreihunderttausend Menschen aus Ungarn weggegangen sind, alle, die irgendwas gemacht haben, sind weg, und daß hier unbedingt Rache genommen werden muß. Daß Opfer nötig sind, und die sind wir, und wir werden sterben, und damit hat er mir so geholfen, daß ich das knappe Jahr danach in großer Gemütsruhe überstehen konnte, und ich habe ruhig abgewartet, was wird. Ich habe also die Notwendigkeit eingesehen, und wir waren tatsächlich dort allesamt erstaunlich vergnügt. Das war so eine übermütige Stimmung, wir waren uns der Wahrheit absolut bewußt. Abends, wenn ich einschlief, habe ich immer gedacht, wie mag sich dieser elende Kádár jetzt im Bett wälzen, wie mag ihm sein Gewissen zusetzen. Das war naiv von mir, aber ich bin gut eingeschlafen.»

Ich landete nicht im Kleinen Gefängnis, sondern im sogenannten Linken Stern. Sterne hießen die Gebäudeflügel, weil die Gänge, in vier Stockwerken übereinander, sternförmig von einem Mittelpunkt abzweigten, in dem das Wachtpersonal hauste. Die Türen der Zellen gingen zu den Gängen, und aus den Fenstern sah ich Akazien, eine steinerne Friedhofsmauer und zahllose Gräber. «Der Friedhof reicht bis an die Gefängnismauer», schrieb ich überaus poetisch. Manchmal hörten wir die schmetternde Blasmusik von Kapellen der Arbeitermiliz oder der Polizei, dann wußten wir, daß irgendeinem drittrangigen Parteifunktionär die letzte Ehre gegeben wurde. Ein Zellengefährte, der Lehrer Z., mein einziger Bekannter, den man wegen eines Verbrechens gegen den Frieden einsperrte, weil er von Botschaft zu Botschaft wandelnd die Westmächte überzeugen wollte, sie sollten gegen die Sowjetunion Krieg führen, solange sie die atomare Übermacht hätten, sagte dann jedesmal: «So. Wieder ein Bolschewist weniger.»

2.

Im Sammelgefängnis bekam ich nach zweieinhalb Jahren endlich Arbeit. Es gab dort ein Übersetzungsbüro, das für das Innenministerium tätig war. Wir hatten hauptsächlich politische Werke zu übersetzen, die den freien Menschen verboten waren, wie Churchills Kriegserinnerungen und eine Monographie über sowjetische Spionage. Maßgebend mag die Logik gewesen sein, daß uns sowieso nichts mehr ideologisch infizieren konnte, daß aber unsere Sprachkenntnisse für die ideologische Weiterbildung einer bestimmten Gruppe von Mitarbeitern nutzbar waren. Ferner übersetzten wir kriminalistische Fachbücher, zum Beispiel über die Anwendung der Fototechnik.

Wer übersetzen wollte, benötigte die Zustimmung der sogenannten Operativabteilung. Die Operativoffiziere standen außerhalb der normalen Knasthierarchie, meines Wissens waren sie sichtbare Vertreter der unsichtbaren Spionageabwehr, bei den Aufsehern waren sie ebenso gefürchtet wie die Häftlinge – beispielsweise K., der das Übersetzungsbüro leitete –, die in der Operativabteilung ein und aus gingen. Die Abteilung selbst leitete ein Major Kovács – ich weiß nicht, warum alle ihn für einen Major hielten, die Operativleute trugen Zivil –, der in früheren Jahren Ringer gewesen war, wie seine ausgefransten Ohren und sein athletischer Körperbau bezeugten. Die Namen seiner jüngeren Kollegen habe ich vergessen.

Als ich vor ihm stand, fragte mich Kovács, was ich während der Konterrevolution gemacht hatte. Das war nur scheinbar eine einfache Frage; in Wirklichkeit wollten sie mich einer stilistischen Prüfung unterziehen, denn die Antwort wußten sie ja aus meinen Akten, und sie wußten auch, daß ich das wußte. Es ist eine alte Erfahrung der Sicherheitsleute – und darauf sind sie gekommen, ohne Buffon zu studieren –, daß der Stil der Mensch selbst ist. Auf eine solche Frage sind dreierlei Antworten möglich. Wenn der Gefragte das Wort «Konterrevolution» wiederholt oder ihm irgendwie zustimmt, dann bröckelt sein Widerstand bereits, und es lohnt, sich mit ihm gründlicher zu befassen. Wenn er gegen diese Bezeichnung polemisiert, befindet er sich noch im Zustand des störrischen Trotzes und kommt für eine Vergünstigung nicht in Frage. Ich wählte die dritte Möglichkeit, sie ist der verzweifelte Versuch, sich zwischen Skylla und Charybdis durchzuschlängeln. Ich begann meine Antwort mit dem Satz: «Während der Oktoberereignisse war ich zuerst Mitarbeiter bei Freies Radio Kossuth.» Damit stimmte ich der Bezeichnung «Konterrevolution» nicht zu, wich aber auch der offenen Polemik aus. Diesem Umstand hatte ich es zu verdanken, daß ich ins Übersetzungsbüro kam und damit zu Büchern, Wörterbüchern und legalen Bleistiften, zu unüberwachten schriftstellerischen und übersetzerischen Möglichkeiten.

Andere wandten andere Taktiken an. Mein alter Bekannter György Krassó, der seine kindlichen Kommunismusvorstellungen frühzeitig aufgab und unter dem Zwang eines sehr radikalen Wiedergutmachungsmechanismus stand, antwortete auf die zitierte Frage: «Für Sie Konterrevolution, für mich Revolution.» Natürlich schickten ihn die Operativleute sofort in die Zelle zurück. Ich hielt solchen Radikalismus schon damals für humorlos und außerdem für inkonsequent. Wenn man um etwas bittet, sagte ich mir, dann darf man die Erfüllung der Bitte nicht unmöglich machen. Dahinter steckt das Verlangen, sich zu beweisen; der Held hat das Bedürfnis, immerfort seinen unerschrockenen Heldenmut zu signalisieren, nicht einmal hauptsächlich der Umwelt, sondern sich selbst. Schon in der Budapester Hauptstraße hatte Krassó ständig das Kossuth-Wappen der Revolution in die Zellenwand geritzt oder auf den Fußboden gemalt, wofür er natürlich büßen mußte, angeblich wurde er auch mehrmals deswegen geschlagen. Vielleicht irritierte es das Wachtpersonal besonders, daß ausgerechnet ein Patriot mit unübertrefflich jüdischem Aussehen, Gebaren und Tonfall unser verbotenes Nationalsymbol so selbstzerstörerisch pflegte. In Nosztra waren wir eine Zeitlang zum gleichen Hofgang eingeteilt. Einmal mogelte er sich unter einem Vorwand hinter mich und fragte halblaut, was es Neues gebe. Ich antwortete ihm, aber nicht laut genug, ich mußte ja nach hinten sprechen, und obendrein war er schwerhörig. «Was denn, warum wisperst du?» fragte er. «Hast du die Hosen voll?» Er wurde immer lauter und empörter, bis wir beide auffielen.

Krassós Verhalten fand ich also unzweckmäßig und manchmal komisch, in moralischer Hinsicht aber tadellos. Ich kannte seine Motive. Über den Wunsch nach politischer Wiedergutmachung wollte er sich vom Schatten seines genialen Bruders lösen, er hatte es satt, «der kleine Krassó» zu sein, er wollte «der Krassó» sein. Miklós, sein Bruder, verkörperte einen seltenen Archetyp. Er war weise oder ein Heiliger oder beides, er gehörte also zu der Art

Parasiten, die sich die Achtung und Bewunderung der sonst jeden Parasitismus verachtenden Völker erwerben. Solche Menschen arbeiten nicht, soweit wir es nicht als Arbeit ansehen, daß sie auf Marktplätzen und Landstraßen den Leuten, die sich um sie versammeln, ihre Lehre erklären oder in Fässern hausend oder Vögel das Sprechen lehrend auf anschaulichste Weise ein Verhalten an den Tag legen, das den herrschenden Normen Hohn spricht. Dauerhaft können auch sie nur durch Arbeit Wirkung erzielen, die aber von anderen geleistet wird. Platon mußte sechstausend Seiten hervorbringen, damit Sokrates in der Wertordnung der Nachzeit einen vorderen Rang einnehmen konnte, und Christus wäre mit den sonstigen gekreuzigten, geköpften und gesteinigten Wanderpropheten untergegangen, wenn ihn die Evangelisten und der Apostel Paul nicht aus dem zahlreichen Lager der nationalen Glaubensredner, Heilsprediger und Märtyrer heraus- und auf die oberste Stufe des von ihnen geschmiedeten Menschheitsbegriffes gehoben hätten.

Den älteren Krassó lernte ich kennen, als er zwanzig und ich neunzehn war. Er kam in der Uniform eines Wachtmeisters in das Ästhetikseminar von Lukács und riß das Wort an sich. Nun schwirrten alle Kategorien der Hegelschen Logik durch den Raum, das Aufheben, die Knotenlinie der Maßverhältnisse, dann natürlich die Erscheinung und das Wesen, die Dialektik von Form und Inhalt und die Dialektik überhaupt, die in der Dreiheit These – Antithese – Synthese mit dem christlichen Gedanken der Identität der Drei und des Einen verwandt ist, so wie der Leidensweg des Geistes im akzidentiellen Dasein und seine Zurücknahme durch den Absoluten Geist gleichfalls auf christliche Quellen zurückleitbar ist, Hegels Protestantismus und seine revolutionäre Methodik ist die Identität der

Identität und der Nichtidentität – die Wörter prasselten also, mit ein wenig sprühendem Speichel vermengt, auf uns herab, und ich hörte staunend zu. Ein mageres, jüdisches Gesicht, das ich vielleicht für häßlich gehalten hätte, wenn es nicht schon damals so durchgeistigt gewesen wäre, eine hastige, weitverzweigte Redeweise, die einen aussichtslosen Kampf mit dem Gespenst der Zeitlichkeit focht – wie kann man simultane Gedanken nacheinander ausdrücken, wenn jemandem mit einer Idee gleich drei neue kommen? Er fühlte sich ständig im Verzug, sprang deshalb, oft mitten im Satz, von einem Thema zum anderen, und die Pausen der Umstellung füllte er, damit ihm niemand das Wort nehmen konnte, mit schnellen «ja also, ja also» aus.

Als er im Herbst 1985 in seiner Londoner Wohnung – deren Räume mit in Säcke gestopften und auf den Fußboden gestapelten Notizzetteln verbarrikadiert waren – halb verbrannte und nach einem mehrere Monate dauernden Todeskampf starb, wollte ich meine Trauer und ironische Bewunderung in einer essayistischen Würdigung zum Ausdruck bringen. Seine Gestalt war schon vorher in meinen Novellen und Stücken aufgetaucht; vielleicht drängte es mich, meine Schuld abzugelten, bisher mit mäßigem Erfolg. Noch in seinen letzten zehn Jahren, schon zerstört von Drogen und im Zustand fortschreitenden geistigen Zerfalls, sah ich ihn auf dem höchsten Gipfel der in unseren Gesellschaften heut erreichbaren inneren Unabhängigkeit. Es läßt sich denken, wie der jüngere Krassó mit seiner schlichteren, gefühlsbetonteren Moral unter der analytischen und kombinativen Freiheit seines Bruders litt. Er wollte *jemand* werden; der Ältere war der, der er war. Seine analytischen Fähigkeiten stellte dieser zur Zeit der Revolution am glänzendsten unter Beweis. Schon in der Nacht des 24. Oktober erklärte er in der Aula der Juristischen Fakultät, warum ein Zentraler Arbeiterrat gegründet werden müßte. Imre Nagy müsse mit Hilfe einer Doppelmacht zwischen zwei Feuer gedrängt werden. «Gegenwärtig steht er unter dem Druck der Rákosi-Anhänger, er muß auch den Druck der Arbeiterklasse zu spüren bekommen. Nur so kann man ihn dazu bringen, daß er mit dem demokratischen Zentralismus bricht, von dem er sich innerlich immer noch leiten läßt, und das ist, ja also, ja also, ja also, nur ein verschämter Ausdruck für die Diktatur des jeweiligen starken Mannes im Politbüro.» Am nächsten Tag besorgte er einen Lastwagen und fuhr von Betrieb zu Betrieb, um die Arbeiter davon zu überzeugen, daß es in ihrem ureigensten Interesse lag, Arbeiterräte zu bilden. Von Zeit zu Zeit wollte man ihn an die Wand stellen, mal als Kommunisten, mal als Konterrevolutionär, aber ich vermute, er sprach den begonnenen Satz mit erhobenen Händen weiter, vor Aufregung vielleicht mehr Speichel als sonst versprühend. Am 26. Oktober gab er die Losung «Alle Macht den Arbeiterräten!» heraus und wurde auf der Stelle in den Újpester Revolutionsrat gewählt. Tagelang war er in Újpest, diesem typischen Budapester Arbeiterbezirk, aktiv, und dorthin kehrte er auch nach der zweiten sowjetischen Intervention zurück. Aber als Imre Nagy und seine politischen Freunde entgegen maßgeblichen Garantien nach Rumänien deportiert wurden, meinte er, die Partie sei verloren, nun werde man die Intellektuellen zum Sündenbock machen. Er verspürte keine Lust, den Märtyrer zu spielen, verließ Ungarn und ging nach England. Dagegen wählte sein jüngerer Bruder schon in der ersten Etappe der Revolution den bewaffneten Kampf.

Ein anderer alter Bekannter, der Schriftsteller und Soziologe M., verkörperte das entgegengesetzte Extrem. Er mochte damals fünfunddreißig sein; ein schmächtiger Neurotiker mit hervorstehenden Jochbeinen und gebogener Nase. Es war ein offenes Geheimnis, daß er der Revolution seine Solidarität aufgekündigt hatte. Er arbeitete nicht im Übersetzungsbüro, sondern in der Schreibstube oder in einer ähnlichen Vertrauensstellung. Die Mitgefangenen redeten kaum mit ihm, ich auch nicht, obgleich wir vor der Revolution beinahe Freunde gewesen waren. Nach seiner Entlassung wollte er die Last abwerfen, die er sich im Gefängnis unter Drohungen oder Versprechungen oder einfach aus Schwäche aufgeladen hatte. Er ging sogar für einige Zeit ins Irrenhaus, um zu beweisen, daß er nicht normal, nicht zuverlässig, nicht geeignet sei. Aber kaum war er als geheilt entlassen, erhob die Schnüffelbehörde wieder Anspruch auf ihn. Jahrzehntelang suchte er verzweifelt einen Ausweg. Er machte keine Karriere, und meines Wissens schadete er auch niemandem. Er lief mit einem kleinen Rucksack umher, als befände er sich ständig auf der Flucht, doch die Geheime Hand ließ ihn augenscheinlich nicht los. Er fragte ehemalige Haftgefährten um Rat, aber niemand konnte ihm helfen. Mit einer Gruppe junger Soziologen ging er in die Provinz, aber irgendwie holte ihn seine Vergangenheit ein, und die Mitarbeiter ließen ihn einer nach dem anderen im Stich. Um 1980 – wir hatten an die fünfundzwanzig Jahre lang nicht mehr miteinander gesprochen – fragte er mich, warum ich ihn mied. Ich antwortete mit brutaler Offenheit. Eine Weile stritt er alles ab und protestierte, dann fragte er unerwartet: «Was wollt ihr? Soll ich mich umbringen?» Er wirkte so gehetzt, so verzweifelt, daß er mir gegen meinen Willen – denn manchmal ist Unmenschlichkeit ein sittliches Gebot – leid tat. Ich schlug ihm vor, über die Geschichte seines Scheiterns, die Methoden der Geheimpolizei, seine Motive, die vorausgegangenen Ereignisse und die Folgen einen Essay zu schreiben. Damit verlöre er für immer das Vertrauen der Polizei und gewänne unseres. Ich wolle dafür sorgen, daß der Essay in einer Samisdat-Veröffentlichung erscheine, damit würde seine Isolation durchbrochen. M.s Gesicht glättete sich. «In zwei Wochen bringe ich dir das Manuskript», sagte er. Ich warte heute noch.

Auf ein ähnliches moralisches Abenteuer, aber vielleicht mit noch schlimmerem Ausgang, ließ sich D. ein, ein Journalist aus Westungarn und so alt wie ich. In Nosztra saßen wir vorübergehend in einer Zelle, zwei junge, kahlköpfige Federfuchser, und ich lauschte neiderfüllt seinen Weibergeschichten. D. behauptete, als Reporter alle Frauen ins Bett geholt zu haben, die für die tiefschürfende Aufarbeitung des jeweiligen Themas wichtig waren, manchmal auch die Frauen von Männern, die aus dem gleichen Grund von Bedeutung waren. Er stellte sich als einen Mann dar, der nur reglos auf dem Rücken liegt oder mechanisch, unkonzentriert seine Sache verrichtet, während die jeweilige Partnerin durch den ausgedehnten Genuß den Verstand verliert. Seine detaillierten Berichte eröffneten meinem eifrigen, hingebungsbereiten, leistungsorientierten jungen Ich die Vorstellung ungeahnter Möglichkeiten.

Mein Neid legte sich, als ich erkannte, was wirklich hinter D.s Geschichten steckte: wilde Eifersucht auf seine Frau, die mit einem anderen zusammenlebte, dazu noch mit jemandem aus dem gegnerischen Lager, einem Polizeioffizier oder Staatsanwalt. D. war, schon wegen des gemeinsamen Kindes, entschlossen, sie zurückzuerobern. Im Sammelgefängnis versprachen ihm die Operativoffiziere Sondergenehmigungen für Briefe und Besuche, denn Ziel des Strafvollzugs sei es ja nicht, Familien auseinanderzureißen. D. fragte einen Freund von mir, der mit ihm im Ingenieurbüro arbeitete, ob er es für einen Fehler halte, wenn er sich zum Schein als Zuträger hergebe. Mein Freund antwortete weise, er solle es ruhig tun; er wußte, wer solch eine Frage stellt, hat sich schon entschieden, vielleicht hat er sogar schon unterschrieben und wartet nur auf eine Bestätigung. In diesem Fall schadet es nicht, zu wissen, daß er mit der Aufgabe betraut wurde und kein anderer. D. erwies sich als vorbildlicher Spitzel, er hat nie irgend jemandem geschadet. Natürlich halfen ihm die Sonderbesuche nicht, seine Frau zurückzugewinnen. Als er 1960 entlassen wurde, erwartete ihn vor dem Gefängnis ein Auto. Er wollte den Zug nehmen, aber die Männer im Auto bestanden darauf, ihn nach Hause zu fahren. Sie fuhren an die zweihundert Kilometer und wechselten kaum ein Wort. Zuletzt sagte D. aber doch noch, seine Unterschrift sei nur für die Dauer der Haft gültig gewesen. Die Begleiter lachten ihn aus. Eine solche Unterschrift gelte ein Leben lang. Oder ob D. wolle, daß eine Kopie seiner Erklärung seinen Angehörigen in die Finger komme, oder seinen Freunden, für die er ein Märtyrer sei.

Zwei Jahre später übernahm D. die Leitung des Kulturhauses in seiner Heimatgemeinde. Er begann zu trinken, warf mit Geld um sich und beging Unterschlagungen, die sich nicht verheimlichen ließen. In einer regnerischen Nacht holte er mich mit einem hartnäckigen Klingeln aus dem Bett, erzählte mir seine Geschichte, pumpte sich Geld und wurde nicht mehr gesehen. Andere Knastgefährten schröpfte er auf ähnliche Weise, bis er verhaftet und verurteilt wurde. Später soll er Ungarn verlassen haben, nach anderen Quellen hat er sich das Leben genommen. Falls er noch lebt und dies liest, soll er mich bitte nicht länger in Ungewißheit lassen.

3.

Im Übersetzungsbüro hatten wir ein herrliches Leben. Morgens führte man uns aus unseren Zellen in eine größere, wo jedem von uns acht oder zehn Übersetzern ein Tisch sowie Wörterbücher und Bleistifte zur Verfügung standen. Wir konnten uns aussuchen, was wir übersetzen wollten. Ich nahm mir zum Beispiel ein Buch des jüngeren Seton-Watson über die politische und ökonomische Entwicklung der osteuropäischen Länder vor. Wir überanstrengten uns nicht; wie rebellische Sklaven – wir verdienten nur 125 Forint im Monat – beschlossen wir, den intellektuellen Appetit des Innenministeriums so träge und so schlecht wie möglich zu befriedigen und keinerlei Rivalität aufkommen zu lassen. So schafften wir es, täglich zwischen acht Uhr morgens und fünf Uhr nachmittags gerade nur vier oder fünf Seiten zu übersetzen, weshalb uns viel Zeit für Gespräche und zum Lesen blieb. Unsere laxe Arbeitsmoral mußten wir allerdings zu fieberhaftem Nichtstun stilisieren, denn der Chef der Übersetzergruppe, K., Sozialdemokrat und typischer Beamter, war als Spitzel bekannt; dieser aalglatte, höflich lächelnde, rötlich behaarte Mann hätte es sofort gemeldet, wenn wir nachweisbar Sabotage begangen hätten. Immer kam er unerwartet – er selbst hielt sich gewöhnlich in der Zelle auf, wo unsere Übersetzungen abgetippt wurden – und ohne Begleitung, immer lächelte er. Lachen sah ich ihn nur einmal; er lachte, bis ihm die Tränen kamen, und klopfte mir auf die Schulter, denn er hatte entdeckt, daß ich in dem Kapitel über Bulgarien das Wort «cotton» konsequent mit «Gummi» übersetzt hatte, cotton production wurde also zur Gummiherstellung, die cotton fields zu Gummifeldern und so weiter.

Das war kein beabsichtigter Fehler, aber meine Kollegen mogelten spaßige Mißverständnisse zielstrebig und mit Genuß in ihre Texte. Wir nahmen an, wenn K. den Fehler nicht bemerkte, dann würde ihn niemand bemerken, denn die Leute vom Ministerium würden sich unsere Übersetzungen nie und nimmer ansehen. Einer von uns, der eine physikalische Facharbeit zu übertragen hatte, übersetzte das deutsche Wort «Dauerkurve» konsequent mit dem ungarischen Wort «kurva», dem üblichen Ausdruck für Huren; das fiel K. selbstverständlich auf; mit zorngerötetem Gesicht und ohne jedes Lächeln erkundigte er sich, ob wir wollten, daß er auffliege. Ein anderer Kollege, der eine ins Russische übersetzte Geschichte der Philosophie ins Ungarische übertrug, fragte mich einmal, ob mir aus dem Mittelalter ein großer Philosoph namens Foma Akwinski bekannt sei. Wir gingen der Sache lachend auf den Grund, und ich stellte fest, daß sich hinter diesem Weisen der heilige Thomas von Aquin versteckte.

Neben der Übersetzerwerkstatt befand sich eine leere Zelle. Zum erstenmal seit drei Jahren konnte ich mich ganz allein den Freuden des Stoffwechsels widmen. In den Zellen des Sammelgefängnisses gab es englische Wasserklosetts, und wenn man in völliger Einsamkeit an der Kette zog, rauschte es romantischer als die Niagarafälle. Da man immer den menschenwürdigeren Zustand als den natürlicheren empfindet, gewöhnten wir uns von Montag bis Sonnabend mittag so sehr an diesen Luxus, daß bei vielen von uns die Verdauung übers Wochenende, wenn wir mit anderen zusammengesperrt waren, spontan in den Streik trat.

Die Zigarettenpausen und die politischen Diskussionen fanden in der leeren Zelle statt. Vor einer größeren Öffentlichkeit – und als solche konnten acht oder zehn Gefangene schon gelten – mieden wir unwillkürlich heikle Themen. In unserer Arbeitszelle war niemand ausgesprochen verdächtig. Aber dort arbeitete beispielsweise auch der alte Józsi, Prototyp des kleinen Beamten, den man sich sogar in der Gefängniskluft noch mit schwarzen Ellbogenschützern vorstellen konnte. Er durfte auch noch weiterarbeiten, wenn wir um fünf in unsere Zellen zurück mußten; er nahm sein Wörterbuch mit, setzte sich in der Zelle an den kleinen Tisch, auf dem unsere Eßgeschirre standen, und machte wortlos weiter. Józsi war groß und kräftig, mit spärlichem grauem Haar, vielleicht fünfzigjährig, in meinen Augen also wirklich alt. Während der Wochen, die wir zusammen verbrachten, machte er nur zwei- oder dreimal den Mund auf, und dann sprach er von seiner Tochter. Obgleich er nie jemandem schadete, waren wir nicht sicher, ob er zu uns halten würde, wenn sie ihn in die Enge trieben und erpreßten. Überhaupt wuchsen Ungeduld und Verzweiflung von Monat zu Monat, die Beziehungen zur Außenwelt wurden immer vager und immer mehr von uns dadurch erpreßbar. Deshalb diskutierten wir lieber nur zu zweit oder dritt, in der anheimelnden Toilettenzelle.

Den Helden des Geplänkels, von dem ich jetzt berichten möchte, nenne ich Z., um alle Neugierigen irrezuführen. Ich muß ihn in gewisser Weise vor meiner Häme in Schutz nehmen, deren frühe Quellen nichts mit Politik zu tun haben. Wir besuchten zusammen die ersten vier Klassen der Grundschule, er war unangefochtener Klassenbester, ich ein mäßig schlechter Schüler. Schon in der ersten Klasse beleidigte er mich zutiefst, indem er behauptete, seine Mutter sei schöner als meine. Wir bildeten damals eine achtköpfige Clique, und als der Anführer gewählt wurde, bekam sowohl er als auch ich drei Stimmen; wir beide stimmten ritterlich für den anderen. Da schlug er vor, Anführer soll werden, wer die meisten Ländernamen kennt. Ich war froh, wenn mir acht einfielen, er brachte es auf mindestens fünfzig, darunter solche wie Uruguay und Ekuador. Ich verprügelte ihn daraufhin, um auch zum Zug zu kommen, und so wurde ich doch noch Anführer – ein Beispiel dafür, wie in dieser Welt die geistige Überlegenheit der körperlichen Kraft weichen muß.

In der Oberschulzeit verlor ich Z. aus den Augen. Später hörte ich, er sei Ökonom und dann Funktionär in der Jugendbewegung geworden. Im Sommer 1956 sah ich ihn einige Male; er gehörte zur Führung des Petőfi-Kreises. Im Knast verhielt er sich korrekt, wie es sich für einen einstigen Klassenbesten gehörte, und als er entlassen wurde, schmuggelte er Gedichte und Briefe von mir hinaus.

In der Diskussion, auf die ich nun endlich zu sprechen kommen muß, ging es um die historische Rolle Imre Nagys: Was hatte er als Ministerpräsident in den Tagen der Revolution falsch gemacht? Ich war (und bin) der Meinung, es war ein tragischer Fehler, daß er sich dem Fetisch der Parteidisziplin unterwarf. Er hätte die Regierung nicht übernehmen dürfen, denn er hatte für sein Programm keine Mehrheit. Deshalb sanktionierte sein Name das Standrecht und den Einmarsch sowjetischer Kampfverbände in Budapest. Sein seit 1953 angesammeltes moralisches Kapital verlor binnen vierundzwanzig Stunden allen Wert, er mußte sich verteidigen, noch dazu aus schlechter Position, und zwar gegen den Druck der stalinistischen Parteiführung ebenso wie gegen den der Straße. Z. war anderer Meinung: «Ich denke, Imre Nagy hat den entscheidenden Fehler gemacht, daß er vor dem Rundfunkgebäude nicht auf die Menge schießen ließ.» Er hatte kaum ausgesprochen, da ging ihm der dritte Gesprächsteilnehmer, Pali Cihó, ein großer, gutaussehender, freundlicher junger Mann, zornig an den Kragen und begann Z. zu schütteln: «Du hältst es also für Nagys größten Fehler, daß er mich nicht abgeknallt hat? Ich war auch am Rundfunkgebäude!» «Und mich!» warf ich ein. «Ich war auch dort.» «Ich habe es nicht persönlich gemeint», antwortete Z. zappelnd, «mehr symbolisch.»

Nach so vielen Jahren bin ich nachsichtig. Z. ist nicht der einzige, der kein Gespür für Situationen hat. Und Z. war nicht der einzige Revolutionär, der unter Ängsten und gegebenenfalls auf maßgeblichem Posten an den Ereignissen teilgenommen hat. Es gab Tage, an denen man wirklich nicht wußte, wie weit die Lawine rollen würde. Auch ich hatte Angst, als ich von den verschiedenen Todeslisten hörte, als den Reformkommunisten der Ruf «Kreuziget sie!» entgegengellte, als die fromme Reaktion ihre ungeheuren Kraftreserven auf die Straße brachte. Ich beruhigte mich erst in den ersten Novembertagen, als ich sah, daß Imre Nagy – gestützt auf die Arbeiterräte, die wichtigsten Gruppen der Aufständischen und den intakten Teil des Militärs – Herr der Lage werden würde. Ich bin heute noch überzeugt, daß die Russen am 4. November der beginnenden Konsolidierung vorbeugen wollten. Leute wie Z. steckten in einem großen moralischen Dilemma: Wie sollten sie ihr Tun rechtfertigen, ohne sich zu den Folgen zu bekennen? Rákosi plante, wie wir wissen, im Sommer 1956 eine Gegenoffensive: er bereitete den sogenannten Prozeß der Vierhundert vor. Er wollte seinem Sturz zuvorkommen und stolperte dabei. Die Sowjetunion konnte zu jener Zeit einen solchen monströsen Schaufensterprozeß in ihrem Hinterhof nicht dulden. «Der wievielte wärst du gewesen?» fragte mich Z. kurz nach seiner Einlieferung, als ob er eine Person aus Sartres Stück «Nekrassow» wäre. Er war, wenn ich mich richtig erinnere, auf den elften Platz gesetzt. Und er war stolz darauf, als stellvertretender Sekretär des Petőfi-Kreises einen so vornehmen Platz in Rákosis Sühneliste zu belegen (glücklicherweise ohne Folgen); aber noch nach Jahren war er entsetzt, daß die Stimmen der Kritik – die er als interne Angelegenheit eines engen Intellektuellenzirkels auffaßte – auf die Straße gedrungen und zur materiellen Kraft geworden waren, um den Ausdruck eines aus der Mode gekommenen politischen Autors zu benutzen.

Unser vielseitigster und gebildetster Mitarbeiter im Übersetzungsbüro war der berühmte Historiker Domokos Kosáry. Mit seinem grauen Haar, seinem steifen, durchgedrückten Rücken und seinem diskret-ironischen Lächeln, das seine lehrerhafte Brille wohltuend ausglich, war er die personifizierte Verneinung der Gefängnisordnung und des Gefängnisgeistes. Bei der Verhaftung wurde er zu den Vierhundertsechsundsiebzigern gesteckt, einer Gruppe ausgewählter Gefangener – hauptsächlich reformkommunistische Politiker, ehemalige Minister, bekannte Schriftsteller und Wissenschaftler –, deren Registriernummern allesamt mit 476 begannen und die anfangs im Kleinen Gefängnis untergebracht waren. Die Vierhundertsechsundsiebziger genossen (sofern sie überlebten) zahlreiche Privilegien, sie konnten sich nach Belieben Bücher bringen lassen und durften nach Belieben arbeiten. Kosáry teilte seine Zelle anfangs mit Tibor Déry, der zu dieser Zeit seine Schreckensutopie *Herr A. G. in X.* (man könnte sie ebensogut als Psycho-Tagebuch in Gestalt einer epischen Fiktion bezeichnen) schrieb, während Kosáry eine Monographie über Graf István Széchenyi vorbereitete. Eine idyllische Vorstellung: Zwei große Geister bei schöpferischer Tätigkeit in einer abgeschiedenen Zelle. Allerdings wurden sie aus dem Kleinen Gefängnis ins Gefangenenlazarett verlegt, wo sie die Außenwelt kaum noch aus ihrem Leben ausschließen und sich in ihren selbstgewählten Geisteskreis vertiefen konnten. Obendrein litt Déry unter Klaustrophobie, was natürlich spaßig klingt, denn wer leidet in Gefangenschaft nicht darunter; aber bei ihm zeigte sich diese Krankheit in ausgeprägter Form. In Anfällen von Selbstdemütigung konnte er vor jedem Wachtmeister in die Knie sinken, und wenn aus der Nachbarzelle über das Heizungsrohr Klopfzeichen kamen, weil deren Insassen auf Neuigkeiten erpicht waren, verriet er sie – natürlich ungewollt –, indem er hysterisch «Aufhören! Aufhören!» rief. (Déry war bei den Mitgefangenen so unbeliebt, daß seine vorzeitige Entlassung am 1. April 1960 zu dem Hungerstreik beitrug, den die nicht Amnestierten am 4. April in Vác begannen. Ich habe mich der allgemeinen Verachtung nie angeschlossen. Als man ihm anbot, er könne seine geliebte junge Frau wiedersehen und mit baldiger Entlassung rechnen, wenn er etwas Abfälliges über die Revolution schreibe, ging er darauf ein. Er gab sich tagelang die größte Mühe, aber er brachte keinen einzigen Satz zustande, mit dem er stilistisch zufrieden gewesen wäre. Statt an einem solchen Text arbeitete er deshalb lieber an seinem Roman der Verzweiflung weiter. Seit ich das weiß, ist er für mich das Musterbild des nicht korrumpierbaren Schriftstellertums. Vor einem Gefängniswärter niederknien, seine Knie umschlingen und ihn weinend anflehen – das ja; aber verlogene, schlechte Sätze niederschreiben – nein, dann lieber mit der Klaustrophobie weiterleben.)

Die harmonischste Zeit meines Lebens hinter Gittern waren die wenigen Monate, die ich mit Kosáry in einer Zelle verbrachte. Nach der Arbeit zogen wir uns in das

Bibliothekszimmer zurück – Kosáry verfügte über rund hundert Bücher – und begannen zu arbeiten. Er schrieb an der Széchenyi-Monographie (die 1981 erschien) und entwarf eine Geschichte der Außenpolitik der Österreichisch-Ungarischen Monarchie, ich übersetzte Shelleys Tragödie *The Cenci*, und nachts, wenn der kaltblütige Kosáry schlief, produzierte ich in fieberhafter Wachsamkeit – denn ich mußte die Überfälle der Wanzen abwehren – Gedichte, die ich meinem Zellengefährten am Morgen vortrug; mit disziplinierter Ironie hörte er mir zu. «Der Dichter ist wie eine Muschel», sagte er einmal, «je stärker sie verwundet wird, um so mehr Perlen schwitzt sie aus.»

Er hörte mir vormittags zu, ich ihm nachmittags, denn er ist der geborene Professor und die Lehre sein größtes Vergnügen. Die stalinistische Kulturpolitik hatte ihm dieses Vergnügen bald genommen und ihn zu wissenschaftlicher Hilfsarbeit gezwungen. Deren Ergebnis ist ein dreibändiges Werk, in dem die Quellen der ungarischen Geschichtsschreibung zusammengestellt sind. Daß er um seine wissenschaftliche Karriere gebracht wurde, kreidete Kosáry hauptsächlich den maßgeblichen Geschichtsfälschern in der Rákosi-Zeit und einigen früheren Schülern, neophytischen Bolschewiken, an; ich war schon damals der Ansicht, daß seine Karriere an seinen ironisch verzogenen Mundwinkeln gescheitert war. Der erhabene und spöttische Gesichtsausdruck, der ererbte Vornehmheit und erworbenen intellektuellen Hochmut in sich vereinte, hätte damals genügt, ihm einen Strick zu drehen, auch wenn er den Mund nie aufgemacht hätte; aber er machte ihn auf. Das demagogische Rákosi-System, das ständig auf das Ungartum pochte und ohne zu zögern alle ungarischen Interessen verriet, konnte den Antinationalismus seiner Geschichtsauffassung nicht ertragen, die gegen den grellen

Patriotismus der einstigen Ständeversammlungen westlich und mitunter sogar – Herr, vergib ihm! – auf Habsburg orientiert war. Nicht zufällig stand im Mittelpunkt seiner Forschung und seiner Bewunderung jener Graf Széchenyi, der nach dem gescheiterten Freiheitskampf im Irrenhaus scharfsinnig und haßerfüllt die Todsünden und die Schwächen der Österreichisch-Ungarischen Monarchie aufdeckte, auch illegale Tätigkeit gegen sie ausgeübt hat und dennoch in lebensfähigerer Form dieses Gebilde bewahren wollte, weil er erkannt hatte, daß anderenfalls das entstehende politische Vakuum die Russen nach Mitteleuropa locken würde.

Außer meinem Interesse für Széchenyi – es schlug sich zehn Jahre später in meiner Tragikomödie «Széchenyi und die Schatten» nieder – verdanke ich Kosáry einen wichtigen praktischen Rat. Er verriet mir, daß er in seiner Geschichtsphilosophie so stark unter den Einfluß des Marxismus geraten sei, daß er sich in dieser Hinsicht ruhig als Marxisten bezeichnen könnte – aber er werde sich hüten! Wenn er als Marxist gelte, werde man unaufhörlich nachforschen, wo er sich von der alleinigen Heilslehre entfernt habe. Wenn er aber so tue, als bliebe er in der Philosophie bei seiner bürgerlichen Grundhaltung, werde man erfreut zur Kenntnis nehmen, daß er sich in dieser oder jener Beziehung dem Marxismus nähere. Wer einmal unter ihre Fuchtel gerate, sei nichts mehr wert, nur wer vielleicht noch gewonnen werden könne, tauge etwas.

Einmal kam Oberwachtmeister «Zelle-Zelle» in unsere Zelle gestürmt. Er trug diesen Spitznamen, weil er mit staunend-verständnisloser Stimme alles zweimal sagte. «In die Zelle-Zelle!» sang er mehrmals am Tag, «Sziklai-Sziklai, warum nicht in die Zelle-Zelle?» Ich gehörte zu seinen Lieblingen: «Eörsi-Eörsi, was machen, was machen

Sie hier?» Einmal fragte er: «Eörsi-Eörsi, was bedeutet das Wort Schmasser?» Dieses Wort bedeutet, der deutsche Leser kann es nicht wissen, im Ungarischen soviel wie ‹Gefängniswärter›. Ich hielt mich gerade im Übersetzerbüro auf, warum, weiß ich nicht mehr, jedenfalls allein. Ich schlug mein englisches Wörterbuch auf und antwortete militärisch stramm: «Melde, das Wort kommt aus dem Englischen, *to smash* heißt soviel wie zerbrechen, zertrümmern, zerschellen. Ein Schmasser ist jemand, der schlägt und prügelt.» – «Eörsi-Eörsi, das kann nicht sein, Eörsi-Eörsi!» – und er hastete hinaus. In unserer Zelle nahm er unseren Bücherbestand in Augenschein, und sein Blick fiel auf Kosárys erwähnte dreibändige Quellensammlung. «O Scheiße, Kosáry-Kosáry, das haben alles Sie geschrieben, Sie geschrieben?» Kosáry nickte. «Und wieviel haben Sie dafür gekriegt?» Der Befragte nahm Haltung an und antwortete: «Melde, 800 Forint für 40000 Anschläge.» – «Hm, aha», sagte Zelle-Zelle, vor Verblüffung sein Stottern vergessend, und verdrückte sich. – Unsere Zweisamkeit endete, als Kosáry ins Lazarett kam, «so daß ich mich», lese ich in einem seiner Briefe, «auf eigenes Ersuchen gegenwärtig in Einzelhaft befinde. Seit ich im Gefängnis bin, war ich, von meinem letzten Zellenkameraden abgesehen, mit meiner Gesellschaft noch nie so zufrieden wie jetzt.»

Immer öfter ergaben sich auch Kontakte zum Wachpersonal. Unser Erziehungsoffizier beispielsweise, Unterleutnant Kovács, ein ehemaliger Grundschullehrer aus Csepel, gab sich alle Mühe, uns politisch weiterzubilden. Mehrmals ließ er Kosáry kommen, um ihm die Grundlagen des Marxismus zu erklären. Auch mit mir gab er sich gern ab – er mochte fünfunddreißig sein, ein untersetzter Mann, schlecht gelaunt, gesprächig, aber keinesfalls bösartig. Mich wollte er von den großen Wahrheiten des Sozialismus überzeugen, aber da kam er nicht weit, denn im Prinzip stimmte ich ihm ja zu. Der Sozialismus ist schön und gut, schade nur, daß wir nicht ihn aufgebaut haben, sondern eine neue Klassengesellschaft. Einmal verlor er die Geduld und fragte: «Sagen Sie, Eörsi, warum sind Sie ein Semmelbröselkommunist?» Ich starrte ihn verblüfft an, die Frage verstand ich nicht. «Man sagt, Sie sind ein Semmelbröselkommunist. Als es in Ihrem Interesse war, sind Sie in die kommunistischen Semmelbrösel gekullert, und als Ihr Interesse ein anderes war, sind Sie herausgekullert.» «Wer hat denn das gesagt, Herr Unterleutnant?» Er antwortete nicht, sondern wechselte das Thema. Doch bevor er mich entließ, gab er mir diesen Ratschlag: «Geben Sie Ihre Freundschaft mit Károly Kiss auf, Eörsi.» «Wir sind seit Jahren nicht mehr befreundet», erwiderte ich. Er schwieg, und nach einer ganzen Weile sagte er: «Wenn Sie wüßten, Eörsi, wie mir die Leute zuwider sind, mit denen ich arbeiten muß.»

Um das Jahr 1952, als wir beide noch Anfänger in der Dichtkunst waren, hatte Kiss tatsächlich eine Zeitlang zu meinen guten Bekannten gehört. Er war braunhaarig und hatte ein hübsches Gesicht, und er schwärmte für die Frauen und die Literatur (oder, wie ich heut vermute, für eine literarische Karriere). Ihm verdanken wir das «Lied der Ziegenmelkerinnen», das die führende Kunstgattung der Zeit, den Marsch, parodierte. «Voran, ihr Ziegenmelkerinnen!», so begann der Text zu einer amüsant pathetischen Melodie. Unsere Freundschaft hielt, bis er ein langes, gereimtes episches Gedicht über den Tod seiner Mutter vorlas. Am Ende des Gedichts dringen Deutsche in das einfache, ländliche Haus ein, wo er als Kind mit seiner Mutter wohnte, sie durchstöbern alles, finden aber weder

Waffen noch Lebensmittel, noch sonst etwas Verdächtiges oder Brauchbares. Als sie hinausgehen, schießt ein Soldat blind hinter sich, und die Mutter sinkt tot, ins Herz getroffen, nieder. Als er das vorgelesen hatte, schwiegen wir eine Weile ergriffen, dann fragte ich, ob sich das wirklich so zugetragen hatte. «Genau so», antwortete Kiss, «nur daß es nicht Deutsche waren, sondern Russen.» Von da an trafen wir uns seltener. Er erzählte dann gern, er habe Kontakt zur jugoslawischen Botschaft aufgenommen und sich Broschüren von Titos Theoretiker Kardelj besorgt, er sei jetzt ein Anhänger des Selbstverwaltungssozialismus – er hängte seine Fahne also in den Wind der historischen Zeiten. Im November 1956 war er angeblich bei der Konstituierung des Zentralen Arbeiterrats dabei, auf dessen Sitzungen bin ich ihm aber glücklicherweise nie begegnet. Im Sammelgefängnis war er als Bibliothekar eingesetzt; es war ein offenes Geheimnis, daß er ein Vertrauensmann der Gefängnisleitung war, und er bekannte sich auch dazu. Ich traf ihn mehrmals, denn die privilegierten Kopfarbeiter – wie zum Beispiel die Übersetzer und Ingenieure – durften die Bibliothekszelle aufsuchen. Nach Unterleutnant Kovács' entlarvender Mitteilung fragte ich ihn, warum ich ein «Semmelbröselkommunist» sei. Er leugnete laut lachend.

Wer arbeitete, durfte sich im Sammelgefängnis – ein Ergebnis des knospenden sozialistischen Humanismus – gelegentlich sogar Filme ansehen. Hier sah ich zum erstenmal auf einem schmalen Stück Leinwand «La Strada» – ein bleibendes Erlebnis und Ausgangspunkt meiner anhaltenden Bewunderung für Fellini. Von dem sowjetischen Film «Die Kraniche ziehen» ist mir nur in Erinnerung geblieben, daß Samojlewa, die Hauptdarstellerin, Veronika hieß, daß Krieg war, daß die Verliebten getrennt wurden, daß die Geschichte tragisch endete und daß ich danach – zum Glück war ich allein in der Zelle – einen Weinkrampf bekam, dessen emotionelle Ladung ich zu einem tränenbachähnlichen Gedicht sublimierte.

Eines Tages zeigte man uns ein neues Meisterwerk der Kádárschen Filmkunst: «Gestern». Der Film sollte die Intrigen und Vergehen der Konterrevolution aufdecken. Ich erinnere mich an fette Kulaken und vornehm tuende, faschistoide Grafen, die über die Grenze gekrochen kommen, um dem Volk die Macht zu entreißen und ihre feudalkapitalistische Herrschaft wiederherzustellen. Da wir Zuschauer fast ausnahmslos Arbeiter, Studenten und linke Intellektuelle waren und sich weder Großbauern noch schneidige Grafen, noch feiste Kapitalisten unter uns befanden, brachen wir bei einer besonders komischen Szene in lautes Gelächter aus. Die Lüge kann einen Grad erreichen, bei dem sie nur noch an den Humor appelliert. Die Aufseher schalteten das Licht an, und unser Mitgefangener Károly Kiss baute sich wutschnaubend vor uns auf; wenn wir uns so destruktiv benehmen, schimpfte er, verlieren wir nicht nur die Filmvergünstigung, sondern kriegen auch noch eine Disziplinarstrafe. Wir lauschten verblüfft; es war, als wäre er von der Leinwand zu uns herabgesprungen.

Der andere Bibliothekar war Róbert Ilosfalvy, der Opernstar. Er war zu drei Jahren verdonnert, weil er jemanden totgefahren und Fahrerflucht begangen hatte. Nach der Gefängnisfama saß allerdings seine Frau am Steuer, die Opernsängerin Erzsébet Házy, mit der er dann schnell den Platz tauschte – deshalb hatten sie nicht angehalten. Er saß also aus Ritterlichkeit für seine Frau im Gefängnis, deren bezauberndes Porträt er mit Sondergenehmigung den ganzen Tag lang auf seinem Bibliothekstisch betrachten durfte. Dreimal in der Woche hielt er in der Kulturzelle Arienprobe – dann drang seine Stimme durch den ganzen Linken Stern, mit Leichtigkeit auch durch die Eisentüren und die dicken Mauern, uns das groteske Erlebnis von beglückender Musik an einem so bedrückenden Ort schenkend. Robi neigte übrigens zu keiner Zeit dazu, sich in Worten auszudrücken; über kurz oder lang löste Gesang das Sprechen ab. So zum Beispiel, wenn auf dem Gang die Essenbehälter klapperten: «Das Essen, das Essen, das E-he-he-hessen, was gibt's heut zu e-he-he-hessen?» Er war allgemein beliebt – ein Bibliothekar, der kein Spitzel war! –, ich habe ihn nie gereizt oder mißlaunig gesehen, unerschütterlich wartete er darauf, daß seine Strafe halbiert oder gedrittelt würde, daß man ihn begnadigte, seine berühmte Frau würde das schon arrangieren.

Eines schönen Tages war ihr Foto von seinem Schreibtisch verschwunden, Robi saß zusammengesunken hinter dem Tisch, sang nicht vor sich hin, summte höchstens. Dann entdeckte ich das Bild hinter einer Bücherreihe. Am Tag darauf war es nicht mehr da. Einige Tage später stand es wieder auf dem Tisch, dann verschwand es erneut hinter den Büchern. Von da an konnten wir aus dem Aufenthaltsort des Fotos auf Robis seelischen Zustand schließen. Seine Freunde, denen er sein Herz ausschüttete, erzählten, ebenfalls unter dem Siegel der Verschwiegenheit, weiter, daß sich die Wolke der berechtigten Eifersucht über sein frohes Gemüt gelegt habe; er durfte nicht einmal hoffen, den Konkurrenten mit einer Siegesarie aus dem Feld zu schlagen. Unmittelbar vor 1956 war ohne Zweifel Iván Darvas der begabteste und auch der beliebteste ungarische Schauspieler. Er wurde eingesperrt, weil er in den Revolutionstagen mit einigen anderen politische Gefangene – unter ihnen seinen Bruder – aus dem Sammelgefängnis befreit hatte. Im Gefängnis mochte man ihn, sogar Peitschen-Rosi versuchte in seiner Anwesenheit nett zu sein; als er entlassen wurde, bat ihn Ilosfalvy – so erzählte man jedenfalls –, seine Frau zu besuchen. Am nächsten Besuchstag kamen sie bereits beide gemeinsam und ließen Robi wissen, gemeinsam würden sie auch um seine Entlassung kämpfen. Robi hat sicherlich nur wenige Mitgefangene ins Vertrauen gezogen, aber der Klatsch breitete sich wie ein Lauffeuer aus und wurde nie dementiert. Das Foto der Sängerin aber wanderte bis zu Robis Entlassung zwischen dem Schreibtisch, den Bücherregalen und noch versteckteren Verstecken hin und her.

Eindrucksvoller als an den Filmabenden zeigte sich das Vordringen des Humanismus in der Gründung einer Kulturgruppe. Es ist nun an der Zeit, daß ich den Scheinwerfer meiner Erinnerung auf die sympathische Gestalt von Kulturwachtmeister Szalai richte. Szalai versuchte sich nicht nur mittels seiner Macht Respekt zu verschaffen, sondern auch dadurch, daß er sich als ein Wesen von Geist ausgab. Darin ähnelte er dem einstigen aufgeklärten Steuermann unserer Kultur (ich sage «einstig», denn seit ich ihn in diesem Buch zum erstenmal erwähnt habe, ist sein Glanz verblaßt, seine Macht ruht auf tönernen Füßen, und unsere brillanten Intellektuellen, die früher auf seine Gnade und seine Befehle lauerten, können ihn heute – am 12. April 1988 – beinahe offen verspotten). Den Namen des Steuermanns hörte ich übrigens erstmals von Wachtmeister Szalai. «Kennen Sie György Aczél?» fragte er mich bei unserer ersten Begegnung. «Nicht einmal dem Namen nach. Wer ist das?» «Der stellvertretende Kulturminister», antwortete er, «er hat mir die Stiefel geputzt.» Er sagte das nicht angeberisch, sondern ganz sachlich – ich sollte nur erfahren, daß er schon andere Koryphäen unter der Fuchtel gehabt hatte und daß ich nicht zu verzagen brauchte, von ihm aus kann es auch nach oben gehen.

Aber Wachtmeister Szalai war nicht etwa ein passiver Kulturmensch, er schrieb auch Gedichte. Das war an sich nicht weiter schlimm, doch gab er sie ausgerechnet mir zur Beurteilung. Eine Woche lang zerbrach ich mir den Kopf, wie ich aus der Klemme kommen könnte, ohne mein altes Prinzip zu verletzen, daß ich Frauen und Gedichteschreiber nach Möglichkeit nicht belüge. Nicht die Aussage machte mir zu schaffen, sondern erstens die äußere Form der Gedichte (die meisten waren gereimt, nach der ungarischen Rhythmik, zumindest der Absicht nach) und zweitens ihre triefende Rührseligkeit. Wachtmeister Szalai war ein noch junger Mann, ungefähr zweiunddreißig Jahre alt und von erträglichem Aussehen, ich denke, in unserer zweigeschlechtigen Welt wäre er auch ohne fragwürdige Musenküsse zurechtgekommen. Das konnte ich ihm aber nicht sagen. Schließlich lobte ich seine Gedichte wegen ihrer Aufrichtigkeit. Die ist wichtig und unerläßlich, aber allein genügt sie nicht. Ein Dichter muß sich klarmachen, warum und für wen er schreibt. Wenn der Herr Wachtmeister mit seinen Werken vor ein breites Publikum treten will, dann würde ich ihm jedenfalls abraten, denn dazu sind sie trotz ihrer Aufrichtigkeit nicht geeignet. Wenn er dagegen sich selbst oder seine Angehörigen oder seine Liebste mit ihnen beglücken will, dann soll er unbedingt weiterschreiben, denn unabhängig vom künstlerischen Niveau ist das Dichten eine inhaltsreiche Form der Selbstverwirklichung, und unsere Nächsten sind nicht in erster Linie vom künstlerischen Niveau beeindruckt, sondern von den Gefühlen, die der Dichter für sie hegt. So oder ähnlich lautete meine Ansprache, und sein braunes Gesicht hinter dem Schreibtisch – er saß, ich stand natürlich – wurde immer gelber. «Sie reden ungereimtes Zeug, Károly Kiss hat mir klipp und klar gesagt, daß meine Gedichte großartig sind. Und Károly Kiss ist auch ein Dichter. Was sagen Sie nun?» «Dann», sagte ich Blödmann, «sollten Sie Ihre Gedichte bitte in Zukunft nur noch Károly Kiss zeigen.» So verspielte ich, fast restlos, sein Wohlwollen. Den Rest vergeudete ich leichtsinnig, als er mich anwies, für ihn einen Aufsatz über Petőfi zu schreiben. Wachtmeister Szalai besuchte nämlich die Abendoberschule. In seinem Aufsatz verglich ich Petőfis Weltgeist-Begriff mit dem von Shelley. Später erkundigte ich mich, wie unsere Arbeit angekommen sei. «Gut», sagte der Kulturwachtmeister wütend, «zu gut. Aber wer ist denn dieser Schilli, sagen Sie mal?»

Wenn ich an die Kulturgruppe zurückdenke, empfinde ich heute noch etwas wie Wärme. Mir drängt sich das Wort «Glück» auf, das ich natürlich verscheuche, schließlich waren wir eingesperrt, und uns war ständig so mulmig zumute wie dem «Adler, der in der Luft bemerkt, daß er seine Flügel zu Hause vergessen hat», um den Jugendschriftsteller Károly Aszlányi zu zitieren. Selbstverständlich gab es vor allen staatlichen Feiertagen weiterhin die Enten von einer Amnestie, sie watschelten aber auch bei sonstigen möglichen und unmöglichen Anlässen durch den Knast. Mir fällt der Dichter Sándor Derzsi ein, dessen seelisches Gleichgewicht im Lauf der Jahre aus den Fugen geraten war. Am Morgen des 1. November 1959 flüsterte er mir beim Hofgang zu: «Morgen werden wir entlassen.» Ich fragte, warum, was denn morgen sei. «Weißt du nicht? Allerseelen!» Am nächsten Tag verlangte er energisch nach seinen Zivilsachen, was ihm eine Disziplinarstrafe einbrachte, weil man sich verhöhnt fühlte. Diese Geschichte – und überhaupt unser lechzendes Verlangen nach Freiheit – ist unvereinbar mit dem Wort «Glück»; wenn wir aber bedenken, daß einen sogar auf der Hochzeitsreise die pure Verzweiflung heimsuchen kann, warum sollen dann unbeschwerte und glückliche Stunden im poststalinistischen Knast undenkbar sein?

Die Kulturgruppe war vor allem deshalb zugkräftig, weil sie Bekannte und Freunde und deren Freunde zusammenführte, die auf verschiedene Zellen und Arbeitsplätze verteilt waren. Wir saßen im Kultursaal, schlossen Bekanntschaften, erzählten uns dies und jenes, einmal sogar – was für eine schöne Erinnerung – brieten wir auf dem Kanonenofen in Scheiben geschnittene Kartoffeln in irgendeinem verdächtigen Öl. Leider warf ich das Ergebnis mit einer unbedachten Bewegung auf den Boden, wir aßen es trotzdem auf, mit Appetit und bis auf die letzte Scheibe.

Das Wort führte meistens György Fazekas. Er war in der Provinz Journalist gewesen, aus dem Zwangsarbeitsdienst in sowjetische Gefangenschaft geraten, dort Kommunist geworden und als Oberleutnant der Sowjetarmee nach Ungarn zurückgekehrt. Die Parteizeitung stellte ihn ein und feuerte ihn – angeblich aus politischen Gründen – schon zu Beginn der fünfziger Jahre wieder. Ich sage «angeblich», weil ich meine, über politische Gegensätze konnte man immer hinweggehen, wenn sich der Ketzer wenigstens im Lebensstil den herrschenden Normen anpaßte. «Ich war der einzige Kommunist», prahlte Fazekas in der Kulturzelle, «der allein für seinen Schwanz drei Parteiverfahren gekriegt hat.» Außer seiner Schwäche für Frauen machte ihm vermutlich auch sein übersprudelnder Humor zu schaffen, und Humor ist nun mal in der Redaktion des Zentralorgans einer Parteidiktatur eine lebensgefährliche Tugend. Als er gefeuert wurde, arbeitete er als Straßenbahnschaffner, nach allerlei Wechselfällen geriet er in die engste Umgebung von Imre Nagy und flüchtete mit ihm am 4. November in die jugoslawische Botschaft.

Er wurde mit den anderen nach Rumänien verschleppt, zurückgebracht und – allerdings nicht im Hauptprozeß – zu zehn Jahren verurteilt. Er liebte den Ministerpräsidenten. «Onkel Imre», sagte er träumerisch, «war weit und breit in diesem Land der beste Großvater. Im Vorzimmer warten der chinesische Botschafter, drei Generäle, vier Aufständischenkommandeure und zwei von seinen vertrauten Staatsministern, aber Onkel Imre hat keine Zeit, er telefoniert mit seinem Enkel, ob er sein Breichen aufgegessen hat.» Eine andere Story führte uns auf die jugoslawische Botschaft. Die dorthin geflüchteten kommunistischen Funktionäre lasen verwundert, daß Tito, der ihnen einige Tage vorher dieses Asyl angeboten hatte, in seiner berühmten Rede von Pula die ungarischen Ereignisse als «Konterrevolution» bezeichnet hatte. Imre Nagy meinte, sofern sie eine Konterrevolution angeführt hätten, hätten sie in der Botschaft eines kommunistischen Landes nichts zu suchen. Um die Gruppe zu beschwichtigen, schickte die jugoslawische Führung einen hohen Parteifunktionär nach Budapest, der ihnen erklärte, sie machten aus einer Mücke einen Elefanten – denn seht mal, die Rede von Pula ist so und so lang, über so und so viele Spalten kritisiert sie unbarmherzig die Sowjetunion, aber die beanstandete Passage ist nicht länger als ein Hasenschwanz, ein einziger Absatz. Georg Lukács, den – da es sich um Qualitäten handelte – diese quantitative Argumentation wahrscheinlich auch philosophisch ärgerte, unterbrach den Jugoslawen: «Sehen Sie mal», sagte er, «ich stehe in London vor der Saint Paul's cathedral, ich bewundere die grandiosen Dimensionen, die Schönheit und die Eleganz der Kirche, die künstlerische Perfektion der Kuppel, und da fällt mir vom Dach ein einziger Stein auf den Kopf. Von diesem Augenblick an interessieren mich die sonstigen Teile des

Gebäudes überhaupt nicht mehr.» Die Rechtfertigungen des Jugoslawen gingen in Gelächter unter, und auch wir lachten, drei Jahre später, in der Kulturzelle, aber weniger unbeschwert, denn dieser Stein hatte einige Teilnehmer an dem damaligen Gespräch inzwischen wirklich erschlagen. (Wir lachten damals ratlos, denn für uns war Titos Rede noch ein Rätsel. Erst später sickerte durch, daß Chruschtschow zwei Tage vor der Intervention Tito für seinen Plan gewonnen hatte. Tito mochte befürchten, die demokratische Revolution könne auf die von Ungarn besiedelten Gebiete seines Landes übergreifen und sich womöglich noch weiter ausbreiten; das Asyl soll er den kommunistischen Revolutionsführern angeboten haben, um einen eventuellen Widerstand zu enthaupten.)

Fazekas verfügte über einen unerschöpflichen Vorrat an politischen und erotischen Anekdoten. In den Liebesgeschichten war meistens er der Geschädigte, und das konnte er sich leisten, denn an Erfolgen mangelte es ihm nicht. Er war ein gutgewachsener Fünfundvierzigjähriger mit einem Leben voller Abenteuer; was und wie er erzählte, wirkte unerhört unterhaltsam, sogar in Männergesellschaft spürte man sein ständiges Interesse an den Frauen. Auf seine Erfolge konnten wir aus gelegentlichen Bemerkungen schließen; in seinen Lieblingsgeschichten stellte er sich aber als komischen Helden der Eifersucht hin. Ich gebe nur eine dieser Anekdoten weiter; ihr Licht dringt tiefer als die Literatur jener Zeit. Er hatte erfahren, daß seine geliebte Frau ein Verhältnis mit einem seiner Freunde hatte, einem bekannten Sozialdemokraten. Sofort setzte er sich ins Taxi und fuhr zur Wohnung des Rivalen. Der lag mit seinem Eheweib längst im Bett – es war späte Nacht –, als wild an der Tür geklingelt wurde. Das war zur Zeit der schlimmsten Schreckensherrschaft Rákosis, die meisten alten Sozialdemokraten waren bereits eingelocht, er zweifelte also nicht daran, daß nun die Reihe an ihm war. Er küßte seine Frau, zog sich unter nicht enden wollendem, ohrenbetäubendem Geklingel hastig an und ging, auf das Schlimmste gefaßt, zur Wohnungstür. Seine Frau, im Schlafrock, folgte ihm weinend. Als er öffnete, bekam er eine gewaltige Ohrfeige, woraufhin er Fazekas mit dem glücklichen Ruf «Ach, du bist es bloß!» um den Hals fiel.

Einmal wurde Fazekas im Auto zur Untersuchung in ein Gefängniskrankenhaus gebracht. «Fürchterliches geschieht», begann er nach der Rückkehr seinen Bericht. «Stellt euch vor, in Budapest macht sich eine entsetzliche Krankheit breit. Wie ich so aus dem Wagen gucke, sehe ich, daß ungefähr jedem zweiten sonderbare Schwellungen gewachsen sind, hier oben (er veranschaulichte, wo: in Brusthöhe), keine Ahnung, was das sein kann, diese Dinger kommen immer paarweise vor, und unten herum ist auch nicht alles in Ordnung, die Beine enden nicht in Röhren, wie bei uns, sie hängen aus einem glockenförmigen Gebilde heraus, ich befürchte das Schlimmste, wenn sich diese Seuche bloß nicht bis zu uns ausbreitet!» Seine Worte gingen, wie fast immer, in unserem Gelächter unter. Mein närrisches Wesen begnügte sich neben ihm vergnügt mit der Rolle eines zweiten Hanswursts vom Dienst, ich blödelte in meinem infantilen Stil, so gut ich konnte, bis Fazekas die Grenzen absteckte: «Der Eörsi ist nicht einer, der kein Haar mehr hat, der Eörsi ist einer, der noch kein Haar hat.»

Die Kulturgruppe wollte das mittelalterliche französische Stück «Maître Pathelin» aufführen. Ein des Diebstahls beschuldigter armer Hirt beantwortet darin auf Rat seines gerissenen Anwalts alle Fragen des Gerichts mit «Bääääh!», als hätte er unter seinen Schafen das Sprechen verlernt; am Ende antwortet er dem Anwalt, als der sein Honorar verlangt, ebenso. Stücke dieser Art eignen sich bestens für Gefängnisaufführungen. Erstens zeigt unseres ein veralbertes Gericht, zweitens zeigt es einen veralberten Anwalt, und drittens triumphiert unangefochten der Angeklagte. Unser Regisseur war Jenő Horváth, im Theatermilieu bis heute als «der böse Horváth» bekannt, nicht zu Unrecht: ein kleiner, magerer, schwarzhaariger Mann, ein paar Jahre älter als ich, der vor Verbitterung sprüht, hauptsächlich, wenn er auf Frauen zu sprechen kommt, und das tut er immerfort. Er wies sich uns als professioneller Regisseur aus, er spielte uns alle Rollen aus dem Pathelin vor, Männer wie Frauen, und viele aus anderen Stükken. Gern griff er auf Molière zurück, um zu beweisen, daß der sich des Geistes und der Dramaturgie namenloser Volksstückeschreiber bedient hatte. Als naive Jungfrau war er ebenso umwerfend wie als alter Wucherer, und sein schneller Wechsel aus der Rolle ins Leben («Sieh her, du Trottel, du ziehst die eine Schulter hoch und den Kopf vor, und schon bist du bucklig!») und zurück in die Rolle verriet mir mehr über den theatralischen Wirkungsmechanismus – beispielsweise über den Verfremdungseffekt – als jede Hochschulvorlesung. All das Vorspielen und Erklären war auch bitter nötig, denn im Gegensatz zu ihm waren wir Amateure, besser gesagt Dilettanten. Ich etwa sollte den Richter spielen, aber ich brachte es nicht fertig, den von der Rolle verlangten Persönlichkeitswechsel zu vollziehen, ich blieb auch als Richter der Örsi. Der böse Horváth schickte mich auf die Ersatzbank, meinen Platz übernahm ein anderer. Ich sollte erst bei der zweiten Vorstellung auftreten, aber dazu kam es glücklicherweise nicht, denn nach der Premiere setzte die Gefängnisleitung das Stück ab.

Zu Weihnachten 1959 stellten wir einen Literaturabend zusammen; ich trug hierzu mit einem Gedicht für den Strafgefangenen Laci bei, einen Mann von zwergenhaftem Wuchs, dessen relativistische Wahrheiten dem Gefangenengemüt ebenso nahestanden wie der Meister Pathelin: «Aber Größe, was ist das? Verratet es mir endlich, / wenn es kein Geheimnis ist. / In Liliput war Gulliver ein Riese, / unter Riesen ist er ein Fliegendreck.» Und: «Nehmen wir als Beispiel die Bibel: / Wer war größer, / David / oder Goliath? / Also: / Immer mit der Ruhe!»

Wie der listige Schäfer im Theaterstück, verkündete auch der Zwerg den Triumph der Kleinen und Unterdrückten. Als er drohend die winzige Faust hob, brandete Gelächter durch den Saal, aber in die Heiterkeit mischte sich Widerstreben: Als Gefangene identifizierten sie sich mit ihm, aber als Normalwüchsige fühlten sie sich unbehaglich. Der Autor aber, mitten im Publikum, durfte zum erstenmal erleben, was für ein großartiges Vergnügen es bereitet, jemandem einen Text nach Maß zu schneidern, so, daß er nicht nur klingt, sondern auch Gestalt annimmt.

4.

Im April 1960 wechselte ich aus dem Übersetzungsbüro in ein Lehramt über. Das Sammelgefängnis richtete eine Analphabetenschule ein, dort unterrichtete ich. Nach der Teilamnestie vom 4. April 1960 wurde das Übersetzungsbüro reorganisiert, denn die Kurzzeitgefangenen – unter ihnen Kosáry – hatte man entlassen. Immerhin blieb die Kulturgruppe erhalten, wo ich mit alten Freunden Verbindung halten konnte. Als Lehrer mußte ich nur ein paar Stunden am Tag arbeiten, deswegen konnte ich mehr als vorher schreiben, lesen und übersetzen. Außerdem war ich viel allein, so daß ich ausgiebig meine seelischen Wunden lecken konnte, denn die hatte ich, auch darüber werde ich noch berichten.

An den Unterricht habe ich wenig Erinnerungen. Meine meisten Schüler waren Zigeuner, die meisten von ihnen hießen Sztojka, und sie galten nur als Politische, wenn sie wegen «bewaffneter Bettelei» verurteilt worden waren. Ich tat mein Bestes, um wohlgeformte Buchstaben an die Wandtafel zu malen. Die Schüler, ob sie nun achtzehn oder siebzig waren, siezten mich und sprachen mich als Herr Lehrer an, dabei trugen wir doch alle die gestreifte Kluft. Sie würdigten meinen pädagogischen Eifer, wollten aber nicht davon profitieren – sie trieben respektvoll, aber systematisch Sabotage. Einen Sztojka, der mir besonders intelligent vorkam, fragte ich unter vier Augen, warum er nicht lerne. «Herr Lehrer, Ihnen zuliebe tät ich ja lernen, aber nur unter einer Bedingung.» «Nämlich?» «Daß Sie nichts dagegen haben, wenn ich bei der Prüfung durchfalle.» «Warum wollen Sie durchfallen?» «Weil ich immer mildernde Umstände kriegen werde, wenn ich nicht lesen kann.» Ich bewunderte seine Umsichtigkeit und versicherte ihm, meinetwegen kann er durchfallen, ich werde ihn nicht verraten, auch nicht die anderen, er soll allen sagen, sie können ruhig lernen. Danach nahm bei manchen der Eifer zu, aber wie sie bei der Prüfung ihr Wissen verheimlicht haben, weiß ich nicht, denn ich wurde entlassen, bevor das erste Schuljahr endete.

Unter dem Vorwand, ich müsse mich auf den Unterricht vorbereiten, saß ich damals stundenlang allein in der Kulturzelle. Ich schrieb, ich korrigierte meine «Cenci»-Übersetzung, ich übersetzte Shelleys großartiges revolutionäres Gedicht «Der Maskenzug der Anarchie» und arbeitete an meiner «Wintermärchen»-Übertragung. Ich fühlte mich zwar nicht zufrieden, aber wenigstens nützlich; doch manchmal nagte der Zweifel auch an diesem Trost. «Natürlich hebt es meine Arbeitslust nicht, wenn ich ein Verzeichnis der erschienenen und geplanten Bücher sehe, darunter Heine, Shelley, Keats und andere. Manchmal kommt mir alles, was ich gerne mache, absolut überflüssig vor – aber ich arbeite weiter, nun erst recht!» schrieb ich am 23. April 1960 an Vera. Meine Skepsis galt, wie aus einem ellenlangen Brief, den ich vom April bis Ende Juli verfaßte, hervorgeht, nicht nur dem Übersetzen: «Wir haben hier einen kleinen Barbier, Lajoska, 45 Kilo, ca. 26 Jahre. Einer mit Flausen. Wünscht sich ein Einfamilienhaus, ein Gärtchen, 4–5 Bienenstöcke, eine Ehefrau... Was er sagt, klingt ironisch, als glaubte er nicht daran, aber es sind echte Träume – ich höre ihm zu und könnte heulen. Ich wünsche mir auch solche Träume, ich würde auch so gerne, wie einer von uns sagt, als Epikureer leben oder leben wollen – aber ich kann nicht. Wie als Halbwüchsiger will ich immer noch ‹ein großer Dichter› werden, ich habe auch schon meine Höllenfahrt gehabt, die Hölle ist nämlich nichts anderes als der Verlust von Illusionen, und inzwischen habe ich keine einzige mehr... Auch bin ich mir nicht sicher, daß mein Talent kräftig genug ist. Ich lese die namhaften Erzähler und Dichter und habe ständig das Gefühl, o Gott, wie viele wir doch sind – auf diesem milden Weltniveau lohnt es sich nicht; und wer weiß, wie weit mein Niveau von dem noch entfernt ist! Hinzu kommt die sprachliche Isolation des ungarischen Dichters, die nicht aufzubrechen ist. Rebelliert nun in mir der Individualist, weil er nicht allein auf der Welt lebt, liebt und schreibt, oder der zweifelnde Künstler? Und wenn letzterer: inwieweit sind meine Zweifel berechtigt?... Du weißt, ich bin Kommunist; aber meine Illusionen von einer eigenständigen sozialistischen Entwicklung hat der 4. November widerlegt. Hinsichtlich meiner maßgeblichen Ziele bin ich dazu verurteilt, lebenslänglich im Schreibtisch-Schubfach zu bleiben. Aber ich muß ja auch leben. Ich kann nicht und will nicht ein unbedeutendes Plappermaul sein. Und wenn ich es doch versuchte – ich wäre verdächtig für alle Zeiten. Rákosi hatte seinen Kurs, wer von dem abwich, der war eben ein Abweichler. Heut ist der Kurs eine Linie, die sich schlängelt, innerhalb eines gewissen Kreises kann man von ihm abweichen – zum Abweichler stempeln sie, wen sie gerade wollen. Was alles, Herrgott, müßte ich machen, damit sie mich nicht wollen, damit ich auch nur ein einziges Buch über die Romantik herausgeben kann, eins, wie sie es von einem anderen wortlos herausgeben würden. Von Ady sagt man, er sei ein «Führer ohne Heer» gewesen – ich bin ein Kämpfer, kein Führer, aber ohne die Möglichkeit zum Kampf. Das ist noch schrecklicher... Und überhaupt, woher soll ich die Kraft nehmen, zu schreiben, zu schreiben wie ein Verrückter, jahrzehntelang und für das Nichts?»

In den zunehmenden Briefen des letzten Jahres – vom 9. Dezember 1959 an hatte ich weniger als fünf Jahre abzusitzen und durfte deshalb nach einer neuen Anordnung alle zwei Wochen einen Brief schreiben und empfangen – schlägt sich diese Verzweiflung ebenso nieder wie das zuversichtliche Pläneschmieden. «Ich habe einen Spruch, der hier allgemeine Heiterkeit weckt: ‹Wenn ich erst wieder draußen bin, wird es zu meinen ersten tausend Sachen gehören, daß ich...›» Und ich kann gar nicht aufzählen, mit was allem ich mich beschäftigen wollte: mit Religionskritik, mit der ungarischen Presse zwischen den beiden Weltkriegen, mit der ungarischen Jakobinerverschwörung (über die ich damals schon ein Theaterstück oder einen

Film plante), ich wollte ein lobendes Essay über Ady schreiben und einen Roman oder ein Epos über König David, denn er sei «der jüdische Odysseus, Achilles und Agamemnon in einer Person, eine grandiose epische Gestalt, wie sie sich wirklich nur bei Homer findet», ich entwarf Stücke über verschiedene ungarische Reformpolitiker des 19. Jahrhunderts, und was meine Übersetzungspläne betrifft, so mag ich die lange Liste gar nicht erwähnen. Ich wollte auch meine Lebensweise ändern, mit naivem Pathos, um den ich mich – wenngleich mit einem überlegenen Lächeln – heut noch beneide, «wegziehen aus der Leopoldstadt (dem hauptsächlich von jüdischen Bürgern und Intellektuellen bewohnten Viertel), weg von dieser Insel voll künstlicher Atmosphäre, natürlich nicht nur und nicht hauptsächlich in geographischem Sinn, ein Schriftsteller der Arbeiter werden, aber nicht nur auf philosophischer Grundlage, nach Möglichkeit mindestens ein Jahr in einem Großbetrieb körperlich arbeiten usw...., anders leben mit Dir». Ja, auch das nahm ich mir fest vor, ich versprach ein intensiveres Zusammenleben, gelöstere und hemmungslosere Sexualität, auch auf diesem Gebiet Umsicht und Sachkenntnis, die hochgradige Einheit von Routine und Inspiration.

Genährt wurden meine Pläne pausenlos von dem, was ich las. Mit der Gier eines Verhungernden warf ich mich auf alles, was ich noch nicht kannte. Von Dürrenmatt war ich hingerissen, von Osborne weniger, für Ionesco fand ich einige abfällige Worte, für Ibsen begeisterte ich mich, denn «er ist im Aufgreifen der Probleme so radikal, daß man beim Lesen geradezu um Erbarmen flehen möchte», ich lobte Anouilhs «Medea» und Graham Greenes «Stillen Amerikaner», aber: «Wie weit ist Greene in der rücksichtslosen Wahrheitsleidenschaft und Anouilh in der Konkretheit der Problemstellung von den Autoren des vergangenen Jahrhunderts entfernt! Ich gestehe, unter den Neueren habe ich nur einen ‹Modernen› gefunden, der dem kühnsten Vergleich standhält: Dürrenmatt.» Mich faszinierten Heines Essay «Zur Geschichte der Religion und Philosophie in Deutschland» und Marx' «Brumaire». «Die alles auflösende Ironie und Selbstironie des Erstgenannten steht mir jetzt sehr nahe. Er räumt gründlich auf mit dem frommen Glauben an absolute Werte, der die philosophische Grundlage jeglicher Dummheit ist.» Mir gefielen Sartres Novellen, «Kindheit eines Chefs» und «Die Wand»: «Sofern sie Rechtfertigungen einer philosophischen These sind, protestiert mein Hirn schreiend gegen sie (zu laut, und das ist mir ein wenig verdächtig: was denn, haben sie mich so getroffen?), sofern aber Lebensdarstellungen, gefallen sie mir über alle Maßen.» Für die Liedartigkeit meiner neuesten Gedichte machte ich Apollinaire verantwortlich, ich schwärmte für Majakowski (vier Bände!), und die Einstein-Monographie von Leopold Infeld machte mir bewußt: «Es ist eine völlig veraltete Auffassung, daß die Naturphilosophie keine Daseinsberechtigung habe… Aber ich kann jetzt kaum noch einen vernünftigen Gedanken fassen, Du hast mich gestört, Du Hexe!» (Denn den Brief hatte ich vor einem Besuch Veras begonnen und unmittelbar danach fortgesetzt.) «Und wenn wir noch bedenken, daß nach Einstein die Materie eine ‹Verdichtung des Raums› ist, dann wird der Unterschied zwischen dem Weltraum und der Welt zu einem rein quantitativen!» Der Schweiß meines Angesichtes tränkte Lukács' Buch über den jungen Hegel; ich lernte daraus, wie Hegel zur Versöhnung gelangte, und: «Dieses Exemplar hat der Verfasser 49 einer gewissen Edit gewidmet, ‹in alter Freundschaft›. Äußerst verdächtig!»

Ich stöbere mit einigem Neid in meinen vor dreißig Jahren geschriebenen Briefen – sie sind die gemeinsame Frucht meiner körperlichen und geistigen Anspannung, die ein Dauerzustand und in meinem damaligen Alter etwas Natürliches war, sowie des widernatürlichen Reizes, den das Gefängnisleben ausübte. Der ständige Wechsel zwischen Verzweiflung und Hoffnung bezog sein Pathos aus den vielen uneinsehbaren Kurven des noch zurückzulegenden Weges. Jedes Buch bot Geheimnisse, die gelöst werden wollten und gelöst werden konnten. Als Beispiel zitiere ich aus einem Brief vom 29. Juni 1960: «Meine liebste Seele, mein Engel! Es ist schon Montag, und wie Du aus der Anrede ersiehst, habe ich gestern den ganzen Nachmittag über in Kossuths Emigrationsschriften gelesen – so grüßte er sein Weib vom fühllos einherbrausenden Dampfroß. Der Alte war ein merkwürdiger Mensch, und er bestärkte mich sehr in meiner Genie-Theorie. In der Kunst und der Politik gibt es zwei Arten von Genies: Die einen blicken tiefer als ihre Zeit, sie erkennen Bedürfnisse, die sich gerade erst andeuten, ihre Grundhaltung ist kritisch nicht nur dem herrschenden Geschmack usw., sondern auch dessen typischer Opposition gegenüber. Die anderen sind die Genies des Durchschnitts. Sie sehen nichts und wollen nur das, was sie mit dem guten Durchschnitt ihrer Zeit teilen. Aber sie vermögen diesen Durchschnitt komprimiert mit ihrem Leben und Schaffen auszudrükken. Wären sie ein bißchen klüger, ließen die Massen sie im Stich; wären sie ein bißchen dümmer, könnten sie die ihnen auferlegte Aufgabe nicht bewältigen. Ihr charakteristisches Terrain ist die Rhetorik, die Fähigkeit, Massen mittels Parteinahme und Pathos von etwas zu überzeugen, wovon diese eigentlich schon überzeugt sind. Das Geheimnis ihres Erfolgs besteht darin, daß die Massen verschönert und auf einen hohen moralischen Sockel gehoben all das hören und verwirklicht sehen möchten, was sie selbst sind. Zur ersten Gruppe gehören z. B. Tschernyschewski oder Ady, zur letzten Kossuth oder Victor Hugo. Ich achte auch diese nicht gering; in der Geschichte kann in jedem gegebenen Augenblick dieses oder jenes Verhalten als Teilmoment der absoluten Notwendigkeit gerechtfertigt sein. Der russische Dutzend-Liberalismus des 19. Jahrhunderts beispielsweise, der die halbherzigen, aber doch konkreten Reformen durchsetzte, hatte ebenso seine Berechtigung wie die radikale, vernichtende, ironische Kritik Tschernschewskis und seiner Freunde am Liberalismus.

Es ist vor allem eine moralische Frage, welches Verhalten einem wie sympathisch ist; meine diesbezüglichen Affinitäten kennst Du – aber man darf nicht immer über alles moralisieren!»

In einem anderen Brief, aus den letzten Julitagen des Jahres 1960, habe ich mich bei der Zusammenstellung eines Kulturprogramms «entschlossen, die Weltliteratur zu lesen. Diese Aktion, die wenig Erfolg verspricht, habe ich mit ‹Krieg und Frieden› begonnen. Zuletzt las ich den Roman vor acht Jahren, jetzt kam er mir völlig neu vor und machte mich ganz konfus. Natürlich nicht mit seiner Philosophie, noch weniger mit deren historischen Aspekten. Was mich manchmal unheimlich ärgerte, waren sein Antirationalismus, sein populistischer Mystizismus, der sich mit nationalem und rassischem Mystizismus vermischt, seine Wissenschaftsfeindlichkeit, kurz, sein Tolstoiismus. Über seine Einstellung zu Napoleon und mein Verhältnis zu diesem könnte ich einen ganzen Brief schreiben – Du weißt, ich bin kein Bonapartist, aber die Darstellung eines der größten Männer aller Zeiten als dummen, talentlosen, aufgeblasenen Hampelmann hat mich geärgert, besonders, weil ich die Motive dieser Darstellung hasse. Aus seiner ganzen Geschichtsphilosophie sympathisiere ich nur mit zweierlei: mit der Polemik gegen den Heldenkult und mit der Überzeugung, daß die Geschichte nicht die Geschichte einzelner Leute, sondern von Völkern ist. Doch der Roman selbst mit seinem phantastischen Reichtum, seiner ‹extensiven Totalität› und der erstaunlichen Sicherheit, wie er alle Fäden auf die einzig mögliche Weise verknüpft, hat mir den Atem geraubt. Tolstoi erzählt so selbstsicher, daß man nicht an der Echtheit der nichtigsten Episode mit der unbedeutendsten Nebenfigur zweifeln kann. Er vermag sich keine zufällige Begegnung, kein Ereignis auszudenken, das wir ihm nicht ohne zu zögern abnähmen. Und die Charaktere! In Natascha habe ich mich natürlich verliebt, irgendwoher kenne ich sie.» Die Lobrede geht weiter, ich halte an, zurückblickend sehe ich mich in der Zelle, aufgewühlt, weil Tolstoi oder Kossuth oder irgend etwas, das meinem Hirn oder meiner Phantasie Nahrung gab, genau diese Wirkung auslöste. Und wenn ich nicht las, schrieb ich, schlechte und bessere Gedichte, aber in allen spiegelt sich die gleiche Dichtigkeit des Erlebens, die gleiche fast erotische Unruhe wie in meinen Briefen.

Ich saß in der Kulturzelle und machte gerade eine Pause beim Schreiben oder Lesen, als ein Leutnant so unerwartet eintrat, daß ich keine Zeit mehr hatte, meine Hose zuzuknöpfen. Er brüllte mich minutenlang an, drohte, mich zum Gefängnisleiter zu schicken und mir die Vergünstigungen entziehen zu lassen, vor allem aber, meiner Frau zu schreiben, warum sie mich nicht mehr besuchen dürfe und warum sie von nun an weder Briefe schreiben noch erhalten könne. Wir hatten mehrere griechische Offiziere, kommunistische Emigranten, er war einer von ihnen; sie haßten die Häftlinge, denn sie glaubten, wir setzten uns für ein Regime ein, wie es in ihrer Heimat die faschistoiden Obristen errichtet hatten. Ich nahm also an, er werde seine Drohungen wahrmachen. Ich verbrachte lange Tage in Scham und Angst, ich konnte mir lebhaft das demütigende Verhör beim Gefängniskommandanten vorstellen, auch meine Mutter und Vera, wenn sie die amtliche Mitteilung über mein Vergehen läsen.

Zu den inhumansten Begleiterscheinungen der Gefängnisstrafe gehört das Verbot des Geschlechtslebens. Die schädlichen Folgen bekommt über kurz oder lang jeder zu spüren; bei manchen löst die jahrelange Zwangsabstinenz Depressionen aus, bei anderen unkontrollierbare Aggressionen. Die Entpersönlichung der Sexualität im Gefängnis – die unvermeidlich auch bei Verliebten eintritt – deformiert die Persönlichkeit auf Dauer und macht sich meistens noch nach der Entlassung bemerkbar. Oft führt das Eingesperrtsein auch zu Hemmungen und Ängsten, viele männliche Gefangene fürchten, sie könnten ihre Potenz verlieren, und wenn diese Furcht hartnäckig genug ist, kommt es tatsächlich zu Schwierigkeiten. Ob sie meinen, sie könnten die über Jahre angestauten Erwartungen nicht erfüllen, oder ob sich ihre Erwartungen auf unnatürliche Weise anstauen – wieder auf freiem Fuß, sind sie unfähig, harmonische Bindungen aufzubauen oder zu ertragen, und wie ein Blinder, der im Porzellanladen in Panik gerät, schlagen sie rundum alles kaputt.

Meines Erachtens wird der Haß der Häftlinge auf ihre Bewacher dadurch beträchtlich angeheizt, daß letztere nach vierundzwanzig Stunden Dienst das Gefängnis wieder verlassen können. Die Westberliner Proben zu meinem Gefängnisstück «Das Verhör» begannen wir mit einem Besuch in der Vollzugsanstalt Tegel. Dort haben die Häftlinge Fernsehen in der Zelle, sie dürfen sich tagsüber frei auf dem Anstaltsgelände bewegen, sie können wöchentlich Besucher empfangen, sie können auch, wenn ich mich recht erinnere, in die Stadt telefonieren. Jeder kann seine Zelle einrichten, wie es ihm paßt, das Essen ist einwandfrei, die Bequemlichkeit bürgerlich – lediglich nach Hause dürfen auch sie erst kurz vor Ablauf ihrer Strafe. Über die Wärter reden sie ebenso haßerfüllt wie wir seinerzeit in Márianosztra, nicht nur deshalb, weil die Wärter die Zellen jederzeit nach Waffen oder Drogen durchsuchen und die Gefangenen für bestimmte Vergehen bestrafen können. Wichtiger ist, daß die Häftlinge – sofern sie nicht homosexuell sind – wie Mönche leben müssen, die Wärter aber nicht.

Für den ungarischen Haftvollzug ist das Verbot des Sexuallebens ein wesentliches Element der Strafe, deshalb wurde zusätzlich auch noch die Selbstbefriedigung verboten. Wer gegen die Gesetze verstößt, muß einen Monat oder zwanzig Jahre lang auf sexuellen Genuß verzichten. Wer sich ihn selbst verschafft, mildert unbefugt seine Strafe. Der kommunistische Knast versuchte kompromißlos das katholische Dogma von der unbefleckten Männlichkeit zu verwirklichen. Dabei halfen ihm unsere Gewohnheiten und unsere Erziehung; wir hätten uns geschämt, wenn die Mitgefangenen unsere sexuellen Manipulationen beobachtet oder im Dunkel der Nacht gehört hätten, deshalb machten wir es heimlich und mit Schuldbewußtsein, und wir versuchten gar nicht erst, hinterher den Ekel niederzuhalten. (Ich bemerke gerade, mein diesbezügliches Schamgefühl sitzt so tief, daß ich in der ersten Person Plural spreche, obwohl ich meine Erfahrungen auf diesem Gebiet noch nie mit denen anderer Häftlinge verglichen habe.) Wenige von uns waren so wie Karesz, der strahlend verkündete: «Kinder, ich hab abgeläutet!» (Karesz benutzte übrigens auch für die Wollust im Schlaf einen schönen Ausdruck: «Das Schiff ist weggeschwommen.») Und ich kannte nur einen Häftling, der die Selbstbefriedigung öffentlich betrieb, und zwar mit der ideologischen Begründung, unter den Knastbedingungen sei das etwas ebenso Natürliches und Notwendiges wie das Essen, die Entleerung oder der Schlaf. Da wir diesen Tätigkeiten unter den Augen der anderen nachgingen, sei es sinnlos, das Onanieren zu verheimlichen. «Leute», rief er angeblich einmal von seinem Bett herab, «laßt euch mein Essen reingeben, ich bin noch nicht ganz fertig.»

Der griechische Leutnant machte seine Drohung nicht wahr. Ich bekam keine Disziplinarstrafe, aber die Scham – und die Scham darüber, daß ich mich geschämt habe – verfolgt mich heut noch. Die sexuelle Demütigung, die in unseren Gesellschaften nicht nur für den Strafvollzug kennzeichnend ist, ist ein Grund dafür, daß ich manchmal die Fische, das Wild und sogar die Insekten beneide.

5.

Solange sich der Briefwechsel mit meiner Mutter und Vera auf zweiunddreißig Zeilen in jedem dritten Monat beschränkte, konnten wir uns gleichsam nur Zeichen geben, aber von einem regelmäßigen Kontakt konnte nicht die Rede sein. Die halbjährlichen Besuche in Anwesenheit aufmerksamer und gehässiger Aufseher machten mir, so glücklich ich mich dann auch fühlte, immer wieder das Fehlen dieses Kontaktes deutlich. Als wir uns aber ab Dezember 1959 alle zwei Wochen schreiben und alle vier Wochen sehen konnten, stellte sich die ständige Berührung zwischen unseren Welten her und obendrein etwas wie ein gemeinsames Reich.

Wenn ich unseren Briefwechsel lese, befällt mich eine gespenstische Traurigkeit. Unser Leben besteht aus Schichten, die sich aufeinander gelagert haben, aus blühenden Siedlungen, aus Sagen, Mythen. Ihre zentrale Gestalt und ihr Held ist stets die Person, die wir nachlässig «Ich» nennen, dabei ist dieses «Ich» in jedem Fall von dem, der es heute ausspricht, so verschieden, wie es mit ihm identisch ist. Was vor achtundzwanzig Jahren geschrieben wurde, hilft mir, eine Art Troja auszugraben, zugeschüttet von mindestens sieben Städten. Ich stoße auf fast unversehrte Reste einer Wasserleitung, auf ein paar Töpfe im Sand, auf einige in Stein geritzte Zeichnungen und Hieroglyphen, dann auf Knochen, viele Knochen, zu denen ich mir das Gesicht und den Körper denke, und ich habe das triumphierende schlechte Gewissen des Überlebenden.

Die Briefe führen mich in das Totenreich, denn meine Mutter und Vera leben nicht mehr, und auch viele Helden unserer brieflichen Mythologie sind gestorben. Ich sehe Vera bei Lukács und stelle mir vor, wie sie weinend den Kopf an seine Schulter lehnt, ich sehe, wie Déry mit seiner Frau in einem Hausflur wartet, daß der Regen aufhört; aus dem Haus gegenüber kommt Vera zu ihnen, lachend unterhalten sie sich, Déry, inzwischen auf freiem Fuß, läßt mir etwas ausrichten, das dem vergleichbar ist, was Robespierre – in anderem Zusammenhang – Danton ausrichten läßt. «Eigentlich habe ich, seit Dein Vater von uns gegangen ist, die Hälfte meines Ichs verloren», schreibt meine Mutter, «oft bin ich sehr einsam.» Meine Tante Mici wiegt dreißig Kilo, sie kann nicht mehr allein essen, meine Mutter geht täglich um fünf zu ihr ins Krankenhaus, und vor zehn Uhr abends ist sie selten zu Haus. Als Mici stirbt, trauere ich erneut um sie. Mici war winzig und bucklig, sie hat einen schwachen Rücken, hieß es in unserer Familie; sie hatte nicht geheiratet, weil sie ihr Gebrechen nicht weitergeben wollte. Sie war Bakteriologin, beschäftigte sich mit Immunologie und Serologie, ich mußte ihre wissenschaftlichen Aufsätze stilistisch herrichten, wofür ich gelegentlich mit einem Paprika- oder Brathährchen belohnt wurde. Die Familie meint, ich sei ihr am ähnlichsten – vielleicht, weil sie in ihren Urteilen extrem subjektiv war, mitunter peinlich offenherzig, eine Gerechtigkeitsfanatikerin. Angeblich war sie 1919 so zornig über Béla Kun – da war sie zweiundzwanzig Jahre alt –, daß sie sich eine Pistole besorgte, um ihn zu erschießen, aber sie konnte sich nicht zu ihm durchdrängen. Als sie in der tiefsten Rákosi-Zeit den Auftrag bekam, ein sowjetisches Typhusserum in Ungarn einzuführen, weigerte sie sich: sie wolle nicht an einem Massenmord mitschuldig werden. In ihrem Institut wurde sie verfemt, es hieß, sie verleumde die Sowjetwissenschaft, sie begehe Sabotage, und man drohte ihr nicht nur die Entlassung an, sondern auch – wahrhaftig – den Strick. Mici blieb unbeugsam. Fünf Minuten vor dem dramatischen Höhepunkt starben einige Dutzend Soldaten eines Armeekorps im Kaukasus an diesem Serum. Mici blieb die Tragödie erspart, aber ihren Ungehorsam vergaß man ihr nie.

Mici ist tot, mein Bruder lebt. In dem Reich, das meine Briefe eingrenzen, «steht in gewisser Hinsicht immer noch (oder wieder?) er mir am nächsten, mit halben Worten oder ganz ohne Worte könnten wir beide uns besser verständigen als ich mich mit vielen Freunden, mit denen ich täglich zusammen war». Was ist aus diesem Reich geworden! Mein Bruder ist krank, ein Wall umgibt ihn, undurchdringlicher als die Mauern meines Gefängnisses. «Ich habe es nicht anders verdient, denn ich habe den Bolschewisten geglaubt» – meine Schwägerin sagt, dies sei der einzige Satz, der sich von Zeit zu Zeit aus der tiefen Dunkelheit seines Daseins ans Tageslicht bohrt. Meine Söhne besuchen in diesem Troja noch den Kindergarten, «Laci schnappt den Großen an den Haaren und donnert seinen Kopf auf den Fußboden, János boxt den Kleinen ins Gesicht, mit ihnen ist also alles in Ordnung, nur endet es immer damit, daß beide losheulen, besonders der Kleine». Beide glauben, ich sei dienstlich in Amerika. Ich finde das falsch, meine Haft ist keine Schande, die man verheimlichen muß. Vera will nicht auch noch die Kinder mit den Lügen der Doppelerziehung belasten. Wir vereinbaren, daß ich ihnen die Wahrheit sagen werde, sobald ich entlassen bin.

Die Personalunion mit unserem älteren Ich mutet oft formal an. Meine Situationen, Probleme und Beziehungen nachzuvollziehen fällt mir oftmals schwerer, als wenn es sich um die Gestalten eines Dramas oder eines Romans handelte. Das alles soll ich gewesen sein? frage ich mich, mal stolz, mal peinlich berührt, mal verständnislos. Aber meine Mutter, die seitdem gestorben ist, wird beim Lesen der Briefe zum Urbild der Mütterlichkeit: «Vor 28 Jahren bist Du so leicht und heiter zur Welt gekommen, daß alle lächelten, wenn sie Dich ansahen. Ich drückte Dich stolz an mich. Sie lachten mich aus, wenn ich überzeugt behauptete: ich habe einen Dichter geboren. Denn das war, ich gesteh es, mein Wunsch, solange ich Dich unterm Herzen trug, anders konnte ich an mein künftiges Söhnchen gar nicht denken.»

Mit solchen Zitaten habe ich mich unvermittelt auf ein Terrain begeben, vor dem der Leser, der mich hauptsächlich aus politischem oder geschichtlichem Interesse begleitet hat, verwirrt stehenbleibt, die Schultern zuckt, sich für unzuständig erklärt. Ratlos bin auch ich: Wo durchbreche ich den selbstgewählten Rahmen? Und noch weniger wüßte ich zu sagen, wo die Grenze der Privatsphäre verläuft, die der Verfasser eines solchen Berichts nicht überschreiten darf.

In einem Brief habe ich Vera versprochen, meine Gedichte über «unser Problem» nie irgend jemandem zu zeigen, ohne daß sie einverstanden ist. Über «unser Problem» müßte ich auch heute eher ein Theaterstück oder einen Roman schreiben, alles das sublimierend und in eine Fiktion einbettend, was uns damals – die Dokumente des versunkenen Reiches bezeugen es – so sehr quälte. Ihre Zustimmung kann ich nicht mehr einholen. Ich habe mich entschlossen, in wenigen Worten unser beider Gefängnisgeschichte zu Ende zu erzählen.

Bei ihrem Besuch am 20. März 1960 teilte mir Vera mit, am 4. April werde es eine Amnestie nur für Kurzzeitgefangene geben, aber mich werde man mit anderen Schriftstellern und sogenannten Berühmtheiten aufgrund eines Politbürobeschlusses begnadigen. Sie müsse mir sagen – denn belügen könne sie mich nicht, aber sie wolle auch unser neues Zusammenleben nicht gleich von Anfang an mit einem solchen Geständnis belasten –, daß sie eine Zeitlang eine Beziehung zu einem anderen Mann hatte, der sie sehr brauchte. Die Beziehung habe sie vor über einem Jahr beendet, meinetwegen, und der Mann – er sei früher wegen Schizophrenie in Behandlung gewesen – habe versucht, sich das Leben zu nehmen. Doch sie habe gewußt, sie könnte ihm nur helfen, wenn sie ganz bei ihm bliebe, was sie aber weder wollte noch gekonnt hätte. Die wenigen Tage bis zu meiner Entlassung müsse ich nun mit der Last ihrer Beichte ertragen, dann würden wir am vierten April ein wunderbares, lügenfreies Leben beginnen, in dem wir nur füreinander dasein würden. Noch am selben Tag schrieb sie mir einen euphorischen Brief: «Ich habe Dich immer nur angesehen, und obgleich mir die Tränen rannen, war ich glücklich, ich spürte, ich wußte, nur noch eine Mauer ist zwischen uns (und die auch nicht mehr lange). Vielleicht wirst Du nie erfahren, wie furchtbar ich darauf gewartet habe, das auszusprechen, was ich heut ausgesprochen habe.»

Veras Rechnung ging nicht auf. Irgend jemand strich mich im letzten Augenblick von der Entlassungsliste. Ich blieb mit dem, was sie mir mitgeteilt hatte, eingesperrt. Zuerst hielt ich es für möglich, daß sie mich alle acht Jahre würden absitzen lassen, und ich fühlte mich hilflos und ausgeliefert. Der Verurteilte leidet, besonders wenn er zu fiebriger Aktivität neigt, sehr darunter, daß er die Prozesse außerhalb der Gefängnismauern nicht beeinflussen kann; er sieht – nicht ganz zu Recht, denn seine Gefangenschaft wiegt schwer in der anderen Waagschale – seine Rolle darin, die Tatsachen zur Kenntnis zu nehmen, ob sie ihm nun passen oder nicht.

Veras Beichte machte mir das Leben zur Hölle. Meine schöne Tschernyschewski-Theorie über den sinnvollen Egoismus – daß für mich am besten sei, was auch für den anderen gut ist – fiel zusammen wie ein Kartenhaus. Ausbrüche der männlichen Eitelkeit wechselten mit Argumenten des Selbstbetrugs. Ich dachte mir beispielsweise aus, daß mich nicht die Tatsache selbst schmerzte (denn ich hätte mir im umgekehrten Fall sicherlich mehr als nur einen solchen Ausflug gestattet), sondern daß Vera sie mir verheimlicht hatte. Hielt sie mich für schwach? Oder war sie feige? Wie konnte sie nur jahrelang unaufrichtig sein? Anfälle dieser Art wurden abgelöst von Anwandlungen der

Verehrung und moralischen Bewunderung, bei denen im Vordergrund stand, daß Treue, die die Versuchung nicht kennt, eigentlich wertlos sei, und daß «die sterbliche, irdische Frau» mehr wert sei als die himmlische Dame, die ich in den Haftjahren aus Vera gedrechselt hatte. «Ich liebe Dich *ebensosehr* – vielleicht noch heftiger –, aber nicht *ebenso*. Du hast Dich aus einem Monument der vollkommenen Treue in eine verlierbare Frau verwandelt.» «Ein Gleichnis: Es war weniger störend und vielleicht auch beglückender, als sektiererischer Kommunist an die vollkommene Zukunft und an alles zu glauben, was uns – wie ich meinte – in diese Richtung führt; mein jetziger Marxismus ist unglücklicher, problemreicher, dennoch würde ich nicht tauschen. Ich bin dankbar für jede verlorene Illusion, denn das Leben ist jetzt reicher und des Kampfes würdiger. Doch der Wandel schmerzt in beiden Fällen.» Dann wieder befremdliche Gedankenflüge: «Ich würde mir auch eine ältere, verheiratete Frau oder eine Halbprostituierte suchen», nur habe ich «hier viel über die Gleichheit und Verschiedenheit der männlichen und der weiblichen Untreue nachgedacht und diskutiert, darüber, daß der Akt auch für den feinfühligsten Mann eine einfache Entleerung (wie das Wasserlassen) sein kann, eine seelenlose Handlung; bei einer Frau, die aufnimmt und sich öffnet, ist das nur unterhalb einer bestimmten Gefühlskultur möglich; da das bei Dir nicht so sein kann wie der Stoffwechsel – wie konntest Du dann der Lüge dennoch entgehen?» In einer abwegigen Ideenverbindung schlich sich eine widerliche Männer-Metapher ein: «Es ist nicht egal, ob ich mit dem Stiefel in Scheiße trete oder ob man mir in den Stiefel scheißt.» Verblüfft sehe ich, wie leicht der Lack der aufgeklärten Männlichkeit, die sich zur Gleichberechtigung bekennt, von mir abplatzte, sobald mein bequemes Sicherheitsgefühl angekratzt wurde: «Von Zeit zu Zeit fielen die Ideale in den Dreck, und dann fühlte ich mich betrogen. Dabei hat mir doch niemand versprochen, daß sie nicht in den Dreck fallen werden.» Das schrieb ich am 26. März in einem legalen Brief. Aus einem zwei Wochen später verfaßten und hinausgeschmuggelten Brief gewinne ich den Eindruck, daß ich meine Heuchelei inzwischen durchschaute: «In einem bestimmten Sinn hatte meine Tschernyschewski-Begeisterung einen unmoralischen Hintergedanken – ‹ich bin großzügig, aber sie nutzt es sowieso nicht; doch wenn ich es später nutzen will, wird sie sich daran erinnern!›» In einem Brief aus der gleichen Zeit, der legal hinausging, eine Liebesschwärmerei: «Donnerstag mittag kam ich unerwartet zu einer Einsicht, die mich fast aufjubeln ließ: welches Schicksal mich auch erwartet, wir lieben uns! Und nie hätte ich geglaubt, daß wir uns so sehr lieben! Daran gemessen ist alles andere nebensächlich! Und wieviel Eitelkeit, Konvention, Kinderei steckt in diesem ‹alles andere›!»

Und Vera? Sie beobachtete verschreckt den Sturm, den sie heraufbeschworen hatte, die Flut der Vorwürfe und Liebesgeständnisse, der verlorenen und wiedergefundenen Zweifel und Gewißheiten. Als ich in meinen legalen Briefen andeutete, «unser Problem» könnte das Thema für eine Erzählung abgeben, antwortete sie: «Ich hoffe, die Erzählung wird Dir gelingen. Im Gegensatz zu den Vorstellungen des 19. Jahrhunderts, man könne einen ganzen Roman oder ein Stück auf Mißverständnisse aufbauen, glaube ich, es wäre an der Zeit, der Wahrheit zum Triumph zu verhelfen, daß die Verbindung sich liebender intelligenter Menschen auch große Erschütterungen erträgt. Als Beispiel hier eine Story: Ein sehr lieber junger Intellektueller ist auf Reisen, die nicht schöne, aber reizvolle und überdurchschnittlich resonanzfähige Frau zu Hause. Universität, Arbeitskollegen, alte und neue Freunde. Für sie alle ein interessantes Beutestück. Von der Frau könnte man nicht mal sagen, sie sei treu; ihr kommt es einfach nicht in den Sinn, daß sie von der vorgegebenen Richtung irgendwie abweichen könnte. Dann führt der Zufall sie mit jemandem zusammen, der sehr krank und sehr unglücklich ist. Der Frau tut es unerhört gut, daß sie in ihrer unermeßlichen Einsamkeit zu jemandem freundlich sein kann. Aber die Sache wird auch jetzt nicht ‹typisch›: es dauert lange, bis die Frau sieht, daß sie der von ihr geschaffenen Situation *ausgeliefert* ist. Da stellt sich die Frage, wie die bisher großartig funktionierende Menschengemeinschaft die entstandene Situation bereinigen könnte. Nun, ich weiß nicht, ob das nach Deinem Geschmack ist, aber etwas in dieser Art wollte ich Dir gleich empfehlen, als Du von der geplanten Erzählung sprachst.»

Im September desselben Jahres setzte sich ein kahlgeschorener, magerer junger Mann auf der Terrasse im Lukácsbad neben mich. «Ich habe deine Frau sehr geliebt», sagte er. «Das kann ich verstehen», antwortete ich mit gekünstelter Überlegenheit und versuchte so zu lächeln, daß er meinen lächerlichen Haß nicht bemerkte.

6.

Am 19. August 1960, einen Tag vor dem Tag der Verfassung, trat in Begleitung eines Kalfaktors der Aufseher in die Tür unserer Zelle und wies mich an, meine Sachen zusammenzupacken. «Auch das Essen?» fragte ich. «Das auch», antwortete er. Demnach sollte ich in eine andere Zelle oder ein anderes Gefängnis verlegt, aber nicht entlassen werden. Ich verabschiedete mich von meinen beiden Zellengefährten und folgte dem Aufseher ins Erdgeschoß. Wir gingen durch den Linken Stern in einen etwas größeren Raum, wo ich noch nie gewesen war. «Du kommst raus, Glatzkopf», flüsterte mir der Kalfaktor, ein ehemaliger Gendarm, zu. Die Aufseher hatten sich schon in Nosztra mit Vorliebe ehemalige Gendarmen für Vertrauensstellungen ausgesucht, vermutlich wegen der verwandten Mentalität. «Bringst du das Essen in meine Zelle zurück?» fragte ich. Er nahm das bißchen Speck und Wurst, das ich noch hatte, und verschwand. Jahre später erfuhr ich, daß er nicht zu meiner Zelle fand.

Wir waren sieben Häftlinge und eine ganze Schar Wärter. Wir stellten uns in einer Reihe auf und warteten. Auf die Frage, wohin man uns bringen würde, bekamen wir keine Antwort. Auf einmal kam jemand mit unseren Zivilsachen. «Nach Hause?» fragte einer von uns. «Quatsch», antwortete ein Aufseher. «Wie wär's mit einer Partie?» fragte ich Jóska Fessler, einen kleinen, schwarzhaarigen Chemieingenieur meines Alters. Ich weiß nicht, woher das Schachspiel auftauchte, an das wir uns setzten, vielleicht aus meinem oder seinem Kram – den Häftlingen, die arbeiteten, erlaubte man damals solchen Zeitvertreib. Jedenfalls begannen wir zu spielen. Die anderen zogen sich schon um, ein Aufseher hielt eine erbauliche Rede, in der Wendungen vorkamen, wie man sie weniger grob in Tibor Dérys Erzählung «Liebe» lesen kann. Dort sagt der Wachtmeister dem Gefangenen kurz vor der Entlassung: «Heute nacht können Sie Ihre Gerätschaft wieder benutzen. Verstanden?» Ein anderer fragte, warum wir beide uns nicht umzögen. Wir können die Partie nicht abbrechen, antworteten wir. Jóska hatte die besseren Nerven, ich übersah einen Springer, und sofort war meine Stellung aussichtslos.

Als ich aus dem Tor des Sammelgefängnisses trat, entlockte der Nieselregen meinem Anzug, der seit der Ankunft in Vác, also drei Jahre und drei Monate lang, eingemottet gewesen war, unbeschreibliche Düfte. Lange blieb ich noch auf der anderen Straßenseite stehen, ich hatte keine Lust, mich auf den Weg in die Stadt zu machen. Angyal fiel mir ein, er zuerst, dann die anderen, die in dem großen Gebäude da drüben ermordet worden waren. Und dann die, die in den Zellen geblieben waren. Ich kam mir wie ein Deserteur vor. Im Regen und im Gestank meiner Zivilkleidung gelobte ich – so pathetisch es heut klingen mag – den Toten Treue. Das Tor öffnete sich, ein Aufseher trat heraus, sah mich an und ging wortlos zur Straßenbahnhaltestelle. In der Nähe der Friedhofsmauer entdeckte ich eine Telefonzelle. Ein dicker junger Mann war schneller als ich, aber als er mich sah, ließ er mir den Vortritt. In der Zelle merkte ich, daß ich kein Kleingeld hatte. Und hätte ich welches gehabt, hätte ich nicht gewußt, wieviel ich einwerfen müßte. Ich tat so, als ob ich wählte, dann ging ich, ein «Niemand zu Hause» murmelnd, an dem Dicken vorbei zur Straßenbahn. Aber ich hatte keine Lust, einzusteigen, ich ging lieber zu Fuß. Als das große Gebäude hinter mir verschwunden war, nahm ich doch die Bahn. Im Fenster erblickte ich mein aufgedunsenes Gesicht. Ich hatte im Knast zehn Kilo zugenommen – ich hatte mich ja kaum bewegt und aus Prinzip jeden Fraß verschlungen. Die Hose war mir zu eng, ich wußte, daß ich käsig aussah, meine Sachen stanken in der engen Bahn. Ein paar Stationen weiter stieg ich in ein Taxi um. Ich höre mich klingeln, ich höre Bözsi aufjauchzen. Ich sehe mich ins Zimmer treten, Vera sitzt mit dem Rücken zum Fenster am Schreibtisch, sie schreibt gerade einen Brief, jetzt blickt sie auf.

CHRONOLOGIE

5. März 1953: Tod Stalins

3./4. Juli 1953: Bildung der ersten Regierung unter Imre Nagy, der die Politik des «Neuen Kurses» verkündet.

7. September 1953: Chruschtschow wird Erster Sekretär des ZK der KPdSU.

13. März 1954: Aburteilung führender Personen der politischen Polizei (ÁVH), die sich für die Schauprozesse verantworten mußten. Sie waren Anfang 1953 verhaftet worden und sollten ursprünglich in einem zionistischen Prozeß angeklagt werden.

22./23. Juli 1954: Entlassung inhaftierter kommunistischer Funktionäre, unter ihnen János Kádár und György Aczél sowie spätere nahe Mitarbeiter von Imre Nagy wie Ferenc Donáth, Géza Losonczy, Sándor Haraszti, die Witwe László Rajks und Szilárd Újhelyi.

18. April 1955: Wegen «Rechtsabweichlertum» und «parteifeindlicher Aktivitäten» wird Imre Nagy als Ministerpräsident abgelöst und durch András Hegedüs ersetzt.

14. Mai 1955: Unterzeichnung des Warschauer Vertrags.

26. Mai 1955: Chruschtschow entschuldigt sich bei Jugoslawien. Sein Ziel: verbesserte Beziehungen zwischen den beiden Ländern.

Mai 1955: Um Imre Nagy sammelt sich ein enger Kreis Gleichgesinnter, überwiegend alte Kommunisten.

Oktober – Dezember 1955: Memorandum kommunistischer Schriftsteller und Künstler für größere kulturelle Freiheiten. Repressalien gegen die Unterzeichner des Memorandums.

14.–25. Februar 1956: XX. Parteitag der KPdSU. Auf einer Geheimsitzung spricht Chruschtschow über die Verbrechen Stalins.

17. März 1956: Erste größere Veranstaltung des überwiegend aus reformkommunistischen und antistalinistischen Jugendlichen bestehenden Petőfi-Kreises.

15. Juni 1956: Bei einer philosophischen Diskussion im Petőfi-Kreis verkündet Georg Lukács eine Renaissance des Marxismus.

27. Juni 1956: Während einer Pressediskussion des Petőfi-Kreises dringt Tibor Déry auf eine strukturelle Umgestaltung des sozialistischen Systems.

28. Juni 1956: In Poznań zerschlagen bewaffnete Kräfte eine Arbeiterdemonstration. Ergebnis: 50 Tote, 300 Verletzte.

30. Juni 1956: Die (kommunistische) Partei der Ungarischen Werktätigen verurteilt den Petőfi-Kreis. Das Innenministerium bereitet einen großangelegten «Prozeß der Vierhundert» vor.

21. Juli 1956: Rákosi wird auf Geheiß der KPdSU als Erster Sekretär der Partei abgelöst und durch Ernő Gerő, bisher zweiter Mann in Ungarn, ersetzt. János Kádár wird Zweiter Sekretär der Zentralen Leitung. Rákosi emigriert in die Sowjetunion.

Ende Juli 1956: Viele unschuldig Verurteilte – 132 Kommunisten, 151 Sozialdemokraten – werden rehabilitiert, manche postum.

6. und 13. Oktober 1956: Umbettung der Hingerichteten aus dem Rajk-Prozeß, unter ihnen mehrere ehemalige Generäle.

13. Oktober 1956: Imre Nagy wird wieder in die Partei aufgenommen. Mihály Farkas, der berüchtigtste Funktionär der Rákosi-Zeit, wird festgenommen.

16. Oktober 1956: In Szeged konstituiert sich eine eigenständige Organisation der studentischen Jugend.

21. Oktober 1956: Die Polnische Vereinigte Arbeiterpartei wählt den im April aus der Haft entlassenen Gomułka zum Ersten Sekretär.

22. Oktober 1956: Studentenversammlungen in den Universitäts- und Hochschulstädten. Die Studenten der Budapester Technischen Universität legen ihre Forderungen in 16 Punkten nieder. Sie verlangen u. a. den Abzug der sowjetischen Truppen, freie Wahlen, ein Mehrparteiensystem, das Streikrecht, eine Wirtschaftsreform, die Revision aller politischen und Wirtschaftsprozesse, Presse- und Redefreiheit und rufen für den folgenden Tag zu einer Demonstration auf.

23. Oktober 1956: Am Vormittag demonstrieren in Budapest 10 000, am Nachmittag bereits 200 000 Menschen. Die Verbitterung wächst nach einer dogmatischen, agitatorischen Rundfunkansprache Gerős und nach einer enttäuschenden kurzen Rede Nagys. Demonstranten stürzen am Abend das gigantische Stalindenkmal. Am Rundfunkgebäude schießen Sicherheitskräfte in die Menge. Das herbeigerufene Militär stellt sich größtenteils auf die Seite der Demonstranten und erwidert das

Feuer. Sowjetische Truppen rücken noch in der Nacht in Budapest ein. Das diesbezügliche ungarische Ersuchen ist rückdatiert und von Ministerpräsident Hegedüs unterschrieben.

24. Oktober 1956: Imre Nagy wird zum neuen Ministerpräsidenten ernannt. Auf seine Weisung wird über den Rundfunk das Standrecht verkündet. Gerő bleibt Erster Sekretär der Partei. An mehreren wichtigen Punkten der Hauptstadt bilden sich Gruppen von Aufständischen. Nagy und andere Persönlichkeiten rufen zu Ruhe und Besonnenheit auf. Amtlichen Statistiken zufolge gibt es am 23. und 24. Oktober 250 Todesopfer.

25. Oktober 1956: Sicherheitskräfte nehmen vor dem Parlamentsgebäude von umliegenden Dächern friedliche Demonstranten unter Beschuß, zu denen sich Sowjetsoldaten gesellt haben. Geschätzte Zahl der Toten: 300. Das Massaker wurde von den Behörden später nie untersucht. Kádár löst Gerő als Ersten Sekretär ab. Trotz der Aufrufe von Kádár und Nagy, die Waffen niederzulegen, schwere Kämpfe in mehreren Stadtteilen. Zahl der Toten auf ungarischer Seite: über 200.

26. Oktober 1956: In Mosonmagyaróvár wird aus einer Kaserne von Grenzsoldaten auf Demonstranten geschossen; 50 Menschen werden dabei getötet. Die Menge lyncht vier Offiziere. In Szeged besetzt der Revolutionäre Studentenausschuß öffentliche Gebäude, Kasernen und Redaktionen. Arbeiterräte werden gebildet.

27. Oktober 1956: Bildung einer neuen Regierung zusammen mit Vertretern der Partei der Kleinen Landwirte und parteilosen Politikern. Georg Lukács wird Minister für Kultur und Bildung.

28. Oktober 1956: Imre Nagy verhandelt mit Sowjetbotschafter Andropow und dem Moskauer Emissär Mikojan. Es kommt zu einer Wende: die am stärksten belasteten Kommunisten – darunter Gerő und Hegedüs – werden nach Moskau gebracht. Bildung eines neuen Parteivorstands. Nagy bezeichnet die Ereignisse der vorangegangenen Tage erstmals als nationale demokratische Bewegung. Gründung des Revolutionsausschusses Ungarischer Intellektueller und der regierungstreuen Nationalgarde. Der Sicherheitsrat der UNO tritt zusammen, um über die ungarische Frage zu beraten.

29. Oktober 1956: Beginn des Abzugs sowjetischer Truppen aus

Budapest. Auflösung der berüchtigten Geheimpolizei ÁVH. Im Nahen Osten spitzt sich die Suezkrise zu.

30. Oktober 1956: Imre Nagy kündigt die Aufhebung des Einparteiensystems und die Wiederherstellung der zwischen 1945 und 1949 regierenden Koalition (Partei der Kleinen Landwirte, Sozialdemokraten, Kommunisten und Nationale Bauernpartei) an. Kádár erklärt für die KP das volle Einverständnis mit dem Mehrparteiensystem. Kardinal Mindszenty wird freigelassen.

31. Oktober 1956: Imre Nagy kündigt Verhandlungen über den Austritt Ungarns aus dem Warschauer Vertrag an. 5 der 7 obersten Funktionäre der reorganisierten KP («Ungarische Sozialistische Arbeiterpartei»), unter ihnen Kádár, unterstützen diesen Plan, Lukács stimmt gegen den Austritt.

1. November 1956: Sowjetische Truppen umzingeln alle ungarischen Flugplätze. Imre Nagy erklärt die Neutralität Ungarns. Kádár und Innenminister Münnich begeben sich in die sowjetische Botschaft; die Öffentlichkeit weiß nichts über ihren Verbleib. Am Abend sendet der Rundfunk eine Ansprache Kádárs, in der er die am 23. Oktober begonnene Bewegung als «ruhmvollen Aufstand unseres Volkes» bezeichnet.

2. November 1956: Nagy protestiert mehrfach gegen das Einrücken neuer sowjetischer Truppen. Chruschtschow und Malenkow verhandeln mit den Führungen in Rumänien, der Tschechoslowakei und in Bulgarien sowie mit Tito über eine bewaffnete Intervention der UdSSR. Alle, auch die jugoslawischen Funktionäre, erklären ihr Einverständnis. Chruschtschow möchte Münnich an der Spitze der neuen Führung sehen, auf jugoslawischen Vorschlag einigt man sich aber auf Kádár.

3. November 1956: Bildung der Vierparteien-Koalitionsregierung unter Imre Nagy, Entlassung der Fachminister der vorangegangenen Regierung. Die Vertreter der Arbeiterschaft sprechen sich für die Aussetzung des Streiks aus. Kardinal Mindszenty nennt die neue Regierung in einer Rundfunkansprache «Erben des gescheiterten Systems», womit er ihre Legitimität anzweifelt. Eine Militärabordnung der Regierung unter Verteidigungsminister Maléter verhandelt mit dem sowjetischen Oberkommando über den Abzug der Sowjettruppen. Um Mitternacht wird die Abordnung von KGB-General Serow festgenommen.

4. November 1956: Um 4 Uhr morgens Beginn eines sowjetischen Generalangriffs auf Budapest. Dramatischer Rundfunkaufruf Imre Nagys an die Völker der Welt. Mit seinen Mitarbeitern und deren Angehörigen findet er Zuflucht in der jugoslawischen Botschaft. Nachmittags teilt Radio Szolnok die Bildung einer «Revolutionären Arbeiter-und-Bauern-Regierung» unter János Kádár mit. Er verspricht allen Teilnehmern an den «Ereignissen» Straffreiheit. Kardinal Mindszenty rettet sich in die USA-Botschaft. Staatsminister István Bibó, als einziges Regierungsmitglied im Parlamentsgebäude geblieben, verfaßt ein Kommuniqué zum Schutz der Revolution und ruft das ungarische Volk auf, die Okkupationsarmee und eine eventuelle Marionettenregierung nicht anzuerkennen. Das Kommuniqué gibt er eigenhändig bei mehreren westlichen Botschaften ab. Die jugoslawische Führung fordert Imre Nagy und seine Mitarbeiter auf, die Regierung Kádár anzuerkennen. Diese lehnen das ab.

4. bis 10. November 1956: Straßenkämpfe in Budapest.

11. November 1956: In einer Rede in Pula erkennt Tito unter Vorbehalten die Rechtmäßigkeit der sowjetischen Intervention und der Regierung Kádár an.

12. November 1956: Der Schriftstellerverband sowie andere Verbände von Künstlern und Geistesschaffenden legen ein Bekenntnis zur Revolution ab. Der Revolutionäre Arbeiterrat von Újpest ruft öffentlich zur Bildung eines zentralen Arbeiterrats auf.

13. November 1956: Die Regierung legalisiert die Arbeiterräte. Auf Initiative einiger Mitglieder der ehemaligen innerparteilichen Opposition entsteht die Ungarische Demokratische Unabhängigkeitsbewegung.

14. November 1956: Bildung des Zentralen Arbeiterrats von Groß-Budapest. In Verhandlungen mit dessen Vertretern erklärt Kádár, er halte Imre Nagy nicht für einen Konterrevolutionär, und seine Bewegungsfreiheit solle nicht eingeschränkt werden; «es hängt nur von ihm ab, ob er am politischen Leben teilnimmt». Kádár verspricht ein Mehrparteiensystem, freie Wahlen, den Abzug der sowjetischen Truppen und volle Straffreiheit für alle Teilnehmer an der «Volksbewegung».

16. November 1956: Der Zentrale Arbeiterrat ruft unter grundsätzlicher Betonung des Streikrechts zur Wiederaufnahme der Arbeit am 17. November auf. Den Aufruf verliest der Vorsitzende des Rates über den Rundfunk.

18. November 1956: Georg Lukács, Zoltán Szántó und Zoltán Vas verlassen die jugoslawische Botschaft. Sowjetische Beamte bringen sie zu einer Budapester KGB-Residenz. Die in der Botschaft Verbliebenen werden über die Festnahme nicht informiert.

21. November 1956: Sowjetische Panzer verhindern die Bildung eines landesweiten Arbeiterrats. Der Zentrale Arbeiterrat von Budapest ruft daraufhin einen 48stündigen Streik aus. Unter Vorsitz von Zoltán Kodály konstituiert sich der Revolutionäre Rat der Ungarischen Intellektuellen.

22. November 1956: Imre Nagy und seine Mitarbeiter verlassen die jugoslawische Botschaft. Sie werden verhaftet und ebenfalls zur KGB-Residenz gebracht.

23. November 1956: Imre Nagy weigert sich, auf eine politische Betätigung zu verzichten und Ungarn zu verlassen. Alle Mitarbeiter Nagys lehnen das Angebot zum Übertritt zur neuen Führung ab. Sie werden nach Rumänien geflogen.

24. November 1956: In einem offiziellen Kommuniqué heißt es, Nagy sei auf eigenen Wunsch nach Rumänien gegangen.

26. November 1956: Kádár verspricht über den Rundfunk, gegen Nagy und seine Mitarbeiter werde kein Strafverfahren eingeleitet werden.

4. Dezember 1956: Frauendemonstration in Budapest zur Erinnerung an den Tag der sowjetischen Invasion. Bei der Vorbereitung spielt die von Obersovszky und Gáli herausgegebene illegale Zeitung *Élünk* eine wichtige Rolle.

6. Dezember 1956: Der Zentrale Arbeiterrat protestiert in einem Memorandum gegen die massenweise Verhaftung der Führer von Arbeiterräten. Er gibt bekannt, daß die Verhandlungen mit Kádár erfolglos verliefen, und drängt auf neue Verhandlungen. Auf einer Geheimsitzung wird für den 9. Dezember eine Landesversammlung einberufen, auf der ein landesweiter Arbeiterrat gebildet werden soll.

7. Dezember 1956: Der Revolutionäre Rat der Ungarischen Intellektuellen protestiert in einem Rundschreiben gegen die Massenverhaftungen und die Unterdrückung der Institutionen, die durch Volkswillen entstanden.

8. Dezember 1956: In Salgótarján schießen Sicherheitskräfte auf demonstrierende Arbeiter. Offiziell spricht man von 39, Augenzeugen zählen jedoch über 60 Tote. Die Arbeiterräte rufen daraufhin für den 11. und 12. Dezember zu einem 48stündigen Generalstreik auf.

9. Dezember 1956: Die Regierung erklärt die territorialen Arbeiterräte und den Budapester Zentralen Arbeiterrat für ungesetzlich.

11. Dezember 1956: Unter dem Vorwand, Kádár wolle sie sprechen, werden zwei angesehene Führer des Zentralen Arbeiterrats, Sándor Bali und Sándor Rácz, ins Parlament gelockt und verhaftet. Bali wird am Tag darauf entlassen und erneut festgenommen. Verbot des Revolutionären Rats der Ungarischen Intellektuellen und Beginn des zweitägigen Streiks.

28. Dezember 1956: Der Ungarische Schriftstellerverband berichtet über seine Tätigkeit seit Ausbruch der Revolution und gibt die Namen der verhafteten Schriftsteller bekannt. Der Bericht wird bei 8 Gegenstimmen und 4 Stimmenthaltungen bestätigt. Tibor Déry erklärt: «Mit wenig staatsmännischer Weisheit wurde die größte, reinste und einheitlichste Revolution der ungarischen Geschichte und Arbeiterbewegung unterdrückt.»

Bis Ende 1956 verlassen über 200000 Ungarn ihr Land.

2. Januar 1957: Aufgrund eines Standgerichtsurteils wird die Todesstrafe an dem 25jährigen Fuhrmann Géza Szivós vollstreckt. Dies ist der Auftakt zu serienweisen Hinrichtungen. Allein im Budapester Sammelgefängnis werden rund 325 politische Gefangene exekutiert; 243 von ihnen sind namentlich bekannt.

5.–7. Januar 1957: Konstituierung des Ungarischen Revolutionären Rats in Straßburg. Vorsitzende ist die Sozialdemokratin Anna Kéthly, ihr zur Seite stehen József Kővágó von der Partei der Kleinen Landwirte und Generalmajor Béla Király, Kommandeur der Nationalgarde.

11. Januar 1957: Streik und Demonstration in den Stahl- und Metallwerken Csepel. Aus Protest löst sich der dortige Arbeiterrat auf, der Vorsitzende und mehrere Mitglieder werden verhaftet.

12. Januar 1957: Gesetzesverordnung über die Einführung von Schnellstrafverfahren

18. Januar 1957: Tätigkeitsverbot für den Schriftstellerverband

20. Januar 1957: Tätigkeitsverbot für den Journalistenverband

21. Januar 1957: Alle Künstlerverbände werden unter Polizeiaufsicht gestellt.

Januar 1957: Beauftragte der ungarischen und der rumänischen Kommunistischen Partei führen ergebnislos Verhandlungen über die nach Rumänien deportierten Politiker.

18. Februar 1957: Beginn des Ilona-Tóth-Prozesses. Zu den Angeklagten gehören Obersovszky und Gáli. Vier Personen werden hingerichtet.

19. Februar 1957: Gesetzesverordnung über die Schaffung einer Arbeitermiliz

26. Februar 1957: Auf einer ZK-Sitzung kündigt Kádár ein Strafverfahren gegen Imre Nagy an.

15. März 1957: Aus Furcht vor neuen Demonstrationen stellen Polizei und Sicherheitsorgane ihre Stärke zur Schau. Mehrere hundert Menschen werden verhaftet, Tausende auf den Straßen verprügelt.

April 1957: In der rumänischen Stadt Snagov werden Imre Nagy und die meisten seiner Mitarbeiter festgenommen. Georg Lukács und seine Frau erhalten am 11. die Erlaubnis zur Heimkehr.

21. April 1957: Auflösung des Schriftstellerverbandes und Festnahme von Tibor Déry

25. April 1957: Festnahme von Mihály Farkas und einigen Führern der Rákosi-Polizei

22. Mai 1957: Einer offiziellen Mitteilung zufolge wurden in den bewaffneten Kämpfen 2700 ungarische Staatsbürger getötet und rund 20000 verwundet.

23. Mai 1957: Festnahme von István Bibó

13. September 1957: Die überwiegende Mehrheit der ungarischen Schriftsteller unterschreibt eine Erklärung, in der die sowjetische Intervention und die Aktivitäten der Revolutionären Arbeiter-und-Bauern-Regierung begrüßt werden und gegen die Einmischung der UNO in die ungarischen Angelegenheiten protestiert wird.

21. oder 22. Dezember 1957: Unter ungeklärten Umständen stirbt Géza Losonczy, der engste Mitarbeiter Imre Nagys, in der Untersuchungshaft.

6. Februar 1958: Im Budapester Gefängnis in der Hauptstraße beginnt der Prozeß gegen Imre Nagy. Die Verhandlung wird überraschend ausgesetzt und vertagt.

24. März 1958: József Szilágyi, dessen Fall zuvor vom Imre-Nagy-Prozeß abgetrennt worden war, wird hingerichtet.

17. März 1958: In der Verhandlung gegen den Zentralen Arbeiterrat wird Sándor Rácz zu lebenslänglicher und Sándor Bali zu zwölfjähriger Haft verurteilt.

9. bis 15. Juni 1958: Im Imre-Nagy-Prozeß werden Nagy, Verteidigungsminister Maléter und der Journalist Gimes zum Tode verurteilt.

16. Juni 1958: Nagy, Maléter und Gimes werden im Sammelgefängnis gehenkt.

23. Juni 1958: Jugoslawien protestiert in einer Note gegen die geheime Aburteilung und Hinrichtung von Imre Nagy.

28. Juni 1958: Gomułka verurteilt auf der Danziger Werft den internationalen Protest gegen die Hinrichtungen.

2. August 1958: István Bibó und der Schriftsteller Árpád Göncz – heute ungarischer Staatspräsident – werden zu lebenslänglicher Haft verurteilt.

18. August 1958: Gábor Tánczos, führender Kopf im Petőfi-Kreis, wird zu 15 Jahren Haft verurteilt. Zwei weitere Angeklagte, deren Fall vom Imre-Nagy-Prozeß abgetrennt wurde, György Fazekas und Sándor Haraszti, bekommen zehn beziehungsweise sechs Jahre.

Herbst 1958: Ungarische Emigranten gründen in Brüssel das Imre-Nagy-Institut.

Oktober 1958: Die Dokumentensammlung «Die Wahrheit über den Fall Imre Nagy» erscheint in Brüssel mit einem Vorwort von Albert Camus in französischer, 1959 auch in englischer Sprache.

1. Dezember 1958: István Angyal, Kommandeur der Aufständischen in der Feuerwehrgasse, wird hingerichtet. Am 22. Januar 1959 ereilt seinen Freund, den Rundfunkdramaturgen Ottó Szirmai, dasselbe Schicksal.

21. März 1959: Hinrichtung des Lehrlings Péter Mansfeld, der 1956 noch minderjährig war und erst 1959 volljährig wurde.

1. November 1959: Auf einer Budapester Parteikonferenz bestreitet Kádár, daß in den vorangegangenen Monaten 31 Personen hingerichtet wurden und daß eine Reihe Jugendlicher unter 18 Jahren in der Haft auf ihre geplante Hinrichtung warten.

1. April 1960: Politische Teilamnestie für Personen, die aufgrund von Handlungen vor dem 1. Mai 1957 zu Strafen bis zu sechs

Jahren Haft verurteilt wurden. Begnadigt werden u. a. Tibor Déry, der enge Mitarbeiter Imre Nagys, Ferenc Donáth, ferner Mihály Farkas, dessen Sohn und Gábor Péter, ein ehemaliger Sicherheitsoffizier. Ein Hungerstreik im Vácer Gefängnis löst schwere Repressalien aus.

16. August 1962: Parteiausschluß von Rákosi, Gerő, 14 Sicherheitsoffizieren sowie einem berüchtigten Staatsanwalt und einem Richter der Schauprozesse

20. Oktober 1962: Ungarisch-amerikanische Geheimverhandlungen führen zu einem Kompromiß: Die UNO setzt die ungarische Frage von der Tagesordnung ab, Kádár erläßt eine Generalamnestie.

21. März 1963: Kádár gibt vor dem Parlament die Generalamnestie bekannt. Von ihr ausgeschlossen sind einige hundert Personen, die wegen Mordes angeklagt waren – vorwiegend Teilnehmer an den bewaffneten Kämpfen –, ferner Personen, die des Hochverrats beschuldigt wurden oder als «Rückfalltäter» gelten.

Quelle: Chronologie der ungarischen Revolution 1956, zusammengestellt von einer privaten Arbeitsgemeinschaft in Budapest; in: Vorgeschichte, Verlauf und Nachgeschichte der Revolution, Magyar Füzetek (Ungarische Hefte), Paris – New Jersey 1987. Der Autor hat die Angaben mit eigenen Informationen ergänzt.

PERSONENVERZEICHNIS

Aczél, György (geb. 1917). Führender kommunistischer Kulturpolitiker in Ungarn nach 1956

Ady, Endre (1877–1919). Dichter und Publizist, Vorkämpfer der modernen Literatur in Ungarn

Arany, János (1817–1882). Klassischer ungarischer Dichter

Babits, Mihály (1883–1941). Schriftsteller und Dichter

Bach, Alexander von (1813–1893). Von 1849 bis 1859 österreichischer Innenminister

Bibó, István (1911–1979). Demokratischer politischer Denker, Mitglied der Regierung Imre Nagy vom 2. November 1956. Wurde Ende 1956 zu lebenslänglicher Haft verurteilt, später amnestiert

Deák, Ferenc (1803–1876). Liberaler ungarischer Staatsmann, Justizminister in der Regierung Kossuth, «Architekt» des Ausgleichs zwischen Österreich und Ungarn 1867

Déry, Tibor (1894–1977). Schriftsteller, führender Vertreter der städtisch orientierten ungarischen Literatur (Urbanisten)

Heller, Ágnes (geb. 1929). Philosophin, Lukács-Schülerin

Horthy, Miklós (1868–1957). Schlüsselfigur bei der Niederschlagung der ungarischen Räterepublik von 1919, von 1920 bis 1944 Reichsverweser

Illyés, Gyula (1902–1983). Dichter und Schriftsteller, führender Vertreter der ländlich orientierten ungarischen Literatur (Populisten)

József, Attila (1905–1937). Dichter. War einige Jahre, bis zu seinem Ausschluß 1933, Mitglied der KP Ungarns. Endete durch Selbstmord

Kádár, János (1917–1989). Kommunistischer Politiker, von 1957 bis 1988 Erster Sekretär der Ungarischen Sozialistischen Arbeiterpartei

Kossuth, Lajos (1802–1894). Führer der Revolution und des Freiheitskampfes der Ungarn 1848/49. Lebte ab 1849 im Exil

Kun, Béla (1866–1939 [?]). Kommunistischer Politiker, Führer der ungarischen Räterepublik 1919. Wurde während der «Säuberungen» in der Sowjetunion hingerichtet

Lukács, Georg (György) (1885–1971). Philosoph

Móricz, Zsigmond (1879–1942). Schriftsteller

Nagy, Imre (1896–1958). Kommunistischer Politiker, während der Revolution von 1956 Ministerpräsident. Wurde hingerichtet

Németh, László (1901–1975). Schriftsteller, bedeutendster Ideologe der ländlich orientierten ungarischen Literatur (Populisten)

Petőfi, Sándor (1823–1849). Ungarischer Nationaldichter und Held des Freiheitskampfes 1848/49, starb auf dem Schlachtfeld. – Nach ihm wurde der im Frühjahr 1956 gegründete *Petőfi-Kreis* benannt, dessen Diskussionen bei der Vorbereitung des Oktoberaufstands eine große Rolle spielten

Rajk, László (1909–1949). Kommunistischer Politiker. Wurde aufgrund falscher Beschuldigungen nach einem stalinistischen Schauprozeß hingerichtet

Rákosi, Mátyás (1892–1971). Kommunistischer Politiker. Unter Horthy 16 Jahre inhaftiert. Ab 1940 Führer der ungarischen Kommunisten, 1949–56 mächtigster Mann in Ungarn. Starb in der sowjetischen Emigration

Schwarzenberg, Felix Fürst zu (1800–1852). Österreichischer Staatsmann. Mit *Julius Jakob Haynau* (1786–1853) verantwortlich für die Hinrichtung der militärischen und politischen Führer des ungarischen Freiheitskampfes von 1848/49

Szálasi, Ferenc (1897–1946). Chef der hitlerhörigen Pfeilkreuzler-Partei in Ungarn. Wurde nach dem Krieg hingerichtet

Széchenyi, István Graf von (1791–1860). Staatsmann, Schriftsteller und bedeutendster Vertreter der Reformpolitik vor dem Freiheitskampf 1848. Zog sich 1848 in die Irrenanstalt Döbling zurück, wo er sich später das Leben nahm

Teleki, Pál Graf von (1879–1941). Führender Politiker unter Horthy

Thury, Zoltán (1870–1906). Schriftsteller, Schauspieler

ÜBER DEN AUTOR

Der ungarische Schriftsteller und Übersetzer István Eörsi wurde am 16. Juni 1931 in Budapest geboren. In seiner Heimat gilt er als einer der angesehensten kritischen Publizisten.

An der Loránd-Eötvös-Universität studierte Eörsi englische und ungarische Literatur, 1953 legte er sein Diplom ab. Er arbeitete zunächst als Lehrer, dann, von 1954 bis 1956, als Journalist. 1956 ging er als Aspirant zu dem marxistischen Philosophen Georg Lukács, mit dem er sich bis zu dessen Tode eng verbunden fühlte.

Im Dezember 1956 wurde István Eörsi wegen seiner Beteiligung am Ungarn-Aufstand verhaftet und zu acht Jahren Gefängnis verurteilt. Die Zeit seiner Gefangenschaft verbrachte er in fünf verschiedenen Haftanstalten, bis er im August 1960 amnestiert wurde. Seine Erlebnisse und Gefühle in diesen dreieinhalb Jahren, während deren sich das von der Sowjetunion installierte Regime János Kádárs konsolidierte, sind Gegenstand dieses Buches, das erstmals 1988 in einer ungarischen Untergrund-Ausgabe erschien.

Nach seiner Freilassung lebte Eörsi als freiberuflicher Schriftsteller und Übersetzer. Unter anderem übertrug er Georg Lukács' Spätwerke «Die Eigenart des Ästhetischen» und «Zur Ontologie des gesellschaftlichen Seins» aus dem Deutschen ins Ungarische. Darüber hinaus machte er sich einen Namen mit Übersetzungen von Shakespeare, Goethe, Shelley, Keats, Heine, Apollinaire, Lorca, Brecht, Ginsberg, Jandl und anderen Werken der Weltliteratur. Von 1977 bis zu seinem Berufsverbot im Jahre 1982 aufgrund seiner oppositionellen Schriften arbeitete Eörsi als Dramaturg in der für sein kritisches Theater bekannten ungarischen Provinzstadt Kaposvár; danach freischaffend, bis er 1989 seine Arbeit am Theater wiederaufnehmen konnte. Bekannt wurde Eörsi in Ungarn vor allem durch seine zeitkritischen Theaterstücke, Gedichte und seine kurze Prosa. Bis zur Entmachtung der Kommunistischen Partei schrieb er regelmäßig für die im Untergrund erscheinenden Publikationen der «Demokratischen Opposition». Gleichwohl verstand er sich – und versteht sich bis heute – als vom Marxismus inspirierter «Linker», für den Sozialismus und Demokratie keinen Gegensatz bilden.

1983 wurde István Eörsi im Rahmen des Künstlerprogramms des «Deutschen Akademischen Austauschdienstes» für ein Jahr nach Westberlin eingeladen. 1984 wurde sein Theaterstück «Das Verhör» an der Berliner Schaubühne uraufgeführt, 1985 «Der Kompromiß» in Osnabrück, 1987 «Das Verhör» in Hamburg. Dadurch konnte er – mit Genehmigung der ungarischen Behörden – bis 1986 in Berlin bleiben.

In deutscher Sprache erschienen neben Aufsätzen und Artikeln, unter anderem im «Kursbuch»:

Georg Lukács: Gelebtes Denken, Frankfurt 1980 (Herausgeber)

Die Stimme seines Herrn. Absurdes Dokumentarspiel, Literarisches Colloquium, Berlin 1984

Das Verhör / Jolán und die Männer, Frankfurt 1984 (zwei Theaterstücke)

Draußen das Lamm, drinnen der Wolf. Ungarische Erzählungen 1945 bis 1985, Literarisches Colloquium, Berlin 1985 (Herausgeber)

Bei Phalaris. Erzählungen und Geschichten, Reinbek 1987

Ich fing eine Fliege beim Minister. Bagatellen, Klagenfurt / Salzburg 1991